普通高等教育农业部“十三五”规划教材
全国高等农林院校“十三五”规划教材
首届黑龙江省教材建设奖优秀教材

大学生社会实践导论

于兴业　主编

中国农业出版社
北　京

图书在版编目（CIP）数据

大学生社会实践导论 / 于兴业主编．—北京：中国农业出版社，2018.5（2023.7 重印）

普通高等教育农业部“十三五”规划教材　全国高等农业院校“十三五”规划教材

ISBN 978-7-109-24160-2

Ⅰ.①大…　Ⅱ.①于…　Ⅲ.①大学生—社会实践—高等学校—教材　Ⅳ.①G642.45

中国版本图书馆 CIP 数据核字（2018）第 101097 号

中国农业出版社出版

地址：北京市朝阳区麦子店街 18 号楼

邮编：100125

责任编辑：何晓燕　　文字编辑：章　颖

版式设计：王　晨　　责任校对：吴丽婷

印刷：中农印务有限公司

版次：2018 年 5 月第 1 版

印次：2023 年 7 月第 1 版北京第 4 次印刷

发行：新华书店北京发行所

开本：787mm×1092mm　1/16

印张：16.75

字数：360 千字

定价：39.90 元

编 写 人 员

主　　编： 于兴业（东北农业大学）

副 主 编： 吴立全（东北农业大学）

崔　丽（东北农业大学）

许　辉（东北农业大学）

赵　亮（东北财经大学）

编写人员：（按姓氏笔画排序）

于兴业（东北农业大学）

于秋叶（东北农业大学）

许　辉（东北农业大学）

吕嘉昌（东北农业大学）

刘钊熠（东北农业大学）

李晓书（东北农业大学）

李德丽（东北农业大学）

吴　昊（重庆大学）

吴立全（东北农业大学）

赵　亮（东北财经大学）

杨俊静（东北农业大学）

季　芳（南开大学）

钱　芳（东北农业大学）

赵兴隆（东北农业大学）

高天琦（东北农业大学）

崔　丽（东北农业大学）

前 言

2021年3月15日习近平总书记在《求是》杂志发表署名文章《努力成为世界主要科学中心和创新高地》中指出：一切创新成果都是人做出来的。硬实力、软实力，归根到底要靠人才实力。大学生是十分宝贵的人才资源，是民族的希望和祖国的未来。社会实践作为高校实践育人的重要载体，是大学生思想政治教育的重要环节，历来受到党和政府的高度重视。2004年中共中央出台《关于进一步加强和改进大学生思想政治教育的意见》，2005年中宣部、中央文明办、教育部和共青团中央联合下发《关于进一步加强和改进大学生社会实践的意见》等就大学生社会实践工作的意义、原则、形式、内容、机制、保障等提出明确要求。近年，中共中央、国务院围绕高等教育评价、高校思想政治工作、实践育人等印发了《深化新时代教育评价改革总体方案》《关于新时代加强和改进思想政治工作的意见》，文件指出高校人才培养及评价要突出专业能力和实践应用能力培养，进一步明确社会实践是青年学生成长成才的重要载体，要求形成实践育人长效机制。

习近平总书记指出：人的一生只有一次青春。现在，青春是用来奋斗的；将来，青春是用来回忆的。我们的学习应该是全面的、系统的、富有探索精神的。既要向书本学习，也要向实践学习；既要向人民群众学习，向专家学者学习，也要向国外有益经验学习。有理论知识的学习，也有实践知识的学习。希望广大青年学生“到基层和人民中去建功立业，让青春之花绽放在祖国最需要的地方，在实现中国梦的伟大实践中书写别样精彩的人生”。因此，大学生参与社会实践能够在实践中磨炼意志、锻炼品格，并帮助其树立正确的社会主义核心价值观，形成坚定的中国特色社会主义理想信念。

2019年习近平总书记在给全国涉农高校的书记校长和专家代表的回信中指出：高等农林教育大有可为，要继续以立德树人为根本，以强农兴农为己任，培养更多知农爱农新型人才。对涉农高校办学方向提出要求，对广大师生予以勉励和期望。东北农业大学是一所“以农科为优势，以生命科学和食品科学为特色，农、工、理、经、管等多学科协调发展”的国家“211工程”重点建设大学和“世界一流学科”建设高校，始终坚持以立德树人为根本，以强农兴农为己任。多年来，学校一直注重发挥农业院校的自身优势，把开展社会实践作为加强和改进大学生思想政治教育、提高学生综合素质和能力的重要途径，积极探索创新实践育人的新形式新机制，开展以大学生社会服务、社会调查、志愿服务、科技创新、勤工助学、创业实践、国际交流、实习见习等为主要内容的社会实践活动。构建了以“三下乡”“万名大学生进万村”行动为载体，按照“暑期社会实践与寒假社会调查相结合、日常社会实践与专题实践活动并举、个体实践与团队实践并重”的工作模式，“大学生社会实践→大学生创新创业训练项目→大学生创新创业竞赛→学生项目孵化”的培育模式，努力打造实践育人文化品牌，并取得了较好的工作效果。实施中，学校成立了由校党委书记、校长亲自担任组长，学工部、团委、教务处、科技处、新农村发展研究院等有关部门负责人为成员的活动领导小组，提前着手，联系基地，定好项目，编印材料，培训人员。针对基层实际需要，组成志愿服务小分队。校领导亲临科技服务现场，巡视检查活动开展情况，并帮助聘请专家，给予人力、物力和财力的大力支持。每学期开学后要进行社会实践总结，交流经验，召开表彰大会，表彰和奖励先进集体、优秀个人。

从“科普之冬”到“三下乡”，30多年来，每逢寒暑假、周末、课余时间，一批批东农学子活跃在省内外的工厂农村、连队社区、田间地头。通过社会实践这一平台，青年学生深入基层、了解社会、增长才干、服务社会。在学生先优模评选和组织发展中，95%以上的学生均为社会实践骨干，毕业生到农业生产一线就业的比例一直保持在75%以上。学校连续27年被中宣部、教育部和团中央授予全国大学生社会实践先进单位。中央电视台《焦点访谈》栏目曾以“博士生搞了村规划”为题，对学校赴五常市二河乡新庄村社会实践活动作了专题报道。

我们深知社会实践教育和学校课堂教育是高等教育体系的两个基本组成部分。社会实践作为课堂教育的必要延伸和素质教育的重要载体，对于全面提高大学生的思想道德素质和科学文化素质起到了重要的作用，已经成为当代大学生了解国情、服务社会、增长才干的重要途径和舞台，显示出了蓬勃的生机与活力。学校一直十分重视社会实践课程和教学工作，把社会实践活动纳入必修课教学计划，分两个学期来完成，并作为学生德、智、体、美、劳综合评定的重要内容之一，并与评优评奖挂钩。学校将教师带领学生参加社会实践计算工作量。

经过30多年的发展、积累和完善，社会实践已形成一套系统的理论体系，需要将这些理论与实践经验汇编起来，给大学生社会实践以更好地指导。在东北农业大学“大学生社会实践”必修课近年来的教学实践中，我们深切感受到，要提高大学生社会实践的教学效果，教师仅仅依靠实践经验教学是不够的，还需要在积累多年教学成果的基础上，编写切合学校历史传统和学生实际的指导教材，通俗易懂、深入人心，以便于学生更好地做到理论与实践相统一，加深对学习重点、难点的理解，帮助学生掌握基本的社会实践知识。基于此，我们组织编写了《大学生社会实践理论与实务教程》。该书是在总结东北农业大学大学生社会实践工作经验的基础上编写而成的，

2012 年 9 月投入使用后，反响很好，后续进行了两次修订完善，弥补原有教材数字化内容建设较少，理论内容偏多，案例不够丰富的不足，修订教材中补充大量数字化内容，力图将教材做成学生喜欢且具有实际参考、指导价值的“实用型”教材。

本书既注重学术理论性又兼顾实用操作性，既有逻辑推理又有感性描述，既有国外典型案例又有国内成功经验，是指导开展大学生社会实践的富有启示性的读本。本书由于兴业担任主编，吴立全、崔丽、许辉、赵亮担任副主编。全书共分为 16 章。具体分工如下：第一章、第二章、第十章、第十四章由许辉、赵亮、于秋叶编写；第三章、第十二章由杨俊静、吴立全编写；第四章、第十三章由李德丽、赵兴隆编写；第五章由崔丽、吴昊编写；第六章、第十五章由吴立全编写；第七章由高天琦、季芳编写；第八章、第十六章由吕嘉昌、吴立全编写；第九章由于兴业编写；第十一章由刘钊熠、吴立全编写。研究生李天骄、李易卉、赵春丽、王欣媛、张迪参加了编辑工作。由于时间仓促及编者的水平有限，再加上大学生社会实践研究的复杂性和特殊性，书中的疏漏和缺点在所难免，欢迎广大读者不吝赐教。

编　者

2018 年 3 月

2021 年 7 月修改

目 录

第一章<<< 大学生社会实践导论

【导读】现在在高校学习的大学生都是20岁左右，到2020年全面建成小康社会时，很多人还不到30岁；到21世纪中叶基本实现现代化时，很多人还不到60岁。也就是说，实现“两个一百年”奋斗目标，你们和千千万万青年将全过程参与。有信念、有梦想、有奋斗、有奉献的人生，才是有意义的人生。

——习近平《在北京大学师生座谈会上的讲话》（2014年5月4日）

第一节 大学生社会实践概述

社会实践是全面贯彻党和国家的教育方针、培养社会主义事业合格人才的必要途径之一，是人类能动地改造自然和社会的全部活动，是对大学生进行的认识世界和改造世界、更好推进新时代、新梦想、新征程的实践活动。本章分为社会实践概述和社会实践基本内容两个部分，通过对社会实践的理论依据、内涵特点、原则类型等方面的介绍，帮助同学们认识并了解大学生社会实践的基本理论。

一、大学生社会实践的理论依据

（一）社会实践的世界观和认识论基础

1. 社会实践的世界观基础 马克思指出：“全部社会生活在本质上是实践的。”他同时发现，物质生产活动是人类的第一个历史活动，也是每日每时必须进行的基本活动。当马克思把物质生产作为实践的首要的、决定性的形式和根本内容时，他所理解的实践是同自然过程既相联系又相区别的社会过程，是一种自在自为的活动。按照马克思的观点，物质生产首先是人类调整和控制人与自然之间物质变换的过程；在这个过程中，人和人之间必然要互换活动并结成一定的社会关系。人和自然的关系制约着人和人的关系，人和人的关系又制约了人和自然的关系。同时物质生产过程结束时得到的物质结果，在这个过程开始时就作为目的在生产者的头脑中以观念的形式存在着，这个目的是生产者“所知道的，是作为规律决定着他的活动方式和方法”，并通过实践活动转变为现实存在。这是一个在实践基础上的“物质变精神”和“精神变物质”的过程，亦即生产实践既是人和自然之间物质变换的过程，又是人和人之间互换活动的过程，同时还是人和自然之间物质与现实性、客观性、物质性统一起来的基础。

作为人所特有的对象化的活动，人通过实践使自己的本质力量转化为对象，这就是主体对象化。在这一过程中，对象按照主体的要求和需要发生了结构和形式上的变化，形成了自然界原来所没有的种种对象物。这种种对象物是人在与外在世界相互作用中创造出来的，是人的体力和智力的物化体现，也就是主体的本质力量通过活动转化为静止的物质的存在形式，即积淀、凝聚和物化在客体中。因此，主体的对象化也就是主体通过对象性活动向客体渗透和转化，即主体客体化。人类一切实践活动的结果都是主体对象化的结果。

总之，实践是人类生存的前提，实践活动不断创造着人类生存发展的根本条件，它是人的生命之根、立命之本。人只有通过实践才成为人，只有通过实践才能生存和发展。没有实践就没有人和人类社会的存在。

2. 社会实践的认识论基础　实践作为一种社会活动，对于人的认识具有十分重要的意义，表现在：实践是认识的来源；实践是认识发展的动力；实践是认识的最终目的。

实践是认识的来源，人的任何认识都源于实践。离开了实践活动，人的认识就成了无源之水、无本之木。人的认识不外有两个来源：一个是源自于自身的实践，称为直接经验；另一个来源于他人的认识成果，称为间接经验。实践的直接经验是认识之“源”，间接经验是认识之“流”，没有直接经验的取得不可能有间接经验的学习和掌握，而且要使间接经验变成自己的知识，也还得通过在自己实践过程中的直接运用。

实践是认识发展的动力，主要是指人的认识不仅只有在实践的基础上才能产生，而且还必须伴随着实践的发展而发展。变化着的人类实践不断给人们提出新的认识论课题和解决新课题的经验材料，促使人们不断加深已有的认识从而不断推进人类认识的发展；实践的发展给人们提供日益增多和日益完善的认识手段，为人类认识的不断发展提供了现实的物质条件；实践锻炼了人的认识能力，促使人的认识能力的深化和发展。人对对象的认识程度同人改造对象的实践程度是相适应的，人们在改造对象的实践过程中不断加深对对象的认识，也不断提高着自身认识对象的能力。因此，人类的认识能力总是随着实践的发展而不断得到锻炼和提高的。

实践是认识的最终目的是指：在实践基础上产生发展起来的认识，还必须回到实践中去才能够为满足人的现实需要服务。认识本身不是目的，只有通过指导实践为实践服务才能发挥出认识的功能和作用。如果有了正确的认识而弃之不用，再好的理论也是没有价值的。

（二）人的全面发展及其实现的条件理论

马克思主义认为，人的全面发展的载体是个人，所以人的全面发展首先是指个人的全面发展。“每个人的自由发展是一切人的自由发展的条件”。人的全面发展也指“类”的全面发展，即指社会从以经济增长为中心向以人为中心的综合发展。马克思指出：“如果用哲学的观点来考察这种发展，当然就不难设想，在这些个人中有类和人的发展，或者是这些个人发展。”马克思所说的人的全面发展，是指由资本主义生产提供物质基础，人有目的地联合起来控制和发展这一物质基础，并消除历史造成的自发性和盲目性，消除和克服人在发展中的矛盾，从而达到人的智力和体力的统一，精神劳动、物质劳动和享受的统一，生存和发展的统一；并使人的潜能和天资、兴趣和才能得到前所未有的充分发展，使人的身心、精神、才能、个性全面而丰富地发展。

人的全面发展包括人的能力全面发展。马克思指出，任何人的职责、使命、任务就是全面地发展自己的一切能力。在法文版《资本论》中，马克思认为所谓“全面发展的个人”，也就是“用能够适应极其不同的劳动需求并且在交替变换的职能中只是使自己先天和后天的各种能力得到自由发展的个人来代替局部生产职能的痛苦的承担者”。

人的个性全面发展。马克思指出“人的本质不是单个人所固有的抽象物，在其现实性上，也是一切社会关系的总和。”即是说，人的本质不是人的自然属性而是社会属性，人的本质体现在社会关系之中。

人的社会关系全面发展。马克思认为人的本质不是人的自然属性而是社会属性，人的本质体现在社会关系之中。从这个意义上来说，社会关系的发展就是个人自身的发展，反过来一样，个人自身的发展也就是社会关系的发展。

人的需要全面发展。马克思认为人的需要的丰富性、普遍性是人的发展的全面性，人的全面发展必须满足人的发展需要和需要的发展。人的需要包括物质方面的需要和精神方面的需要。人的需要是人的自然性和社会性的统一，也是推动人的全面活动的内在动力。人的需要是动态的、开放的；随着社会历史的发展，人的需要的层次多样化、需要的结构多样化。

【拓展阅读】

马克思主义认为，人是社会实践的主体，既被现实社会所塑造，又在推动社会进步中实现自身发展。建设什么样的社会、实现什么样的目标，人是决定性因素。关于人的发展问题研究，既是一个历史和时代命题，也是马克思主义哲学的一个根本问题。如费尔巴哈所说，人的本质是“哲学上最高的东西”。

习近平总书记强调，必须坚持以人民为中心的发展思想，特别是多次深刻指出要“不断促进人的全面发展”。这是对马克思主义“人的全面发展”理论的继承和发展，是习近平新时代中国特色社会主义思想的重要内容，也是实现中华民族伟大复兴的根本之所在。实现人的全面发展，是马克思主义追求的根本价值目标，也是共产主义社会的根本特征。马克思主义关于人的全面发展，强调的不是片面的发展、畸形的发展、不自由的发展、不充分的发展，而是全面的发展、和谐的发展、自由的发展、充分的发展。马克思主义人的发展理论也不是“是否发展”的问题，而是“如何发展”的问题，是如何实现“全面发展”“自由发展”和“全面而自由发展”的问题。

（三）青年在实践中成长的理论

“纸上得来终觉浅，绝知此事要躬行。”学到的东西，不能停留在书本上，不能只装在脑袋里，而应该落实到行动上，做到知行合一、以知促行、以行求知，正所谓“知者行之始，行者知之成”。每一项事业，不论大小，都是靠脚踏实地、一点一滴干出来的。“道虽迩，不行不至；事虽小，不为不成。”这是永恒的道理。做人做事，最怕的就是只说不做，眼高手低。不论学习还是工作，都要面向实际、深入实践，实践出真知；都要严谨务实，一分耕耘一分收获，苦干实干。广大青年要努力成为有理想、有学问、有才干的实干家，在新时代干出一番事业。我在长期工作中最深切的体会就是：社会主义是干出来的。

——习近平总书记在北京大学师生座谈会上的讲话（2018 年 5 月 2 日）

青年人要得到健康的成长必须注重参加社会实践。从实践中获得感性认识，把感性认识上升到理性认识，又把理性认识付诸实践，从而促进自己的认识提高和发展。只有参加实践，才能出真知长才干。

马克思、恩格斯指出："生产劳动和教育的早期结合是改造现代化社会的最强有力的手段之一"。列宁也曾指出：没有年轻一代的教育和生产劳动的结合，未来社会的理想是不能想象的，无论是脱离生产劳动的教学和教育，或是没有同时进行教学和教育的生产劳动，都不能达到现代技术水平和教学知识现状所要求的高度。

毛泽东也对青年人在实践中的成长进行过论述。中华人民共和国成立前的新民主主义革命时期他就对这一问题有过明确阐述，中华人民共和国成立后他对这个问题更加重视，认为教育与生产劳动、社会实践相结合，理论联系实际，是培养社会主义新人的必然选择和有效途径。"社会主义革命的目的是为了解放生产力"。而解放生产力的任务，归根结底是通过"有社会主义觉悟的有文化的劳动者去实现的。"有社会主义觉悟的有文化的劳动者"的培养，从来离不开生产劳动的实际过程。教育与生产劳动相结合的过程，就是一个向劳动人民学习的过程，是一个与工农相结合的过程。毛泽东认为，知识分子与工农相结合，是改造世界观和培养共产主义新人的根本途径。

邓小平同志继承和发展了毛泽东关于青年在实践中成长的理论。邓小平指出："我们的学校是为社会主义建设培养人才的地方。培养人才有没有质量标准呢？有的。这就是毛泽东同志说的，应该使受教育者在德育、智育、体育几方面都得到发展，成为有社会主义觉悟的有文化的劳动者"。为了促进青年人的健康成长，邓小平还提出了教育的"三个面向"。"教育要面向现代化，面向世界，面向未来"，这是邓小平在 1983 年 9 月 8 日为北京景山学校的题词。这个题词是对我国教育方针的时代特征和时代要求的高度概括，对青年人的成长提出了根本的要求。

习近平总书记多次强调，社会实践是青年学生练就过硬本领的"大熔炉"。青年要成长为国家栋梁之材，要读万卷书、行万里路，既多读有字之书，也多读无字之书，注重学习人生经验和社会知识，注重在实践中加强磨炼、增长本领；要不怕困难、攻坚克难，到基层、到西部、到祖国最需要的地方去，做成一番事业、做好一番事业。习近平总书记指出，要重视和加强第二课堂建设，重视实践育人，坚持教育同生产劳动和社会实践相结合，广泛开展各类社会实践，让学生在亲身参与中认识国情、了解社会，受教育、长才干。这些重要论述，为当代青年成长成才道路标注了鲜明的时代坐标和基层导向。

习近平总书记指出，学习是成长进步的阶梯，实践是提高本领的途径。青年人的素质和本领直接影响着"两个百年"目标的实现，影响着"四个全面"战略布局的实施，影响着中华民族伟大复兴中国梦的实现进程。习近平总书记告诫青年一代：青年兴则国家兴，青年强则国家强。我们党自成立之日起，就始终代表广大青年、赢得广大青年、依靠广大青年。各级党委和政府要充分信任青年、热情关心青年、严格要求青年，为青年驰骋思想打开更浩瀚的天空，为青年实践创新搭建更广阔的舞台，为青年塑造人生提供更丰富的机会，为青年建功立业创造更有利的条件。

【拓展阅读】

习近平总书记指出："必须高度重视理论的作用，增强理论自信和战略定力，对经过反复实践和比较得出的正确理论，要坚定不移坚持。"在运用科学理论指导社会实践的过程中，理论本身也得到进一步检验，检验成功了，就证明它符合客观实际，是科学的理论；检验失败了，证明它不符合实际，就不是科学的理论。正是从这个意义上说，实践是检验真理的唯一标准。实践还是推进理论发展的根本动力。

社会实践是一个经久不衰的话题。我国的历代思想家对于实践育人的重要性做了诸多的阐述。理学家朱熹提出"论先后，当以致知为先，论轻重，当以力行为重"，这句话反映了"知不先行不后"的"知行合一"的理论。明朝大儒王守仁的"知之真切笃实处即是行，行之明觉精察处即是知"，清代魏源提出的"及之而后知，履之而后艰，乌有不行而能知者乎？"。

——李杰《大学生社会实践创新研究》

二、大学生社会实践的基本内涵及特点

（一）大学生社会实践基本内涵

社会实践是人类能动地改造自然和社会的全部活动，高校社会实践活动是对大学生进行的认识世界和改造世界的实践活动。大学生社会实践是理论联系实际的过程，是学期与假期、校内与校外、课内与课外、专业内与专业外相结合的过程，是大学生运用自己所学知识和特长了解社会、服务社会、奉献社会，同时增长知识、提高能力、全面发展的活动过程，也是大学生走向社会，深入基层，为社会服务，直接感受社会生活，进行以社会理想和职业理想教育、劳动技能训练、科学素质培养为主要内容的课外教育活动。

从本质上讲，我国大学生社会实践活动是大学生按照学校培养目标的要求，有目的、有计划、有组织地参与社会政治、经济和文化等一系列教育活动的总称。实践的过程，既是对参与主体思维方式和观察视角、智能水平和基本能力、价值目标和行为取向等方面的检测、调整和重铸，也是参与主体释放生命能量、绽放智慧火花、变革现实、认识自我、改造自我、积极奉献自我、争取社会认同和理解的过程。可以从以下两个方面来把握大学生社会实践的内涵。

1. 从普遍性和特殊性结合的视野来看　在马克思主义的理论视野中，实践是指人类能动地改造客观世界的对象性活动，是以人为主体，以客观事物为对象的现实活动。大学生社会实践是人类实践的重要组成部分，自然具有人类实践所呈现的一切普遍性特征。但是，大学生社会实践毕竟是大学生在校期间所开展的活动，因而又具有自身活动的特殊性。从普遍视角上看，大学生社会实践呈现出生活性、传承性和时代性特征；从

特殊视角上看，大学生社会实践具有阶段性、全面性和预演性等特征。只有从普遍性和特殊性相结合的广阔视野，我们才能深刻把握大学生社会实践活动的本质属性。

2. 从学习性、成长性和社会化的本质特性来看 大学生社会实践是一种学习性实践。这是由大学生的学习角色和大学教育的根本任务所决定的。作为学习性实践主要是指以学习、应用和创新知识为基本特征的社会实践活动。它不仅表现为大学生承担的不同类型的专门学习活动，也存在于大学生参与的所有社会实践活动之中。学习性实践是大学生以学习为导引的社会实践活动，是大学生在校期间完成良好知识储备，为全面成长成才、真正踏入现实社会而奠定基础的活动。

大学生社会实践是一种成长性实践。青年时期是大学生身心发展成熟的成长期，是世界观、价值观和人生观的形成期，是了解适应社会、扮演社会角色、承担社会责任的过渡期。因此，大学生的成长、成熟、成才是这一阶段社会实践的基本特征。成长性实践所面临的主要任务包括学业的深化、精神的完善、身体的健康和成为优秀人才的人生追求等，继而成为了大学生全面成才的基础和保证。

大学生社会实践是一种社会化实践。通过实践，大学生即将投入到真实的社会环境，接触更广泛的社会群体，深入了解国情、社情，做好在社会生活中创造财富、赡老抚幼、履行社会职责的准备，缩小与校外现实社会的差距，以便利用所学更好地服务社会。因此，进行职业定位和选择、学习扮演劳动者角色、学习社会化生存方式是社会化实践的主要任务。

大学生的学习性、成长性和社会化实践是对大学生社会实践本质规定的抽象和概括，虽然并不一一对应某项现实的社会实践类型，但能帮助我们准确理解和把握大学生社会实践的特殊本质。三种实践所表现的基本功能之间还存在着纵横互动的关系。一是从学习性实践到成长性实践再到社会化实践，存在着纵向递进的关系。二是三种实践功能各有侧重，但都同时渗透到每项具体的大学生社会实践活动中，横向补充，相得益彰。

（二）大学生社会实践特点

大学生社会实践活动具有以下几个基本特点：

1. 自觉性 大学生通过社会实践与社会接触，认识社会、了解社会，从而转化为服务社会的自觉性。首先是学生参与社会实践活动的自觉性，在就业和社会竞争压力日益增大的今天，大学生充分认识到提高自身综合素质，提高社会适应能力的重要性，因此积极主动的参与各种社会实践活动，提高实践能力；其次是学生服务社会的自觉性，科学知识只有应用到生产生活的实际才会转化为现实的生产力，大学生在参与社会实践活动的过程中，增加了对国情的了解和对社会的认识，亲身感受到了知识的重要，学生的社会责任感会得到增强，进而转化为服务社会的自觉性。

2. 社会性 社会性是社会实践活动的根本属性。“人生而无知无能，他不是生而就能成为实践主体的，因为任何人的实践都不是个体孤立的活动，而是社会性的实践，实践只有在社会中才有可能。”按照马克思主义的观点，社会是人们相互交往的产物，是各种社会关系的总和。大学生社会实践是大学生职业定位与职业选择的准备活动，大学生学习扮演劳动者角色的准备活动，是大学生学习社会化生存的准备活动。

3. 开放性　大学生社会实践活动类型多，活动内容丰富，活动的时间涵盖大学生在校的所有时段，活动地点从校内延伸到校外。参加对象可以是学校任何年级、任何专业的学生，绝大多数活动是向全体学生开放的；活动的时间，也不仅仅局限在学习期间，还可以是节假日或寒暑假；活动的地点可以是学校的任何一处地方，也可以离开学校到校外开展，这保障了大学生参加活动的方便和自由。

4. 专业性　与专业所学相结合是大学生社会实践活动的一个显著特点。高等教育是以培养高级专门人才为宗旨的专业教育，其教学内容有一个显著的特点是专门化程度较高，职业定向性较强，学生毕业后多数人都需要在社会各个实践领域从事与自己专业相关的职业活动和社会服务，因此在社会实践过程中，专业性体现得非常明显。

5. 时代性　时代性就是紧紧跟上时代步伐，科学把握时代特征，找准“历史方位”，推动社会进步。社会实践活动的时代性突出表现在其内容上都体现着一定历史发展时期的社会热点和时代特色。每一个时期的社会实践活动都有鲜明的活动主题，而这些活动主题都与党和国家一定时期的工作重点相关。社会实践活动的时代性要求在组织社会实践活动时，要科学把握社会实践活动的规律，找准社会实践活动与时代发展的结合点，有针对性地组织开展活动，推动社会进步。

6. 教育性　大学生社会实践的教育性是指大学生社会实践在培养大学生学习能力，提高大学生品德修养和促进大学生全面发展等方面的作用。所谓实践出真知、实践长才干，大学生社会实践在性质上归属于教育，大学生社会实践既有学校教育的属性又有社会教育的属性，是连接学校教育和社会教育的纽带。

7. 综合性　大学生社会实践活动通过理论与实践相结合，激发大学生的学习兴趣、拓宽大学生知识面、提高大学生的实际动手能力，达到对大学生进行德育、智育、美育、体育、劳动技术、心理等多方面的教育目的。同时，通过开展大学生社会实践活动又有利于增强大学生的社会责任感，培养大学生吃苦耐劳的精神，从而使大学生更好地服务社会和奉献社会，进而达到综合的大学生社会实践目标和任务。

8. 协同性　大学生社会实践作为一项系统工程，它既是高等教育的重要组成部分，又是社会教育的重要内容，需要高校教育部门和社会各界的高度重视和广泛关心，需要社会的共同参与。只有发挥学校、实践接受方单位以及大学生自身的积极性主动性，加强合作与交流，动员各级党政领导教育部门和高校自身齐抓共管相互配合，形成合力才能保障大学生社会实践的顺利开展和不断创新。

【拓展阅读】

不闻不若闻之，闻之不若见之，见之不若知之，知之不若行之。——荀子

知之愈明，则行之愈笃；行之愈笃，则知之愈明。——朱嘉

知行相资以为用，知行并进而有功。——王夫之

知是行的主意，行是知的功夫；知是行之始，行是知之成。——王守仁

读万卷书，行万里路。二者不可偏废。——钱泳

三、大学生社会实践的原则

（一）实践育人原则

实践育人原则即大学生社会实践要以育人为目的。马克思主义认识论告诉我们，来自社会实践的教育，其深刻性、丰富性、持久性是理论教育所无法替代的。教育与生产劳动相结合是党的教育方针的重要内容，理论教育和实践教育相结合是大学生思想政治教育的根本原则。把社会实践活动作为思想政治教育的有效途径，让大学生在实践中学会做人、学会做事，促进大学生良好思想道德品质的形成，是高校全面实施素质教育的首要任务。大学生思想道德品质的形成，从根本上讲是人的思想道德意识与思想道德实践互动的过程，同时也是社会占主导地位的法律制度、道德规范为大学生所认同，并得以具体化、个性化的结果。

（二）理论联系实际原则

根据辩证唯物主义认识论的观点，在教学中，学生掌握知识的过程实质上是一种认识的过程，具有从“生动的直观到抽象的思维，并从抽象的思维到实践”的特点。而且，教学中学生的认识又是一种特殊的认识过程。它是学生在教师指导下，以掌握人类历史上积累起来的书本知识为主的认识过程。这就决定了理论联系实际应该成为教学的基本原则之一。毛泽东同志曾将知识分为两种，即书本知识和实践知识，只有书本知识而无实践知识不能算拥有完善的知识。某一学科的书本知识，是直接参与该学科实践的人们的实践经验的概括和总结，对于创立这一学科的人们来说，他们完成了从实践到理论的整合与统一，但对于学习这门知识的人来说，还只是间接地得到别人的经验。只是有了这种间接经验还不能说已经有了完全的知识，只有自己亲自到实践中去验证一番后，才能将书本知识变成属于自己的完全知识。大学生从小到大接触的大部分是书本知识，缺乏实践经验，从一定角度看，他们的知识是不完全的，且动手能力也较差。因此，大学生在社会实践活动过程中必须自觉坚持理论联系实际的原则，在理论与实践相结合的过程中，掌握知识，培养能力，提高思想道德素质。

（三）科学性原则

科学性原则是指以先进的科学理论作为指导，运用合理的技术手段来进行社会实践活动应遵循的基本要求。这些都是由实践活动自身的客观性和规律性所决定的。在大学生社会实践活动中，应坚持从学校实际出发，结合大学生不同专业和年级特点，设计合理的社会实践活动方案，科学安排社会实践活动内容，精心组织大学生社会实践活动，制定科学合理的质量评价标准，构建有效的社会实践活动模式，有针对性地开展社会实践活动。

（四）专业性原则

大学生社会实践的专业性原则是指在社会实践过程中，让学生立足专业优势，紧扣教学科研，将专业知识落到实处，在实践中成长成才，实现课堂教学与生产实践的有效结合。团中央和其他有关部门先后发起了以“全国大中专大学生志愿者暑期文化科技卫生‘三下乡’社会实践活动”“大学生志愿者文体、科技、法律、卫生四进社区活动”等为主要模式，以理论宣讲、志愿服务、科技支农、社区共建、企业挂职、医疗服务、环境保护、支教扫盲等为主要内容的社会实践活动。这些社会实践活动都体现了社会实践的专业性原则要求。

第二节 大学生社会实践基本内容、类型及模式

【导读】大学生社会实践活动从诞生到发展到现在，在高校学生的成功素质教育中发挥了非常重要的作用。随着社会实践的不断深入发展，其内容和类型、模式也发生着显著的变化。目前的大学生社会实践的类型大致可分为社会服务、社会调查、志愿服务、科技创新、勤工助学、创业实践、国际交流、实习见习，这些活动不仅推动着社会主义的文明建设，也得到了越来越多的人民群众的认可和肯定。

一、大学生社会实践的基本内容

大学生社会实践核心的内容、目的和任务是育人，社会实践是大学生思想政治和综合素质教育的重环节，对于培养学生的社会实践能力与勇于创新精神，增强其社会责任意识，发挥着积极作用。

（一）社会服务

社会服务是现代工业社会的制度性产物，任何国家社会经济发展到一定阶段，社会服务会成为化解社会矛盾、维持社会稳定、确保社会公平公正、建设现代化国家的内在必然要求。虽然其在不同学术文献和不同政策文件中的定义不同，在不同国家地区的服务形式和服务内容不同，但其具有相对一致的共性特征和普遍规律。

（二）社会调查

社会调查的主要目的在于收集充分的数据以研究解决的问题。它综合运用历史研究法、观察研究法等方法及谈话、问卷、个案研究、测验或实验等科学方式，对有关社会现象进行有计划的、周密的、系统的了解，并对调查搜集到的大量资料进行分析、综合、比较、归纳，借以发现存在的社会问题，探索有关规律的研究方法。

（三）志愿服务

社会公益事业是中国优良传统的延续，是构建社会主义和谐社会的内在要求。作为在校大学生，所能从事的公益活动的内容包括社区服务、环境保护、知识传播、公共福利、帮助他人、社会援助、青年服务、社团活动、专业服务、文化艺术活动等。

（四）科技创新

科技创新是指大学生群体在国家有关部门和学校的组织、引导下，依靠教师的指导帮助，主要利用业余时间自主开展的一种科技学术活动。这种科技学术活动的主体是大学生群体，包括专科生、本科生、硕士生、博士生和博士后在内的整个高校学生群体。活动对象是科技学术活动。大学生科技创新活动的内涵和功能涵盖了教育、科技、经济、社会、文化等多个领域，是一个动态的历史发展过程，具有天然的实践性、系统性、历史性、社会性、多样性等特殊性。

（五）勤工助学

勤工助学是指学生在学校的组织下利用课余时间，通过劳动取得合法报酬，用于

改善学习和生活条件的社会实践活动。勤工助学是学校学生资助工作的重要组成部分，是提高学生综合素质和资助家庭经济困难学生的有效途径。如今勤工助学作为大学生社会实践的一部分，是为了号召大学生走出校园，用自己的知识和劳动创造属于自己的财富，有助于减轻家庭负担，有助于缓解他们的经济压力，更有助于帮助他们树立自信心。

（六）创业实践

创业实践是一种行为，是一种劳动方式，是一种需要创业者运营、组织、运用服务、技术、器物作业的思考、推理和判断的行为。概括地说，创业的内涵可分为狭义与广义。狭义的定义就是创建新企业；广义的定义把创业理解为开创新事业。综合众多学者的观点，本教材认为创业的内涵应该是最具包容性的，创业是能够发现和识别商机，整合资源，开创新事业，实现企业潜在价值的，并获取竞争优势的过程。

（七）国际交流

大学生国际交流项目是由国家各部委、各高校、各社会公益组织设立的，旨在帮助青年学生开阔视野、了解国外风土人情、提高能力的活动，以国际化、规范化的方式增进不同地区、国家人民间的相互理解、尊重，支持学生参与科学研究，着力提高学生的学习能力、实践能力和创新能力，丰富人生经历。

（八）实习见习

实习见习是高校教学计划的一个重要部分，学生在大学学习阶段都要对所学的理论知识进行实践，专业实习是最重要的实践性教学环节之一。有针对性和指导性的实习不仅能够帮助学生更好地理论结合实践，强化专业知识，深入理解教育的作用、教学的目标和策略；而且在某些程度上能极大地发挥学生的主观能动性，培养学生良好的习惯，探索精神和创新能力，通过教学实践中的探索和研讨，专业教师的协助与指导，学生逐步提高自己实践工作的能力。

【拓展阅读】

劳动是一切财富的源泉。其实劳动和自然界一起才是一切财富的源泉，自然界为劳动提供材料，劳动把材料变为财富。但是劳动还远不止如此。它是整个人类生活的第一个基本条件，而且达到这样的程度，以致我们在某种意义上不得不说：劳动创造了人本身。

——恩格斯《劳动在从猿到人转变过程中的作用》

有什么办法使这种仅有书本知识的人变为名副其实的知识分子呢？唯一的办法就是使他们参加到实际工作中去，变为实际工作者，使从事理论工作的人去研究重要的实际问题。

——毛泽东《整顿党的作风》

二、大学生社会实践的类型

（一）教学实践类

教学实践类一般是由教学部门主管的教学性社会实践。主要指纳入教学计划的实践环节，有明确的学分要求，是大学生为完成学业或课程结业所必须完成的环节。主要包括专业实习、课程见习、教学观摩、军事训练等形式。目前，在我国高校理、工、农、医、法、管理等学科门类的各个专业都有明确的实践教学要求，目的是让学生将学校的理论学习和实践结合起来，尽快地利用自己所学知识分析问题、解决问题，融入社会。

（二）服务实践类

服务实践类主要是指在课余时间大学生利用自己所学的知识参与到为社会做贡献和为人民服务中去，体现自己的社会价值的实践活动。主要包括：假期社会实践活动、科技文化卫生“三下乡”活动、志愿服务、便民服务、挂职锻炼等形式。在服务过程中，大学生是无偿和自愿的，并不能从这个过程中直接受益。但是能间接地锻炼和培养大学生的品质，提高大学生奉献社会的意识，对树立良好的社会风气、促进社会进步和建设和谐社会有重要的意义和作用。

（三）科创实践类

科创实践类是指大学生利用自己的专业知识或者技能特长参与科技创新活动，并将其产生的成果运用到个人创业、促进经济发展、推动社会进步中去。主要包括课外科技活动和课外创业活动、大学生研究训练项目、大学生自主创业等形式。其中大学生“挑战杯”赛事是科创实践类的代表项目。大学生“挑战杯”赛事是“挑战杯”全国大学生系列科技学术竞赛的简称，是由共青团中央、中国科协、教育部和全国学联共同主办的全国性的大学生课外学术实践竞赛。共有两个并列项目，一个是“挑战杯”中国大学生创业计划竞赛，另一个则是“挑战杯”全国大学生课外学术科技作品竞赛。这两个项目的全国竞赛交叉轮流开展，每个项目每两年举办一届。大学生“挑战杯”赛事已经成为吸引广大高校学生共同参与的科技盛会，促进优秀青年人才脱颖而出的创新摇篮，引导高校学生推动现代化建设的重要渠道，深化高校素质教育的实践课堂，展示全体中华学子创新风采的亮丽舞台。

（四）调查实践类

调查实践类主要是指学生按照一定的要求和目的，对某种社会现象和问题进行实地走访和调查的活动。主要包括：走访参观、调查研究、社会考察等形式。调查是大学生社会实践活动常用的形式和方法，简单有效，容易组织。对于促进大学生接触社会和了解国情，树立正确的人生观、价值观、世界观有着重要的意义。也有利于大学生掌握科学的方法、储备社会知识和增加阅历。

（五）公益实践类

公益实践类是指大学生利用自己所学的知识积极参加有利于社会的公共利益或者是对公众有益的事，比如说：公益劳动、环境保护、爱心捐款、公益创业等活动。公益实践类活动是近几年兴起的一类实践活动，大学生参与公益实践活动能够唤起大学生的责任意识和服务意识，号召大学生承担社会使命，调动受助者积极性来解决社会问题，具有很强的教育效果。

【拓展阅读】

婷婷是北京科技大学法学专业的一名女生。一次去医院看病时，她无意中听到了周围两个衣着朴素的女性患者的对话。从她们的聊天中，婷婷了解到这两个人都是外地来京务工人员，由于长期在艰苦的环境中工作，饮食状况和住宿条件都不是很好，身体健康情况很不乐观，现在已经影响到日常的工作生活了，不得已才来医院检查。但是检查过后，又苦于支付不起高昂的药费，不知如何是好。婷婷听到她们的对话，法学专业的敏感与一向的热心肠使她决定要为这些女性农民工做些事。

回到学校后，她开始查阅法律方面的相关书籍和资料，发现如今女性农民工已成为城市建设的一支主力军，但其中享受社会保险的比例很低，缺乏医疗保障，有时还会遭受老板的辱骂或肢体骚扰，但维权困难。这些年来，虽然农民工问题越来越受到党和政府以及社会各界的广泛关注，但是从性别角度研究和关注女性农民工问题，还是个别观点。

为了更加深入地研究和解决这一问题，婷婷用一年的时间投入到这项研究工作中，并在大一、大二两年的暑假外出开展实践。第一年暑假，她和同学们主要对女性农民工的权益保障现状进行调研，形成的报告《浅析女性农民工权益保障问题调查的思考——以北京、江苏为例》在《法制日报》上发表。第二年，在参与到一些社会公益组织的救助活动后，他们逐步探索问题的解决途径，形成了论文《社会企业视角下女性农民工权益保障创新机制研究——基于对北京、江苏女性农民工的实证分析》。该论文不仅得到了社会学和法学方面专家的肯定，还在首都“挑战杯”大学生课外学术科技作品竞赛中获奖。

三、大学生社会实践的模式

（一）构建社会实践模式的依据及原则

关于大学生社会实践的依据及原则，多数学者坚持以马克思主义的哲学原理和中共中央、国务院关于大学生社会实践育人的规范性文件为依据。大学生社会实践以促进大学生的全面和谐发展为目标，以发掘大学生的内在潜力、增强其创新精神和实践能力为重点，充分调动大学生的主体性和积极性为原则。同时要紧扣时代主题，坚持实践活动与社会热点相结合、坚持社会实践活动与大学生成才就业相结合、坚持社会实践活动与校园文化活动相结合等原则。

（二）大学生社会实践教育模式的构建

1. 体系课程化　将社会实践教育纳入到教育教学体系之中，明确教师教学任务和学生学业要求，学校在发展规划、人才培养方案、课程结构体系等多方面明确社会实践教育的重要地位和作为课程组成的重要作用。在课程规划上建立辩论、讨论的课程授课内容和课堂氛围，使学生乐于参与实践、爱上实践课程。

2. 运行模块化　从自身与社会切合点的寻求、整合、归纳入手，将社会实践教育的载体进行合理分类，可将所有的实践活动分为爱国践履、专业实习、志愿服务、公益活动、社会调查、勤工助学、社团活动和自选项目等八个模块，若干个项目。从大一到大四采取滚动式循环运行，学生可根据自身情况自愿选择相关模块或项目，以个人或团队的形式申报并开展实践，鼓励团队形式实践，使思想教育得以贯穿于整个实践教学活动始终。

3. 管理项目化　把社会实践作为必修课程纳入教学管理，从过程和结果两个方面进行考核。建立健全项目申报、执行管理和总结实施程序。社会实践指导教师如实对学生实践情况进行记录，并认真指导学生完成实践总结和结题报告，由院（系）实践教研室统一答辩，通过后予以结题。

4. 育人一体化　发挥全员育人职能，在校内形成良好的全员育人氛围，使教职员工首先在育人意识上达到统一。建立全过程育人体系，要通过教育引导，让学生树立起想实践、乐实践、敢实践的思想，在整个高等教育的过程中主动成长、自觉成才。推进全方位育人举措，发挥高校、社会、家庭多维度、全方位育人的功能，形成“教育是全民族的事情，是国家发展的重要事情”的共同认识。

【拓展阅读】

志愿者是奥林匹克运动的基石。志愿者是奥运会真正的形象大使，他们代表着奥林匹克精神。每一名北京奥运会的志愿者都将成为百年来数百万奥运会志愿者中的一员。他们有着共同的理想：传播奥林匹克精神并且为来自世界各地的运动员提供公平祥和的竞赛环境。没有志愿者就没有奥运会，如果没有志愿者的参与和奉献，组织奥运会，甚至于组织其他任何层次的比赛都将无从谈起。我呼吁全中国以及全世界人民携手踏上通向2008年奥运会之路。

——国际奥委会主席罗格《在北京奥运会志愿者项目启动仪式上的致辞》

第三节　大学生社会实践的作用与意义

【导读】中共中央、国务院在《加强和改进大学生思想政治教育的意见》中指出：“社会实践在大学生了解社会、了解国情、增长才干、奉献社会、锻炼毅力、培养品格、增强社会责任感等方面具有其他教育所不可替代的作用。”

社会实践架起了学校教育与社会教育的桥梁，学生在学习—实践—再学习—再实践的过程中获得积极的情感体验，在处理社会实际问题的过程中，认知和行为趋向统一，能力得到发展。同时，它是实施素质教育的重要手段，是服务学生就业的重要举措，是学生服务社会的重要途径，是学校办学传统的重要内容。实践表明，社会实践活动的意义与价值远远超出活动本身，它融书本理论知识于实践中，超前培养了大学生对现实的调查研究能力、对未来趋势发展的判断能力、独立人格的培养能力，对于帮助大学生深刻了解国情，走与实践相结合的道路，促进大学生优良品德的形成，增强社会责任感，拓展大学生创新创业能力等方面都起着十分重要的作用。

一、有助于提高大学生思想道德素质

育人为本，德育为先。“德育”应该放在整体教育工作的首位。成小事需要业务本领，成大事需要思想品德和综合素质；有德无才要误事，有才无德要坏事，德才兼备，才会对理想、信念、道德、责任进行升华。提高大学生思想道德素质的途径有很多种，包括课堂教学、校园文化活动等，而社会实践活动也是提高大学生思想道德素质的重要途径之一。社会实践对大学生道德品质的形成和发展有着巨大的推动作用，社会实践是意志形成的关键，人的道德品质也要在实践过程中才能体现。大学生深入社会，了解社会，有利于发展、完善学生的人格。社会实践活动同时也是一种志愿服务活动，条件相对艰苦，需要具有一定的吃苦耐劳精神和奉献精神，因此学生通过参与社会实活动，在艰苦的环境中经受锻炼，必然会对其人生观、价值观有重要的提升作用。

二、有助于增强大学生社会责任感

当前世界多极化的形势下，价值观念也日益多元化，对大学生的思想意识也产生了深刻的影响，培养具有高尚道德情操的社会主义建设者和接班人，其前提是要对国家和社会的现状有所认识和了解，了解我国社会主义初级阶段的基本国情、基本矛盾，提高对社会主义的认同感，牢固树立共产主义的理想信念。大学生在课堂学习的过程中，已经对我国的国情和社会发展状况有了一定的认识，但大学生通过参加社会实践活动，亲自感受祖国建设发展的成就和艰辛发展历程，在实践过程中与人民群众接触，通过在基层的实际了解，必然会对我国当前社会主义初级阶段的基本国情有更深刻的理解，尤其是我国当前经济社会发展不平衡的现状有更加深刻的认识。通过社会实践活动，会使大学生更加了解知识的价值，必然会增强他们勇于吃苦、甘于奉献的社会责任感，真正达到受教育、长才干、作贡献的目的，激发他们的爱国热情和学习动力，更好地服务社会，报效祖国。

三、有助于提升大学生创新能力

创新能力是时代发展对高素质人才的基本要求，也是高等教育的人才培养目标。通过社会实践，与不同的人接触，提高了学生的观察能力、反应能力和动手能力，从而提高了学生的实践能力，强化学生的实践学习，可以培养学生的创新能力，起着课程教学不能替代的作用，知识来源于实践，能力来自于实践，素质更需要在不断的实践过程中才能够逐渐养成。社会实践活动对于培养学生的实践能力和创新能力十分重要。在我国应试教育的大背景下，学生的实践能力和创新能力普遍欠缺，主要原因就是学生缺少各种亲身实践的机会。学生在独立实践的过程中，学会了如何适应社会、适应生活，提高了社会适应能力，同时与所学的专业知识和学习积累相结合，有了自己的思考和重新认识，能够产生新的创造力。

四、有助于培养大学生科学精神和协作精神

协作精神和科学精神是社会对人才的基本要求。在社会化分工不断细化的今天，

如果没有团队协作，单单依靠个人的能力很难有大的作为，任何一项大的发明创造大都是由团队集体共同完成的。协作精神要求大学生要具有与人分工合作的精神、共同发展意识：而科学精神要求大学生具有独立的思考能力、严谨的治学能力和超前的创造能力。目前我国大学生社会实践活动大多是由社会实践团队集体来完成的，实践的成果也是集体智慧的结晶，我国目前的大学生中，独生子女越来越多，独生子女的一个重要特征就是自主意识强，与人合作意识相对弱，社会实践活动为大学生加强协作提供了很好的平台。如要完成一篇高质量的调查报告，需要做大量的准备工作，包括前期的策划，问卷的准备、发放、回收、统计，调查报告的撰写等，尤其是涉及面比较广，时间、空间跨度较大的调查，更需要大量的人力物力才能够完成，因此分工协作就显得尤为重要，通过分工，各司其职，提高了工作的效率，也提高了大学生的协作意识。同时，大学生在实践过程中，往往要结专业所学开展科技攻关等实践活动，这就需要大学生具有强烈的科学精神，要有锲而不舍的探索精神，进行认真严密的思考，同时要具备独立的批判精神才能够完成。

五、有助于提高大学生职业规划能力

在高等教育从精英教育到大众化教育的转型过程中，大学生的身份和地位都发生了明显的变化，学生自我发展的定位也在发生变化。从培养“象牙塔”内的佼佼者到普通劳动者的定位，是高等教育发展的必然。只有主动了解社会，才能够更好地适应社会，这已经成为当代大学生的共识。大学生的社会实践活动具有很强的目的性。大学生走进企业，亲自到生产第一线进行调查研究，并进行实际的生产和工作演练，了解生产工作实际，重点是了解企业对大学生技能和基本素质的要求。在这一过程中，大学生增加了对社会的了解，尤其是社会对人才素质的要求，能够使他们更加了解自身的优势和存在的不足，有目的、有针对性地进行自我设计、自我提高，进一步明确未来发展的道路和努力的方向，缩短了就业后的适应期，为将来走向社会做好充分准备。

【拓展案例】

华中科技大学百名大学生踏上为烈士寻亲征程

2006年春节前后，华中科技大学172名大学生踏积雪、穿山路、住农家，走遍了湖北8个县市的相关部门和120多个村庄，把5名在1949年解放太原战役中牺牲的烈士阵亡通知书，送到了他们的亲人手中。1月份以来，他们的事迹在荆楚大地广为传颂，而且在社会各界关心下，为其余4名烈士寻亲的脚步还在继续前行。

参与寻亲的大学生说：这是一次寻亲之旅，更是一次净化心灵之旅。由于年代久远，社会变迁较大，当年的知情人相继故去，172名学子仅凭烈士阵亡通知书上的线索踏上寻亲旅程。这是一种全新的挑战，一种吃苦的历练，更是对意志力和责任心的考验。当他们意气风发地迈进大学殿堂的时候，不少人只是把自己当作“学生”，并没有意识到“责任”；有人认为“两耳不闻窗外事，一心只读圣贤书”才是大学生应有的精神追求，并没有意识到自己的双肩还要扛起“责任”

这副担子。面对沉甸甸的烈士阵亡通知书，强烈的社会责任感油然而生。该校一位教授说：大学生作为思想和文化的先行者，也应该是国家和社会责任的担当者。一个牢记责任并付诸行动的人，学习才会有动力，人生才不会迷失航向。

结束采访回京，记者收到聂红波同学发来的电子邮件，他写道："当我走进社会接触百姓，看到他们生活的艰辛时，我会同情；看到社会个别不公正现象时，我会气愤。我会思考这些现状存在的原因，也会在力所能及的范围尽自己的一份责任。"不少大学生坦言，有责任才会有压力，有压力才会有动力，大学生唯有积累知识，参与实践，服务社会，才能增进对党对祖国对人民的感情，才能不负重托，担当起更大的社会责任。

——《解放军报》3月31日讯（记者辛士红　金志华　王科）

【章节练习】

1. 大学生社会实践作为一种实践活动，同样需要有一定的注意事项。为确保大学生社会实践活动顺利进行，学生、学校、社会分别应该注意什么？

2. 大学生社会实践是一种以学生为主体、学校为依托、社会为舞台的广泛教学形式，在许多高等学校提倡和开展了多年，现已形成了丰富多彩的实践内容。列举出你所知道的大学生社会实践的内容。

3. 通过学习，你认为大学生社会实践有何作用与意义？

【参考文献】

胡树祥，吴满意，2010. 大学生社会实践教育理论与方法 [M]. 北京：人民出版社.

焦满金，2007. 大学生社会实践研究 [M]. 兰州：甘肃人民出版社.

王革，2008. 新时期高校大学生社会实践概论工 [M]. 杨凌：西北农林科技大学出版社.

邱伟光，1994. 大学生社会实践教育新论 [M]. 上海：同济大学出版社.

高丽静，李凡，2004. 实践教育：大学生成才的重要途径 [J]. 江苏大学学报（高教研究版）(2)：53-57.

那强，2007. 当前我国大学生社会实践活动问题研究 [D]. 长春：东北师范大学.

刘献君，2005. 深刻认识和发挥社会实践在大学生思想政治教育中的重要作用 [J]. 高等工程教育研究 (5).

张丽娟，2008. 北京高校体育教育专业本科生社会实践现状及影响因素研究 [D]. 北京：北京体育大学.

郑丽伟，2015. 对当前大学生社会实践实效性的思考 [J]. 中国科技博览 (43)：241-242.

石婷婷，杨海龙，2012. 大学生社会实践开展类型探析 [J]. 北京：商场现代化 (20)：306-307.

刘同国，2010. 大学生社会实践活动现状与发展研究 [J]. 济南：山东师范大学.

张绪忠，2014. 近十年来我国大学生社会实践模式研究综述 [J]. 思想政治教育研究 (1)：128-130.

孙俊超，齐岩，2015. 新时期大学生社会实践教育模式构建研究 [N]. 绥化学院学报，35 (12)：113-115.

王小云，王辉，2015. 大学生社会实践概论 [M]. 北京：中国经济出版社.

第二章<<<

大学生社会实践发展现状与趋势

【导读】“芳林新叶催陈叶，流水前波让后波。”每一代青年都有自己的际遇。现在高校学生大多是“九五后”，再过两年，新世纪出生的青少年也将走进高校校园。他们朝气蓬勃、好学上进、视野宽广、开放自信，是可爱、可信、可为的一代。对当代高校学生，党和人民充分信任、寄予厚望。

——习近平《在全国高校思想政治工作会议上的讲话》(2016 年 12 月 7 日)

第一节　大学生社会实践发展现状

【导读】我国大学生社会实践开展 30 多年来，遵循“受教育，长才干，做贡献”的指导方针，开展了大量富有成效的活动，取得了显著的成绩，也积累了丰富的经验。结合时代的要求对我国大学生社会实践活动的现状进行分析，探求社会实践活动的发展趋势，对社会、高校和在校大学生科学、系统、规范开展大学生社会实践活动有重要意义。本节通过对国内外社会实践发展情况的分析对比，对新时代大学生社会实践的发展趋势做出分析，帮助学生在活动中真正获得锻炼和成长。

一、国外大学生社会实践开展情况

社会是教育的大舞台，世界各国都十分重视开展社会实践活动，认为这是一种把科学知识和社会意识结合起来的综合教育，对受教育者价值观、责任感、关心公共生活的形成都有重要作用。

(一) 美国的大学生社会实践的情况

美国政府十分重视大学生社会实践活动，把大学生社会实践活动作为一项提高全民素质的重要活动。

1. 政府层面出台政策支持开展社会实践活动　现代科技和经济发展日益要求社会成员具备良好的素质和才能，因而培养学生具备参与经济生活的品质和能力，也是国外学校德育的重要内容。美国把“确保所有高等学校学生对国家经济和政治生活中的现象具有分析批判和解决实际问题的能力”，以及“提高学生进行决策解决问题的技能”作为教育目的之一。为此，美国政府非常重视学生的社会实践活动。有的州专门通过法案支持甚至强行规定学生必须参加社会实践活动才能毕业；有的州拨出专款支持这类计划，同时还建立一些大学或跨地区的全国联盟，以指导、协调本校或全国的社会服务活动；有的州成立了为学生服务的学习监管机构，负责服务学习的指导和评估。

2. 社会各界高度重视社会实践活动的开展 美国企业界，特别是实力雄厚的大企业非常重视与高校在技术创新方面的合作。这种“产—学—研”合作教育的科研模式，一方面使企业获得了科技创新、产业升级、产品改造、提升创新能力的大好机会；另一方面，大学生可以借此契机，参与企业科研、企业生产、企业管理，累积社会实践经验。此外，还有很多企业愿意资助学生开展内容广泛的社会服务活动，帮助他们承担一定的项目，如：为伤残人员服务，为移民子女提供外语训练，为监禁青年提供指导等。

3. 高等学校积极鼓励大学生参加社会实践活动 美国大学课时少，教师讲授少，学生独立活动多。因此，美国高校除了重视实习环节，普遍加强实践性教学环节在课程体系中的比重外，还积极鼓励各种形式的社会实践活动。比如：鼓励学生参与学校的管理和服务，约有 4/5 的院校允许学生代表至少参加一个管理机构的工作，其中 14％的校董事会有学生代表，41％的院校允许学生担任教师聘任委员会委员。有的学校为学生创业小组提供最多 3 000 美元的原始资本创办并经营新公司，或者专门设置“科研推广中心”，引导学生参与科研活动。当然，以勤工助学方式出现的社会服务和社会实践活动更为普遍，如：耶鲁大学鼓励学生走出校园，积极参加社会活动，包括救济低收入人群、教育文盲、安慰孤独病残者、为老人服务等一系列社会服务活动；有些学校则组成“学生委员会”参与社会环境治理，组织学生访问教养机构、精神病院、保育院等；有些学校组织大学生参加帮助吸毒者和无家可归者的活动、竞选宣传活动、捐献活动、为教堂服务活动等。

（二）德国的大学生社会实践的情况

德国在教育中非常注重实践过程、方法训练和能力培养。通过开展社会服务、勤工助学活动和专业实践活动等形式，积极在高校大学生中开展社会实践活动。

1. 以社会服务形式开展社会实践活动 在德国，大学生参加社会服务活动形成了一整套全国性的制度，最富有特点的是德国的义务民役制。该国法律明确规定“年满十八岁的男性公民均有义务在武装部队、联邦边防军或民防部队服役”。德国联邦议院通过了《服民役代替服兵役法》，规定在联邦妇女与青年部下设民役管理局，义务兵役时间为一年。服民役者的待遇与服兵役者相同。服民役对于青年人来说既是一项义务，也是一个锻炼的机会，尽管开始有些人并不是自愿地参加服务活动，特别是一些有危险的或又脏又累的工作，但经过十五个月的服务后，青年们都认为从中收获很大，了解社会的真实情况，锻炼了洞察社会的能力和实际工作的能力。

2. 以勤工助学活动形式开展社会实践活动 从 20 世纪 80 年代起，在德国接受父母资助与联邦教育资助的学生越来越少，靠自己假期和学期工作支付教育与生活费用的人逐渐增加。在假期工作的学生一直占总数的一半以上，而在学期中工作的学生人数比例也从过去的四分之一增加到一半以上。学生参加勤工助学活动的原因一方面是由于父母和政府经济资助能力有限，但更重要的原因是，年轻人的独立意识与自主要求非常强烈，很多年轻人认为满十八岁以后如果一味依赖父母的资助或政府贷款是一件不太光彩的事，年轻人既要有独立、自由以及与其他成人平等的权利，同时也要承担自主与自我负责的义务或责任。他们认为勤工助学的主要目的首先是赚取学费与生活费，然后才是通过工作了解社会各个领域各个阶层的生活现状，提高了适应社会的能力，并且通过勤工助学在人生观、价值观、道德品性方面也会受到无形的、潜移默化的影响。

3. 以专业实践活动形式开展社会实践活动　大学生专业实习式的社会实践活动在德国受到高等院校高度重视。如工科院校规定学生参加实习或实践的时间不得少于26周。理工科学生在学完1～3年后参加“中间考试”，合格后必须参加一定的生产性实习，然后才有资格撰写毕业论文。这些专业实习活动，是以培养学生的专业能力、专业技能，提高学术水平为主要目的社会实践活动。德国著名的亚琛大学采取了“博士＋硕士＋工程师”的团队工作模式，并且强调“高校＋企业＋科研机构”的研究方式。教授在安排教学计划时，尽量安排学生进入工厂的实践机会。

二、国外大学生社会实践活动的特点

加强实践教育已经成为国外大学的普遍做法，并成为大学制度化理念的一部分，它适应了发达国家现代化发展对人才素质和能力的要求，代表了大学人才培养模式的改革方向。

（一）重视社会实践中职业意识与能力的培养

从国外开展大学生社会实践活动经验来看，通过企业与学校“产—学—研”合作教育的社会实践活动模式，能够通过实践活动加强大学生的职业意识，并使大学生在实践活动中不断提升就业能力，增强职业意识，提高职业素质，缩小与用人单位对大学毕业生素质要求的差距。在社会实践过程中重视加强大学生能力的培养，重点是培养大学生自主学习能力，分析问题、解决问题的实践能力，创新能力，社会交往能力及抗挫折能力等。

（二）重视社会实践中的隐性渗透教育

美国各类学校都非常重视通过隐性教育渗透德育理念的意义和价值，并形成了系统的实施途径，其中一个举措便是组织学生参加各类社会实践活动。他们在社会实践活动过程中注重隐性渗透教育，灵活运用隐性教育方法，深入推进大学生社会实践活动，使大学生社会实践活动成为学生服务社会、施展才华、磨炼意志的大课堂。

（三）重视社会实践活动与专业学习结合

从德国的情况来看，国家对大学生素质的要求是全面的，既要掌握现有的学习知识，同时学生自身又要有可持续发展的能力。开展导向学习，用专业所学知识解决具体实际问题，既培养了学生的动手能力和操作能力，同时又在解决问题的过程中加深了对知识的理解和掌握。

（四）重视社会实践的体制机制建设

从国外社会实践的开展情况来看，无论是欧美国家还是亚洲国家，都有针对大学生社会实践的相关规章制度，对社会实践的开展内容、开展时间、考核标准都有明确的规定，甚至决定个人能否毕业并记录在案，有比较成熟的体制机制保障大学生社会实践活动的有效和长效开展。

三、我国大学生社会实践的发展现状

【导读】2020 年 7 月 7 日习近平总书记给中国石油大学（北京）克拉玛依校区毕业生回信，肯定他们到边疆基层工作的选择，对广大高校毕业生提出殷切期望。习近平在回信中说，得知你们 118 名同学毕业后将奔赴新疆基层工作，立志同各族群众一起奋斗，努力成为可堪大用、能担重任的西部建设者，我支持你们作出的这个人生选择。习近平指出，这场抗击新冠肺炎疫情的严峻斗争，让你们这届高校毕业生经受了磨练、收获了成长，也使你们切身体会到了“志不求易者成，事不避难者进”的道理。前进的道路从不会一帆风顺，实现中华民族伟大复兴的中国梦需要一代一代青年矢志奋斗。同学们生逢其时、肩负重任。希望全国广大高校毕业生志存高远、脚踏实地，不畏艰难险阻，勇担时代使命，把个人的理想追求融入党和国家事业之中，为党、为祖国、为人民多作贡献。

——习近平回信寄语广大高校毕业生（2020 年 7 月 7 日）

（一）党和国家对大学生社会实践高度重视

随着改革开放的深入进行和市场经济的持续发展，我们走进了中国特色社会主义建设的新时代，社会生活方式，社会的组织形式，人的思维方式和价值观的取向都有了很大的不同，这些新形势、新问题、新历史任务，对大学生社会实践来说既是机遇又是挑战。

中国人民在历经站起来、富起来的历史进步后，将迈入建设中国特色社会主义现代化强国“强起来”的新时代。立足于这一战略定位，坚定地为实现这一目标奋斗，全党全国人民都围绕着伟大复兴的中国梦不断奋斗。党和国家非常重视大学生社会实践工作的开展，不断的加大对大学生社会实践指导的力度，从有关文件到具体措施的落实、实施，都提出了要求和相应的部署。大学生社会实践的地位直接上升到了与学校教育并重的高度，大学生社会实践由一种课外实践活动转化为教育教学的必修环节，转化为思想政治教育的重要途径，不断地与时俱进。

【拓展阅读】

青年兴则国家兴，青年强则国家强。青年一代有理想、有本领、有担当，国家就有前途，民族就有希望。中国梦是历史的、现实的，也是未来的；是我们这一代的，更是青年一代的。中华民族伟大复兴的中国梦终将在一代代青年的接力奋斗中变为现实。全党要关心和爱护青年，为他们实现人生出彩搭建舞台。广大青年要坚定理想信念，志存高远，脚踏实地，勇做时代的弄潮儿，在实现中国梦的生动实践中放飞青春梦想，在为人民利益的不懈奋斗中书写人生华章！

——党的十九大报告

（二）社会对大学生社会实践需求更加迫切

多年来，大学生社会实践活动经历了从无到有，从微小到逐渐壮大，从形式单一到形式多种多样的发展过程，已经取得了可喜的成绩，积累了一定的经验，取得了良好的效果，在大学生中产生了极大的影响。同时，高校社会实践活动已逐渐发展成为由国家、社会、学校、学生共同参与的一项系统工程，社会实践已越来越从学校的单向行为转变为社会多角多边的互动行为。时代在发展，社会在进步，社会企业对人才的需求更加多元。

企业活力的增强与效益的提高、国家社会经济的发展，这些都取决于科技进步和人民素质的提高。高校不仅担负着培养人才的重任，而且担负着进行科学研究，发展科技的使命，是新思想新技术的主要发源地和企业进步的重要依托，是孕育高级技术人才的摇篮，自然成为企业和地方的重要依靠对象和合作伙伴。社会实践通过技术咨询服务、合作研究开发、技术培训交流、科技成果转化等形式，促进企业技术进步和地方经济发展，从而提高经济效益。

（三）高校对大学生社会实践的指导力度不断加强

1. 大学对大学生实践能力的要求越来越高　大学生社会实践是我国社会主义高等教育的重要组成部分，国家和社会对人才的需求就应该是学校人才培养的方向。在万众创新，大众创业的时代呼唤中，需要更多的创新创业人才。自 2015 年起，高校不断加强和推进创新创业教育，培养大学生的创新意识、创新精神和创新创业就业能力，引导学生走出“象牙塔”，关注社会，了解社会，走入社会，走与实践相结合的道路。

2. 大学生社会实践组织更加科学　社会实践的组织科学化，主要包括实践目标设定和方案优选的科学化，即依赖于实践活动有机组织系统的确立和实践活动科学理论的指导，实现实践活动设计过程的科学化、实践方案实施的科学化、实践成果总结的科学化。高校在开展社会实践过程中，一是按组织、管理实践活动的一般规律进行，主要保证学校对实践活动的管理行为规范化，避免随意性；二是按业务工作的规律进行，这是由高校工作的专业性、学术性和教育性所决定的。

3. 大学生社会实践运行机制逐步建立　社会实践是大学生成长、成才的重要途径，具有课堂学习不可代替的作用。当前大学生社会实践已初步建立了党和国家重视，地方认真组织落实、统一协调的领导机制；内容多彩，模式多样的社会实践内容配置机制；科学设计，体现公平、效率的科学考评机制；建立实践基地，充分整合利用资源的保障机制等一系列的机制。这些机制的初步建立，为保障大学生社会实践活动的长期顺利开展，实现社会实践的育人功效，奠定了坚实的基础。

（四）大学生实践主体的参与积极性明显提高

1. 大学生参与范围明显扩大　大学生社会实践当初开展时，主要在高校本科生中的低年级进行，主要利用寒暑假进行一些社会调查，往往是以个体和小团体的形式出现，而本科生中的高年级、硕士研究生和博士研究生以及学校老师参与社会实践的很少。随着社会实践的逐步展开，党和国家越来越重视大学生社会实践工作，对大学生社会实践提出了一系列的具体指导和要求，把社会实践作为加强大学生思想政治教育的一个重要的途径，不断地丰富大学生社会实践的形式和内容，参与的主体越来越多。

2. 大学生参与的内在需求明显增强　大学生正处在青年社会化的重要阶段。青年社会化强调的是个体与社会生活不断调适，是个体从“自然人 ”发展成为“社会人”的过程 。社会实践活动，拓展了大学生的生活空间，丰富了大学生社会化的内容与途径，符合大学生成长与发展的需要。另外，由于社会对大学生素质要求越来越高，大学生就业压力增加，使大学生参加社会实践的主动性和自觉性增强。社会实践活动已经越来越从开始时的领导的意愿转变为学生的内在需求，成为促进学生个体多样化发展，加速大学生社会化的重要途径。

【拓展阅读】

将科学的理论知识加以验证、深化、巩固和充实，并培养我们进行调查、研究、分析和解决工程实际问题的能力，为后继专业课的学习、课程设计和毕业设计打下坚实的基础。对于一名即将踏入社会，迈向工作岗位的大四学生来说，熟悉了公司开发软件的流程和方法、认识自己所学知识体系的不足，通过生产实习来认识到自己平时学习的漏洞。通过生产实习，可以拓宽我们的知识面，增加感性认识，把所学知识条理化系统化，学到从书本学不到的专业知识，从而对自己的知识体系进行完善，学习更多真正在工程实际中应用广泛的知识技能，为今后的学习和将从事的技术工作打下坚实的基础。

——王玉《关于优化大学生社会实践的几点建议》

第二节　影响大学生社会实践开展的因素

【导读】大学生社会实践是我国社会主义高等教育的重要组成部分。我们在看到大学生社会实践取得可喜成绩的同时，又要看到大学生社会实践中存在的不足和问题。同时，随着改革开放的深入进行和市场经济的持续发展，社会生活方式，社会的组织形式，人的思维方式和价值观的取向都发生了很大的变化，这些新形势和新问题，对新时期的大学生社会实践来说既是机遇又是挑战。

近年来，我国大学生社会实践活动得到蓬勃开展，取得了显著成效，大学生社会实践活动的育人作用日益明显。但我们也要认识到，大学生社会实践活动的开展也受到一些因素的影响和制约。具体表现在以下几个方面：

一、政府部门的政策性因素

教育部在《关于进一步加强和改进大学生社会实践的意见》中指出：“各级党委和政府要为高校组织社会实践活动创造条件，提供便利，动员社会各方面支持大学生社会实践。”全国各地各级党委、政府虽然积极支持和鼓励学生参加社会实践活动，出台了实施意见，但具体保障措施不够完善，缺少必要的资金和配套措施支持。

二、社会和高校的配合性因素

从社会的角度，社会实践活动的开展离不开实践基地的建设，企业注重追求近期的经济效益和经济利益，学生由于实践能力相对不足，他们的社会实践贡献较小或难以在短时间内收到成效，企业对建立社会实践基地普遍缺乏积极性。

从高校的角度，建立完善的社会实践活动激励体系，对大学生社会实践活动的开展至关重要。激励性因素包括外在激励因素和内在激励因素两个方面。外在激励因素包括奖励、学分、成绩认定等方面。包括社会实践活动优秀集体、优秀个人的评选，可以发挥典型榜样示范作用；也可以采取学分制开设社会实践课程，给予学生成绩认定。内在激励因素可以通过相关培训、活动引导和建立社会实践档案等方式，激发学生参与社会实践活动的积极性。东北农业大学一直坚持组织和鼓励学生参与各种形式的社会实践活动，教育引导学生通过参加社会实践活动，提升自身综合素质，推动大学生全面发展。该校将大学生社会实践纳入学校教学计划，作为必修课程，1 个学分，以此来激励大学生积极参与社会实践活动。

三、供需双方不对称因素

学生具有参与社会实践的强烈愿望，乐于在社会实践中认识社会、了解社会、奉献社会，提高解决实际问题的能力。在社会主义市场经济条件下，处于生产一线的企事业组织迫切需要有知识的专家、学生提供新知识、新技术、新思路，指导他们的生产实践，但是由于信息不畅通，致使社会实践主体和服务对象不能有效对接。另外，随着时代的不断发展，企业对学生要求越来越高，但是学生的自身能力水平、知识结构、职业素养的发展与企业的发展变化不相匹配，导致企业对于社会实践的大学生期待过高，失望较大。学生期待在实践过程中迅速掌握本领，熟悉社会，但往往觉得大材小用，因此供需双方出现不对称的情况，使社会实践不能良性循环发展。

四、活动开展的风险性因素

大学生社会实践活动的活动地点大多是在偏远地区以及企业、工厂等生产一线，安全问题比较突出，制约了大学生社会实践活动广泛开展。受交通、饮食、自然灾害等客观因素以及其他不可抗力因素的影响，高校在组织大学生社会实践活动时首先要考虑安全因素，这导致很多高校不敢大范围组织面向全体学生的社会实践活动。在社会实践中遇到的一些生活问题、财产安全、人身安全等问题也令学校与家长担忧。一部分家长出于安全考虑或怕子女在实践岗位受委屈等原因，不支持子女独立参加社会实践活动。尝试为参加社会实践活动的大学生购买意外人身伤害保险的做法为解决这一问题提供了思路，但这项政策由于受经费等方面因素的制约，很难在全国各高校普遍推行。

【拓展阅读】

大学生社会实践的有效开展必须有人力、物力和财力的支持。要本着合作共建、双向受益的原则，从地方建设发展的实际需求和大学生锻炼成长的需要出发，建立多种形式的社会实践基地。应扩大政府和学校拨款比例，使社会实践活动的投入经费有所保证，同时高校应扩大与社会的交流合作，争取当地政府、社会、企业的经费支持，为大学生顺利开展社会实践提供各种物质保障。

——呼和·齐斯琴《试论大学生社会实践有效激励机制的构建》

第三节　大学生社会实践的发展趋势

【导读】结合当前我国大学生社会实践活动存在的问题和部分国外大学生社会实践的经验，面对新形势、新任务、新情况、新变化，社会实践必须在巩固已有工作成果的基础上，正确把握高校社会实践活动的发展趋势，采取更加有力措施，深入推进大学生社会实践，使之为大学生的健康成长发挥更加积极有效的作用。

一、大学生社会实践教育发展趋势

（一）多领域拓展

开放条件下，大学生社会实践教育研究面向世界的拓展，比较社会实践教育研究成为新的研究热点；现代化进程中，大学生社会实践教育内容面向社会领域的拓展，竞争、科技、环境、网络等理论成为实践教育的重要内容；信息化条件下，大学生社会实践教育向虚拟领域拓展，虚拟社会实践成为解决大学生社会实践教育现实困境的有效方式；在五大发展理念指导下，大学生社会实践教育更加关注实践活动的生态教育功能；竞争条件下，大学生社会实践教育更加关注教育对象的未来发展；复杂多变条件下，大学生社会实践教育更加关注教育对象的心理健康发展水平。

（二）专业化趋势

抓好针对教育，做好结合文章。

【拓展阅读】

近年来，大学生社会实践活动取得的一个重要进展就是高校越来越重视将实践活动与专业教育紧密结合起来。但这还不够，下一步，各高校必须站在专业人才全方位、全过程培养的高度，从专业人才核心素养培养的角度，进一步明确各类课堂在人才培养中的定位和职责，系统设计好社会实践专业化运作的系统思路和举措，推动第一课堂教育理念和资源更好地支撑第二课堂社会实践活动，引导社会实践更好地弥补第一课堂的不足，巩固第一课堂的成果，强化第一课堂、第二课堂的一体设计、一体落实、一体考核。

——胡靖《大学生社会实践的历程、价值意蕴与发展趋向》

（三）课程化发展

抓好精准教育，做好规范文章。要从根本上解决社会实践活动参与面不广、随意性大的问题，课程化操作是一个必然的选择。社会实践要学习借鉴第一课堂建设思路，强化社会实践的课程化理念，力争早日开发出科学精准、严谨规范的实践活动课程，并列入人才培养方案，纳入必修学分，实现规范化管理，同时还要抓好实践课程指导教师队伍建设。条件允许时，可以考虑将社会实践设为课程，进行更为科学规范的管理和考核。

二、大学生社会实践途径和方式发展趋势

（一）基地化趋向

抓好持续教育，做好协同文章。为了保障社会实践课程像第一课堂那样拥有固定的教学场所、环境和可持续的教育条件，做到实践活动可控、可测、可持续，各高校必须加快社会实践基地化建设，深化与地方政府、行业和相关单位的联系，建设一批稳定的、高水平的大学生社会实践活动基地，精心选配社会实践活动基地的实践指导教师，进一步促进校地合作、协同育人，不断拓展实践育人的社会资源。

（二）实效化趋向

抓好有效教育，做好务实文章。衡量大学生社会实践活动的质量，最终还要看活动对大学生教育的实际成效。因此，在规范社会实践管理的基础上，要更加注重社会实践活动的参与面和实效性，切实抓好实践活动的顶层设计和过程管理。不仅实践活动过程中要严谨规范，每次实践活动结束，都要认真及时地引导师生记录整理好实践故事，总结分析好实践成效，传承发展好实践精神，将社会实践中的教育成效和正能量注入平时的学习生活之中。只有这样，才能形成广参与、可证明、可复制、可持续的社会实践教育。

（三）品牌化趋向

抓好示范教育，做好品牌文章。各高校、各学院都是组织大学生社会实践活动的独立主体，应鼓励大家结合学校、学院和地方实际，勇于创新、大胆探索，相互借鉴、共同提高，形成百花齐放的生动局面，树立各具特色的活动品牌，这既是活动发展深化的一般经验，也是大学生社会实践活动的必然要求。

三、大学生社会实践育人功能的发展趋势

（一）思想政治教育功能

在大学生社会实践教育功能的拓展方面，突出表现为：更加关注社会实践教育的导向功能，尤其是对大学生理想信念、奋斗目标、行为方式的导向作用。大学生正处在世界观、人生观、价值观、社会历史观形成的关键阶段。大学生走出校门，深入社会生活，在社会实践中了解社会，能具体而真切地了解我国社会的政治经济文化的全方位变迁，把握基本国情，这有利于学生把握社会内在联系和发展规律，有利于树立科学人生观和历史观。可以通过社会实践活动，培养踏实的工作作风，感受榜样的力量，培养为祖国为人民的奉献精神。可以通过社会实践活动，真切感受到社会主义制度的优越性，培养大学生的社会主义理想信念。

（二）素质教育功能

实施素质教育是我国社会主义现代化建设事业的需要，它体现了我国教育的性质、宗旨与任务。社会实践不仅能够检验和深化学生的理论学习的成果，同时能够培养学生的实践能力和创新精神，能够使学生的身体素质和心理素质得到全面发展，实现了从单纯的知识的人到全面发展的人的教育理念。在大学生实践活动中，将更加关注社会实践教育在人才培养中的开发功能，注重学生的智能开发以及学生个性特点、创造精神的培养。更加关注学生的道德感、理智感、美感等高级情感的培养。

【章节练习】

1. 中外大学生社会实践的内涵、功能等具有相似之处，但表现形式、运作模式存在差异。请列举并比较国内外大学生社会实践现状有哪些不同。

2. 面对党和国家对大学生社会实践开展的高度重视和新时代对社会实践人才的迫切需求，我们如何提升自身的社会实践能力，全面提升自身素质，成为全面发展型的新时代社会实践人才？

【参考文献】

胡树祥，吴满意，2010. 大学生社会实践教育理论与方法［M］. 北京：人民出版社.
倪福全，邓玉，周曼，2011. 大学生社会实践教程［M］. 北京：中国水利水电出版社.
范志勇，刘宇桐，2017. 国外大学生实践能力培养模式思考与借鉴［J］.
孙丽，2017. 大学生时期社会实践现状——问题及对策研究［D］.
宿美玲，2017. 大学生专业性社会实践提升实践育人效能探究［J］.
熊晓琳，杨增岽，2015. 高校思想政治理论课社会实践制度化建设：困境与突破［J］.
李国荣，2009. 大学生参加社会实践的意义、现状及发展态势［J］.
王伟明，2012. 大学生社会实践科学化组织模式探索［J］.

第三章<<<

大学生社会服务

【导读】社会是个大课堂。青年要成长为国家栋梁之才，既要读万卷书，又要行万里路。社会实践、社会活动以及校内各类学生社团活动是学生的第二课堂，对拓展学生眼界和能力、充实学生社会体验和丰富学生生活十分有益。高校学生支教、送知识下乡、志愿者行动等活动，都展现了学生的风貌和服务社会、报效国家的情怀。许多学生正是在这样的社会实践和社会活动中树立了对人民的感情、对社会的责任、对国家的忠诚。当年，我在梁家河插队，实际上就是在上社会大学，向群众学习，向实践学习，那段经历让我受益匪浅。

——习近平《在全国高校思想政治工作会议上的讲话》（2016 年 12 月 7 日）

第一节　社会服务概述

【导读】成熟的和真正的公民意识，就把为社会服务看作一个人最主要的美德。

——苏霍姆林斯基

一、社会服务的基本概念

（一）社会服务的起源

社会服务运动始于 1884 年英国伦敦成立的托因比服务所。1889 年后在芝加哥西区成立了赫尔大厦服务社。此后社会服务运动迅速传到西欧大部分国家以及东南亚、日本。1951 年，蒂特马斯（R. Titmuss）第一次提出“社会服务”概念。他认为社会服务和以现金支付的社会保险是截然不同的概念。

随着经济和社会发展，我国也开始重新定位社会服务的范围，2012 年 7 月，在国务院公布的《国家基本公共服务体系“十二五”规划》中，将基本养老服务、社会福利服务、社会救助服务、优抚安置服务等统括为“基本社会服务”，列为单独门类，独立规划编制，纳入民生指数指标体系和统计指标体系，并作为国家基本公共服务的一个重要领域。

中国社会服务的主要内容包括：社会保障福利服务、社会风俗改造等精神文明服务，基层社会群众自我教育管理等民主建设服务，社会团体管理等社会行政管理性服务。有以全体社会成员为对象的普遍服务，以烈属、军属、复员退伍军人、老年人、残疾人、无依靠儿童、贫困者等为对象的特殊服务。以这些社会服务为内容的社会工作，在预防、解决社会问题，处理社会矛盾，调整社会关系，改善社会生活方式，完善社会制度，减少社会发展的障碍因素等方面，具有重要作用。

（二）社会服务的基本概念

社会服务（Social Service）是现代工业社会的制度性产物，任何国家社会经济发展到一定阶段，社会服务会成为化解社会矛盾、维持社会稳定、确保社会公平公正、建设现代化国家的内在必然要求。虽然其在不同学术文献和不同政策文件中的定义不同，在不同国家地区的服务形式和服务内容不同，但其具有相对一致的共性特征和普遍规律。主要表现为以下几个方面：

1. 服务对象 社会服务的对象普遍为社会环境中受个体因素或受外界环境因素所致的弱势群体，包括因暴力、贫困、家庭瓦解、身体和精神残疾、年老而受到影响的人。通常，其所处的环境和自身状态难以通过自身努力而得到改变，在一定程度上需要依靠外界力量的介入支持和帮助。例如，国际劳工组织将社会服务定义为针对大多数脆弱群体的需求和问题所进行的干预。对于这类群体，可提供的服务项目主要有：康复、家庭帮助服务、收养服务和照料服务等。

2. 服务群体 社会服务的参与群体主要由社会各阶层的优势团体或个人组成，其普遍具有相对高水平的知识能力，相对稳定良好的工作和生活状态，乐于通过公益性质的工作为服务对象提供一定的帮助和支持。在市场经济条件下，社会服务又有着无偿性和有偿性之分，那些基本的公共服务是无偿性的、无排他性的，超出基本公共服务之外的高端化、特殊性服务则是需要付费的。

3. 服务目的 社会服务普遍以预防解决社会问题、处理弱化社会矛盾、积极调整社会关系、改善服务对象生存状态、推动完善社会制度为目的，具有一定的社会福利性质，通常以项目等方式进行或开展。此外，社会服务也是现代政府的一项重要的社会经济政策，能有效地促进国民收入的再分配，与此同时，也是实现国家制度可持续发展和稳定的重要制度安排。

（三）社会服务与志愿服务的差别

值得注意的是，社会服务虽然在性质上是公益的，但其与志愿服务还是存在一定差别。首先，社会服务的参与范围相对广泛，任何团体、个人都可以参与其中，而志愿服务通常要求依托志愿服务团体的规范管理和统一组织安排。其次，社会服务的参与可以是阶段性的和非固定性的，而志愿服务通常更强调相对连续和稳定。再次，社会服务可根据具体服务内容和服务对象不同，适当收取相应服务费用，而志愿服务更强调公益和免费性质。

（四）高校社会服务

随着知识经济时代的到来以及全球化进程的加快，国家和社会对高校提出了越来越多的要求，高校在国家和社会发展中的作用越来越重要。

2017 年，中共中央、国务院印发《关于加强和改进新形势下高校思想政治工作的意见》，明确指出："高校肩负着人才培养、科学研究、社会服务、文化传承创新、国际交流合作的重要使命。"其社会服务功能主要表现是为社会建设和发展提供重要的人才支撑、智力支撑和创新支撑，既包含学生培养、基础理论性科学研究、文化支撑和构建等间接性社会服务，又包含直接对接企事业单位的政策决策辅助、人才培训输出、生产一线技术公关等直接性的社会服务。

党的十九大报告指出，建设教育强国是中华民族伟大复兴的基础工程。从高等教育发展态势来看，教育领域综合改革深入推进，“双一流”建设扬帆起航，新时代的中国高等教育迎来了前所未有的发展机遇，从长远发展的战略高度认识和实践社会服务职能成为越来越多中国高校的共识。

国外高校也同样重视社会服务。美国大学认为的一般社会服务分3种：学校范围内的服务，如课后帮助同学补习；小区街道类的服务，如清扫街道垃圾；以及市州国家甚至国际级别的服务工作，如去第三世界国家探访服务。韩国大学将社会服务列为必修课，每学期安排固定学时，要求大学生必须在孤儿院、养老院等场所从事服务工作，工作单位对其就献身性、诚实性、自觉性与工作态度等指标加以考评并给学分。墨西哥大学开设社会服务课，并作为必修课进行考评和记录学分。

二、社会服务的功能及作用

参与社会服务，是大学生走进大学校门后的重要一课，是除了自身专业课程学习外的一项重要任务。为什么参与社会服务对于大学生的成长成才如此重要呢?

1. 有助于增强时代责任感和历史使命感　课堂教育的弱项是缺乏宏观体验和具体感受。参与社会服务，可以让大学生走出校门，走进社会，认识社会，了解社会，加深对党和国家时政方针的理解和学习，在奉献和参与的过程中懂党情、知社情、达民意，自觉坚定理想信念，自觉传播社会主义先进文化，自觉践行社会主义核心价值观，自觉将个人成长融入社会发展和国家振兴的历史洪流中。

2. 有助于检验知识水平，积累人生阅历　大学是学生迈出校门，走进社会，适应社会和融入社会的重要过渡。参与社会服务，可以培养学生的劳动观念、服务意识和团队精神，让大学生更好适应和完成这种过渡。一方面可以掌握基本的应用型知识和技能，促进大学生将理论学习与实际运用相结合，在实践的过程中检验和促进理论学习，加深对知识的理解。另一方面可以促进大学生积累和获得相应的社会体验，体会到不同社会阶层、不同生活群体、不同岗位角色的差异，在服务和奉献的过程中增加社会阅历。

3. 有助于提升个体自信，实现人生价值　毛泽东说：青年人好像早上八九点钟的太阳。大学生正处于一生成长中发展最迅速的阶段，总是充满激情并且精力旺盛。这一时期的大学生具有强烈的表现欲望，渴望获得自我价值的实现和获得来自他人的认可。参与社会服务，可以让大学生体会参与的快乐，接受来自社会的认可，磨砺意志品质，提升个体自信，实现个人理想追求与社会发展的和谐统一，树立正确的人生观、世界观和价值观，不断提升个体成长的获得感、成就感和满足感。

第二节　社会服务的内容与形式

【导读】“懂法律就是好，这些大学生们一下就把我的问题给分析出来了。还给我讲解了好长时间。”江西抚州市临川区，一名刚刚解决借贷纠纷困惑的女士对一群学生竖起了大拇指，这群学生便是江西财经大学法学院临安实践队的成员。

大学生参与社会服务的形式多样，内容广泛，只要符合时代发展特征，符合大学生成长规律，符合受教育、长才干、作贡献的实践目的，都是受欢迎和被认可的，不必拘泥于固定的内容和形式。以下介绍几种大学中最常见、最广泛的，具有较强影响力、较高知名度和较好品牌效应的社会服务类型。

一、大学生“三下乡”活动

“三下乡”是指文化、科技、卫生三下乡。文化下乡包括图书报刊下乡，送戏下乡，电影电视下乡，开展群众性文化活动等；科技下乡包括科技人员下乡，科技信息下乡，开展科普活动等；卫生下乡包括医务人员下乡，扶持乡村卫生组织，培训农村卫生人员，参与和推动当地合作医疗事业发展等。

1996年12月，中宣部联合14部委下发了《关于开展文化科技卫生“三下乡”活动的通知》，号召大学生结合自身专业特长，结合农村基层经济发展和社会实际需要，发挥知识技能优势，开展各类文化科技卫生服务活动，在实践中“受教育、长才干、做贡献”，正式拉开了大学生“三下乡”社会实践活动的帷幕。

经过二十多年的不懈努力，大学生“三下乡”活动已经成为全国高校普遍开展的最具影响力的社会实践品牌活动之一。大学生将自身所学的科学知识和先进文化带到农村，开展形式多样宣讲活动和支农助农服务，为高等教育服务新农村建设起到了积极的促进作用。

文化下乡方面，大学生可以开展以弘扬社会主义核心价值观和中华优秀传统文化为主的理论宣讲、文化宣传、文艺展演、教育帮扶等活动。科技下乡方面，大学生可以结合所学知识和专业优势，在教师指导下开展科技咨询服务、科技成果推广与应用、农业人员科普培训等活动。卫生下乡方面，大学生可以开展医疗卫生知识普及宣传、健康普查、基层医务人员培训、防艾禁毒宣传等活动。

每年寒暑假，中宣部等相关部门都会联合下发全国大中专学生“三下乡”社会实践活动通知，并确定相应活动主题。以2017年暑期“三下乡”活动为例，活动共确定全国重点团队1 500支，学生参与总数超500万人，主题涵盖理论普及宣讲、国情社情观察、依法治国宣讲、科技支农帮扶、教育关爱服务、文化艺术服务、爱心医疗服务、禁毒防艾宣传、美丽中国实践、“彩虹人生”实践服务等十个方面的重点内容。此外，活动还紧密结合党的十九大、精准扶贫、“一带一路”等主题联合有关方面实施十个方面的专项活动，并开展镜头中的“三下乡”社会实践评比。

各省、各高校也充分结合区域特征和专业特色，进一步明确本地区、本校的活动主题。引领广大青年学生更加坚定跟党走中国特色社会主义道路的理想信念，积极投身全面建成小康社会的伟大实践，努力成长成才、创新创造、建功立业。

【拓展阅读】

2017 年，华南师范大学暑期社会实践活动以“青春喜迎十九大，不忘初心跟党走”为主题，在深入了解服务地实际需求、对接教育帮扶重点、积极整合社会资源的基础上，有针对性地组建了校级社会实践团队 200 支，组织了5 000多名师生赴贵州、四川、江西、广西等省和自治区和广东省内的 19 个城市，开展了一系列以精准服务、文明创建、教育关爱和美丽中国实践为主要内容的社会实践活动。今年回访基地 59 个、其中第三年回访的有 38 个，捐赠图书和各类学习资料 3 200 余册，举办文明创建文艺汇演 169 场，目前服务总时间达 33 万小时。大学生们在实践中体验，在体验中成长，以青春的名义助力社会主义新农村建设。

党的十九大提出“实施乡村振兴战略，把解决好‘三农’问题作为全党工作重中之重”，“培养造就一支懂农业、爱农村、爱农民的‘三农’工作队伍”。这为“三下乡”活动的开展搭建了更为广阔的时代舞台，尤其对于农业院校的大学生有着更为特殊、更为深远的意义。参与“三下乡”活动有助于大学生深入了解基层农村的现实情况，结合所学服务农业发展、服务农村建设、服务农民增收，并以实践促进专业理论学习，更深刻的培养自己的农业技能、农村情感、农民情怀。

二、大学生“四进社区”活动

“四进社区”是指科教、文体、法律和卫生进社区。科教进社区主要是开展科普教育、宣传、竞赛等活动。文体进社区主要是开展群众性文艺展演、文体知识普及、文体竞赛等活动。法律进社区主要是开展法制宣传和普法教育、法律服务、法律援助等活动。卫生进社区主要是开展各种形式的健康教育、培训讲座、预防保健、为困难群体送医送药等活动。

2002 年，中央精神文明建设指导委员会办公室（以下简称“中央文明办”）等 9 部门联合下发通知，面向全国开展“四进社区活动”。各高校充分结合自身特点和专业特色，号召大学生走进社区开展科普讲座、义务支教、普法宣传、健康保健、文艺演出、扶困助弱等实践服务活动，力所能及地对贫困家庭、孤寡老人、少年儿童等弱势群体开展帮扶，充分展现了当代大学生的良好精神风貌。

大学生参与科教进社区的活动，可以依托专业优势，开展教育培训、科普宣传、技能讲座、知识竞赛、读书交流、公益广告等活动。参与文体进社区，可以发挥个人专长，开展文体知识普及、文体竞赛互动、传统文化宣传、公益电影播放、社区图书站建设等活动。

近年来，各高校学生积极通过“四进社区”活动走出校门，深入社区，积极宣传和倡导健康、文明、科学的生活方式，满足了居民群众增长知识、愉悦身心、学法用法、强健身体、崇尚文明等方面的需求，为促进社区形成平等友爱、和谐互助的社会风尚，邻里团结、共同进步的人际关系起到了积极的促进作用。平时节假日更为灵活的“四进社区”活动与寒暑假集中开展“三下乡”活动也形成了相互补充，共同搭建了大学生参与社会服务的广阔平台。

三、生产劳动类服务活动

【拓展阅读】

夏天，我们这边太阳毒得很，天气干热。近平身上都晒红了，之后又蜕皮。那个苦，可不是一般大城市的娃娃能吃下的。有时候，我老伴看他太辛苦，就说："近平，你坐那儿歇歇。"近平不歇，他说："没有事，干完这一气儿再说。"

——《习近平的七年知青岁月》

从实践的角度理解生产劳动，可以认为是一种创造财富和价值的活动，是通过参与物质资料生产或提供劳动服务，来满足社会需求的实践活动。生产劳动被认为是人类最原始、最基本的社会实践形式。

教育和生产劳动相结合的思想主张最早是由19世纪的瑞士著名教育家裴斯泰洛齐付诸实践的，他把二者的结合看作教育和谐发展的基本途径。马克思也曾指出："未来教育对所有已满一定年龄的儿童来说就是生产劳动同智育和体育相结合，它不仅是提高社会生产的一种方法，而且是造就全面发展的人的唯一方法。"早在20世纪80年代，我国就曾出台相关规定，明确要求高等学校学生参加生产劳动。

现行高等教育体制下，理论学习重于实践学习、理论学习滞后于实践锻炼、理论学习脱离实际应用的情况普遍存在。虽然高等教育培养出的学生具备了比较科学全面的知识体系，然而学生们却普遍存在动手能力差、实践操作能力弱、创新能力不足等问题。专注于知识的死记硬背，使得大学生不能真正地深入于社会实践中体验丰富多彩的现实社会，失去了主动性学习的机会，使得我们的学校教育失去了生机和活力。

与其坐而论道，不如起而行之。大学阶段的学习只是"获得能力"的准备阶段，真正得"能力"应该是通过劳动获得理论联系实际的能力，是参与实际生产的能力。大学生参加生产劳动对于检验学习成效、提升动手能力、建立劳动习惯、树立劳动观念、培养吃苦耐劳精神有着极强的促进作用。

【拓展阅读】

为培养学生知校、爱校、荣校的意识，锤炼热爱劳动、乐于奉献和吃苦耐劳的优良品质，实现"立德树人"教育目标，东北农业大学开展"美丽校园·行动2018"主题教育实践活动暨《公益劳动课》。授课内容包括学校、学院、班级三个层面组织的美化校园劳动。考核工作由年级辅导员会同由班级班长、团支书、生活委员和若干名学生代表组成的班级评定小组负责。授课时间为学生本科阶段第二学期和第三学期，每学期0.5学分，评定结束后填写《公益劳动课成绩考核表》，计入学生综合素质测评成绩。

大学生受自身精力、体力、能力所限，在参与生产劳动的过程中要特别注意选择适合自身能力的，具有一定安全保障的劳动形式和劳动内容。一般常见的适宜大学生的劳动内容主要包括：生产技术劳动、社会公益劳动、生活服务劳动。

大学生参与生产技术劳动，可以充分依托专业优势，选择专业对口的实践实习基地，在专业教师或技术人员指导下开展生产劳动。也可以选择区域性的农、工、林、牧、渔等的生产劳动，在参与劳动的过程中扩大和丰富知识范围，促进职业学习。

大学生参与社会公益劳动，可以是以市政建设、校园建设、植树造林等社会公益建设为主要内容的公益劳动，也可以是与乡村、企业、部队、科研院所等单位合作开展的其他形式的劳动。

大学生参与的生活服务劳动，可以深入社区开展社区事务服务、社区公益事业服务等活动，也可以开展具体的维护公共卫生、清扫垃圾、清冰扫雪等环境维护类劳动。

【拓展阅读】

2018 年是天津大学生义务植树活动持续开展的第 29 个年头。自 2012 年以来，天津大学生已集中义务植树约 18 万株，植树面积近 4 000 亩，对宣传绿化造林，提高全体市民的绿化意识，加快天津绿化和生态环境建设，促进经济发展、社会文明以及生态文明进步起到了重要的作用。

四、乡村振兴类服务活动

【拓展阅读】

实施乡村振兴战略是关系全面建设社会主义现代化国家的全局性、历史性任务。坚持把实施乡村振兴战略作为新时代“三农”工作总抓手。

——摘自习近平《求是》2019.11

（把乡村振兴战略作为新时代“三农”工作总抓手）

2017 年习近平总书记在《中国共产党的第十九次全国代表大会报告》中首次提出乡村振兴战略，并将其列为决胜全面建成小康社会需要坚定实施的七大战略之一，同时作出了“产业兴旺、生态宜居、乡风文明、治理有效、生活富裕”的总要求，为有效解决“三农”问题、实现农业农村现代化指明了方向。2021 年中央 1 号文件以《关于全面推进乡村振兴加快农业农村现代化的意见》为主题，坚持把解决好“三农”问题作为全党工作重中之重，把全面推进乡村振兴作为实现中华民族伟大复兴的一项重大任务，举全党全社会之力加快农业农村现代化，让广大农民过上更加美好的生活。

码 3-2-1　一所大学的精准扶贫

乡村振兴类服务活动具有鲜明的时代特征和强烈的现实意义。大学生参与乡村振兴活动，有利于更好理论联系实际，将教育与生产劳动和社会实践相结合，充分发挥其学科专业优势与文化优势。通过走访调查一线、深入乡村基层，大学生群体能更广泛真实地感受国情和民情，在丰富多样的乡村实践活动中树德增智强体育美，识读乡村改革发展历程，增强融入动力责任，强化服务使命担当，具体活动包括：国家政策宣讲、新型农业技术普及培训、调研最新农情社情、为村镇政府提供施策建议等，让大学生群体在课余时间用脚步丈量乡村大地，在田间地头发挥自身才干。

【拓展阅读】

实施“一村一名大学生”培育计划。鼓励各地遴选一批高等职业学校，按照有关规定，根据乡村振兴需求开设涉农专业，支持村干部、新型农业经营主体带头人、退役军人、返乡创业农民工等，采取在校学习、弹性学制、农学交替、送教下乡等方式，就地就近接受职业高等教育，培养一批在乡大学生、乡村治理人才。

培养农业农村科技推广人才。推进农技推广体系改革创新，完善公益性和经营性农技推广融合发展机制，允许提供增值服务合理取酬。全面实施农技推广服务特聘计划。深化农技人员职称制度改革，突出业绩水平和实际贡献，向服务基层一线人才倾斜，实行农业农村科技推广人才差异化分类考核。实施基层农技人员素质提升工程，重点培训年轻骨干农技人员。建立健全农产品质量安全协管员、信息员队伍。鼓励地方对“土专家”、“田秀才”、“乡创客”发放补贴。开展“寻找最美农技员”活动。引导科研院所、高等学校开展专家服务基层活动，推广“科技小院”等培养模式，派驻研究生深入农村开展实用技术研究和推广服务工作。

——中共中央办公厅国务院办公厅印发《关于加快推进乡村人才振兴的意见》

码 3-2-2　云南村官李章志：让穷村挂上“药材基地”牌子

五、挂职锻炼类服务活动

挂职锻炼类服务主要指大学生根据地方基层工作实际，到相关单位以乡镇长助理、驻村干部、村（社区）支部书记助理和村（社区）主任助理等身份，开展挂职工作实践。

（一）大学生村官

1. 大学生村官概述　大学生村官起源于1995年江苏省实施的“雏鹰工程”计划，一方面是为了吸引优秀人才投身社会主义新农村建设，解决新农村建设发展中的人才制约问题；另一方面是为了进一步拓宽毕业生就业渠道，鼓励大学生到基层就业。

2008年4月，中共中央组织部（以下简称“中组部”）联合相关部委印发了《关于选聘高校毕业生到村任职工作的意见（试行）》，明确以培养新农村建设带头人、来自基层和生产一线的党政后备干部为目标开展大学生村官选聘，并对大学生村官的选聘对象名额、条件程序、职务定位、待遇保障、管理服务等进行了详细规定。

2012 年 7 月，中央再次印发了《关于进一步加强大学生村官工作的意见》，充分肯定了大学生村官在新农村建设中的突出贡献，并为鼓励和支持大学生村官队伍“下得去、待得住、干得好、流得动”，提出了要把大学生村官的目标规划、岗位管理、教育关爱、任用考核、保障机制等环节工作进一步落细落小落实。

码 3-2-3 “大学生村官成长成才机制研究”成果发布

经历了十年的发展，大学生村官的队伍规模不断扩大、学历层次不断优化、提升农村基层组织活力作用不断凸显。《2016—2017 中国大学生村官发展报告》显示，截至 2016 年底，全国在岗大学生总数约为 10 万人，男女比例约为 4∶6。从学历构成中也可看到，大学生村官的学历增比不断优化，涵盖了从专科到博士研究生的各人才层次。其中专科生比例呈下降趋势，本科生占比超过 80%，博士生总数达 102 人。近 60%的大学生村官已经进入乡镇领导班子和村“两委”班子，越来越多的优秀大学生村官凭借年纪轻、有知识的优势，在农村基层的摔打历练中逐步崭露头角，获得基层的广泛支持和认可，从而走上县乡村各级领导岗位。越来越多的大学生村官积极发挥自身优势，以自身创业带动和领办乡村创业项目，为基层农村探索脱贫致富新路，响应党中央打赢脱贫攻坚战的重大决策部署发挥着积极的作用。

2. 大学生村官工作的意义　党的十九大提出乡村振兴战略。作为推动乡村振兴的生力军，调动大学生村官队伍的工作热情，培养大学生村官的职业素养，完善大学生村官培养管理制度，拓宽大学生村官分流渠道，激发大学生村官队伍的创造活力，对于改善农村干部队伍结构，激发基层创造活力，增强农村基层组织凝聚力，实现乡村振兴战略具有重要意义。

(1) 大学生村官工作是为党和国家培养可靠接班人的战略工程。选聘大学生到村

任职，让他们在农村基层实践中锻炼成长，有利于把党政干部培养链深深扎根于基层人民群众之中，扎根到农民这个中国最大的社会群体之中，为党和国家事业培养了解国情、熟悉基层、心贴群众、实践经验丰富的可靠接班人。

（2）大学生村官工作是加强基层党组织建设的强基工程。选聘高校毕业生到村任职，让接受过高等教育的大学生经受实实在在的基层磨炼，逐渐成长为农村基层干部队伍的骨干，有利于优化农村干部队伍结构，提高农村干部队伍整体素质，增强农村基层党组织的凝聚力、战斗力、创造力。

（3）大学生村官工作是建设社会主义新农村的人才工程。选聘高校毕业生到村任职，推动城乡人才的逆向流动，就是要向农村输送有文化、懂技术、会经营、善管理的优秀人才，帮助农民群众理清思路、加快发展，引导农民群众崇尚科学、弘扬新风，为新农村建设注入新的动力和活力。现实中，很多大学生村官积极宣传惠农政策、协调社会矛盾、带领群众致富、推广科技知识、丰富群众精神文化生活等，得到了基层干部群众普遍欢迎和社会各方广泛赞同。

（4）大学生村官工作是青年学生实现人生抱负的希望工程。农村是一所社会大学，青年人在这里可以建立与基层群众的深厚感情，得到艰苦历炼，积累社会经验，更好地认识自己、认识农民、认识社会，为今后的人生之路打下坚实基础。近年来，一批大学生村官在农村实践锻炼中形成了工作踏实、不怕吃苦、爱岗敬业、勇于进取等优良品质，凸显出其独特优势和发展潜力，吸引了一批中央企业和单位从大学生村官中招聘员工。

【拓展阅读】

习近平总书记给大学生村官张广秀回复信

张广秀同志：

来信收悉，感谢你和乡亲们的祝福。得知你康复良好、重返岗位的消息，我感到很欣慰，同时希望你仍要注意保重身体。

改变农村面貌，帮助农民群众过上好日子，推动广大农村全面建成小康，需要党和政府的好政策，也需要千千万万农村基层干部带领广大农民群众不懈努力。大学生村官计划实施以来，数十万大学生走进农村，热情服务，努力实现人生价值。你们的付出和贡献，农民群众有最真切的感受，我看了很多反映大学生村官事迹的材料，为你们的进步和成绩感到高兴。

希望你和所有大学生村官热爱基层、扎根基层，增长见识、增长才干，促农村发展，让农民受益，让青春无悔。

祝工作顺利、身体健康、阖家幸福！

请转达我对垆上村乡亲们的节日问候！

习近平

2014 年 1 月 28 日

——摘自新华网，http://www.xinhuanet.com/politics/2014-021131c-119326986.htm.

（二）选调生

选调生，是各省党委组织部门有计划地从高等院校选调品学兼优的应届大学本科及其以上毕业生到基层工作，作为党政领导干部后备人选和县级以上党政机关高素质的工作人员人选进行重点培养的群体的简称。

码 3-2-4　报告解读：2016—2017 年中国大学生村官发展报告

选调生工作始于 20 世纪 60 年代中期，其目的是实现知识分子同工农群众相结合，培养革命接班人。2008 年，习近平总书记在全国组织工作会议上强调“要坚持和完善选调生制度，精心挑选优秀大学生到基层艰苦岗位和复杂环境中去锻炼”。随后，中组部下发《选调优秀高校毕业生到基层培养锻炼工作暂行规定》，鼓励优秀大学生到基层一线进行工作和锻炼。2009 年，中组部联合各部委下发《关于建立选聘高校毕业生到村任职工作长效机制的意见》，将选调生招考政策由“高校应届毕业生”调整为“主要从具有 2 年以上基层工作经历的大学生‘村官’及其他到基层工作的高校毕业生中招考。”

【拓展阅读】

“选调生”新标志（LOGO），主要以“丝带”“星星”“划桨”等重要元素来体现选调生的整体形象。

码 3-2-5　清华毕业生“选调”扎根云贵高原

标志将“选调生”拼音首字母“XDS”蕴含其中。丝带下方交叉处为“X”、右弧和“X”右上方组成“D”、下方为横写的“S”。飘扬的丝带寓意心情舒畅，渐变色寓意阳光照耀；星星象征着党的领导、中国梦及革命理想信念；右弧寓意选调生之路，即选调生起步基层、激扬青春、放飞梦想，具有坚定的理想信念，在党和国家的关怀下茁壮成长；标志下方三条斜线呈现出众人奋力划桨之势，右弧寓意风满帆扬，展现选调生团结一心，艰苦创业，乘风破浪，直挂云帆的生动形象。标志对“D”表现最直观，D 也是“地”的拼音首字母，丝带整体形象宛如俯瞰的草书“干”字，又如飘逸的“十”字，结合左上角“星星”，寓意着十余万选调生仰望星空，脚踏实地，精于务实，实干兴邦！

标志欢快、灵动，传递着选调生积极向上的进取精神和奋发有为的无限活力，充分展示出选调生“平凡孕育伟大、奉献谱写人生、汗水铸就辉煌”的主题口号。选调生是中国党政领导干部后备人选，是全面深化改革的青春力量，整个标志喻示着中国青年运动的时代主题：为实现中华民族伟大复兴的中国梦而奋斗！

选调生的报名条件相对严格。根据中组部有关政策规定，主要是全日制普通高校大学本科及以上学历的优秀应届毕业生，要求是党员、学生干部、应届毕业生，三者条件缺一不可。根据中央有关政策，2011 年以来，参加基层服务项目、符合选调生条件的往届高校毕业生（像大学生村官、“三支一扶”人员等）也可以报考。

六、实习见习类服务

大学生实习见习通常指高年级学生以专业为基础、以就业为目的的自主选择单位开展的社会实践类活动，是一种短期的实践活动。实习见习具有较强的专业性、针对性和目的性，其实习形式与实习内容与大学生未来就业目标紧密相关，但其又有别于毕业前到预就业单位进行的顶岗实习或明确的就业行为。

大学生参与实习见习，是从大学学习到未来就业的适应过渡期，有助于大学生的角色转换、技能提升、环境适应和心理适应。大学生可以在实习过程中加深对职业和行业的了解，体会到真实的工作环境和工作状态，在职场参与中学会交流合作，查找自身经验和技能的欠缺，为未来就业积累经验，提升就业竞争力。

【拓展阅读】

健全学生到企业实习实训制度。鼓励以引企驻校、引校进企、校企一体等方式，吸引优势企业与学校共建共享生产性实训基地。支持各地依托学校建设行业或区域性实训基地，带动中小微企业参与校企合作。通过探索购买服务、落实税收政策等方式，鼓励企业直接接收学生实习实训。推进实习实训规范化，保障学生享有获得合理报酬等合法权益。

——《国务院办公厅关于深化产教融合的若干意见》(国办发［2017］95号)

第三节　社会实践基地

码 3-2-6
辽宁：
高校毕业生
千企万岗就业见习
计划正式启动

【拓展阅读】

强化社会实践教育。完善扶持政策，加大经费投入，加强青年社会实践基地建设，鼓励机关、军队、企事业单位、社会组织为有组织的青年社会实践提供帮助和便利。

——摘自《中长期青年发展规划（2016—2025年)》

一、社会实践基地的概念

社会实践基地是大学生开展社会实践的固定场所，主要包括与高校联系广泛、合作成效突出、有典型示范意义的街道社区、农村乡镇、爱国主义教育基地、党政机关、企事业单位、部队与军事机构、社会服务机构等。

二、社会实践基地的类型及功能

从大学生日常社会实践的开展情况来看，社会实践基地大致可分为三个类型：研究型实践基地、养成型实践基地、服务型实践基地。

（一）研究型实践基地

研究型实践基地主要包括高校专业实验室、训练中心、教育部门所属研究平台、各类文化场馆、爱国主义教育基地等教育类平台。其功能主要是供大学生开展理论学习、科学研究和实践观察等。

（二）养成型实践基地

养成型实验基地主要包括大学科技园、大学生创业园、创业孵化基地、小微企业、创业基地和专业性实习实训基地等实践类平台。其功能主要是供大学生开展实践技能提升、项目培育孵化等支撑，是学校及课堂教育的补充和延伸。

（三）服务型实践基地

服务型实践基地主要包括机关、军队、企事业单位、乡镇村等行政区划、教育医疗卫生机构、扶助孤寡的公共服务机构等服务类平台。其功能主要是供大学生开展公益服务等实践。

【推荐阅读】

中国第一批、第二批爱国主义教育基地 http：//www. crt. com. cn/jyjd/001. htm；绥阳县成为清华大学学生社会实践实习基地—贵州频道—人民网 http：//gz. people. com. cn/n/2014/0827/c358161－22125438. html.

【章节练习】

1. 最好的社区服务是同理心和兴趣爱好密切结合的产物。如果你喜欢英语，可以到社区为小朋友们辅导一些简单的英语；如果你喜欢摄影，你可以尝试为社区老人免费拍照；如果你擅长绘画，可以尝试手绘井盖或者涂鸦。请结合你的兴趣爱好，为自己设计一项社区服务活动。

2. 党的十九大报告中提出“实施乡村振兴战略”，广大青年学子要深入学习宣传贯彻习近平总书记关于“三农”工作的重要论述，学习贯彻党的十九大报告、历年中央1号文件的精神。请你围绕习近平总书记在中央农村工作会议上的重要讲话中提出的实施乡村振兴战略的目标路径，选择一个主题，设计一个“三下乡”社会实践活动。

3. 青年兴，则国家兴，青年强，则国家强。请你寻找身边的革命传统教育基地等红色教育资源和爱国主义教育基地，设计一项以“追寻青春足迹·红色筑梦之旅”为主题的社会实践活动。

【参考文献】

林闽钢，2013. 我国社会服务管理体制和机制研究［J］. 华中师范大学学报（人文社会科学版），52（3）：35－40.

全国选调生工作发展及历史 http：//www. tsinghua. edu. cn/publish/career/8132/2013/201303281550060388829999/20130328155006038829999_. html.

刘晓东，2014. 大学生社会实践理论与实务［M］. 高等教育出版社.

高道才，林志强，2014. 大学生社会实践基地化建设研究［J］. 高等农业教育（3）8：64－66.

刘献君，2014. 论高等学校社会服务的体系化［J］. 高等教育研究（35）12：1－6.

第四章 <<< 大学生社会调查

【导读】亚里士多德说过："德可以分为两种：一种是智慧的德，另一种是行为的德，前者是从学习中得来的，后者是从实践中得来的。"大学生正处于学习和实践的黄金时期。一方面，大学生正处于学习的黄金时代，拥有较为丰富的知识储备；另一方面，社会调查作为一种专业学科中常用的学习方式，是理论知识向实践产品转化的可靠途径。当代大学生要实现自己的社会价值，需关心社会问题，并通过社会调查来开阔视野、打开格局、增长才干。

第一节 大学生社会调查概述

【导读】青年时期是培养和训练科学思维方法和思维能力的关键时期，无论在学校还是在社会，都要把学习同思考、观察同思考、实践同思考紧密结合起来，保持对新事物的敏锐，学会用正确的立场观点方法分析问题，善于把握历史和时代的发展方向，善于把握社会生活的主流和支流、现象和本质。要充分发挥青年的创造精神，勇于开拓实践，勇于探索真理。养成了历史思维、辩证思维、系统思维、创新思维的习惯，终身受用。

——习近平《在中国政法大学考察时的讲话》（2017 年 5 月 3 日）

一、大学生社会调查概述

（一）社会调查的概念

社会调查，是指人们运用特定的方法和手段，从社会现实中收集有关社会事实的信息资料，并对其做出描述和解释的一种自觉的社会认识活动。这一定义包含了以下几层意思：

（1）社会调查是一种自觉的认识活动。社会调查区别于日常生活中人们对社会现象的观察和思考。日常生活中的观察与思考不具有特定的明确的目的，而社会调查却是有目的有意识地观察和认识社会现象的活动。

（2）社会调查的对象是社会事实。它既包括人口数量的变动、家庭规模的变动、青少年犯罪的状况等客观存在的社会事实，也包括人们的态度、意愿、意见等主观范畴的社会事实。社会调查在研究社会事实时，是从活生生的社会现实生活中直接收集社会事实材料并进行分析研究，而不是仅仅在书斋或图书馆里利用间接的文献材料进行研究。是否直接从社会现实中收集事实材料，这是社会调查区别于理论研究的一个显著特点。

（3）社会调查的目的。是透过现象揭示事物的真相和发展变化的规律性，并进而寻求改造社会的途径和方法。社会调查绝不是对社会现象和社会事实的机械的、简单的、零碎的反映，而是要经过特定的方法和技术，在收集资料的基础上，经过去粗取精、去伪存真、由此及彼、由表及里地整理加工和分析研究过程，逐步揭示出事物的真实面目和发展变化的规律，并进而寻求改造社会的途径和方法。

（4）社会调查是一门方法科学。社会调查有别于哲学以及经济学、社会学、政治学等社会科学学科。这些学科都有其完备的范畴体系和理论体系，而社会调查则不具备自己的理论体系。从学科性质上讲，社会调查是一门方法科学，而不是理论科学。

（二）社会调查的特点

从对社会调查的上述界定可以看出，社会调查作为一种有目的的认识社会现象的活动，具有以下三个主要特点：

1. 实践性 实践性是指在社会调查过程中离不开人的实践活动。它主要有如下三层含义：第一，社会调查一定要深入到实际的社会生活中去，从社会生活中直接收集第一手材料。第二，社会调查的研究课题来自于现实社会，其研究结果又服务于现实社会，因而它具有鲜明的现实性。第三，社会调查的方法与技术具有极强的操作性。

2. 客观性 客观性是指调查者在进行社会调查时，必须持实事求是、一切从实际出发的科学态度。即在调查时，调查者应该按照事物的本来面目了解事实本身，尊重事实，如实记录、收集、分析和运用材料。调查者在实施调查计划时，对调查对象不抱任何成见，收集资料不带主观倾向，对客观事实如实描述，遵循的实事求是的科学态度。

3. 综合性 综合性特征有如下三层含义：第一研究视角的综合性，第二运用知识的综合性，第三研究方法的多样性。

二、社会调查分类与方法

（一）社会调查的分类

按照不同的标准，社会调查可作不同的分类。较为常见的有以下几种：

（1）按照调查对象范围进行划分。可分为全面调查和非全面调查。

全面调查就是对调查对象的全部单位进行调查。普通调查即普查，就是一种全面的调查。

【拓展阅读】

普查是指一个国家或者一个地区为详细调查某项重要的国情、国力，专门组织的一次性大规模的全面调查，其主要用来调查不能够或不适宜用定期全面的调查报表来收集的资料，来搞清重要的国情、国力。普查是为了某种特定的目的而专门组织的一次性的全面调查。普查一般是调查属于一定时点上的社会经济现象的总量，但也可以调查某些时期现象的总量，乃至调查一些并非总量的指标。普查涉及面广，指标多，工作量大，时间性强。为了取得准确的统计资料，普查对集中领导和统一行动的要求最高。普查作为一种特殊的数据搜集方式，具有以下几个特点：普查通常是一次性的或周期性的；规定统一的标准时点；规定统一的普查期限；规定普查的项目和指标；普查的数据一般比较准确，规范化程度也较高；普查的使用范围比较窄，只能调查一些最基本及特定的现象。

非全面调查就是对调查对象中一部分单位所进行的调查。如典型调查、重点调查、个别调查、抽样调查等，都是非全面调查。

【拓展阅读】

非全面调查是指只对总体中的一部分单位进行登记或观察的调查方式。这种调查方式所涉及的调查单位少，可以用较少的人力、财力和时间，调查较多的内容，搜集到较深入、细致的情况和资料。但由于它未包括总体范围内的全部单位，因此常常需要与全面调查结合起来运用。

(2) 按调查时间进行划分。可分为一次性调查、经常性调查和追踪调查。

一次性调查是指间隔一定时期，对事物在某一时点上的状况进行登记的调查方式。一次性调查的目的是反映事物在某一时点存在的状况，如人口数、固定资产总值、企业数、职工人数、商品库存量、设备数量等。一次性调查一般间隔时间相当长，如一年以上。

经常性调查亦称“连续调查”，是随着被研究现象的发展变化连续地进行的登记调查。它的主要任务是获得一定时期内关于某种现象的全部发展变化过程及其结果的统计资料。例如，统计报表中产品产量指标就是某一时期产量连续登记观察的结果。经常性调查必须以健全的系统的原始资料为基础，可以按日、按旬、按月地取得经常需要的资料，也可以按季度、年度取得资料。

追踪调查法是对某一调查对象长期连续不断地跟踪调查。用这一方法可以获取对象的动态信息，把握、分析其内在运动规律性，弥补一般方法只能掌握其某一时间内静态资料的不足。

(3) 按调查地域进行划分。可分为国际性调查、全国性调查、地区性调查（包括省、地市、县、乡、村、屯）等。

(4) 按调查目的进行划分。可分为应用性调查和学术性调查。

【拓展阅读】

应用性调查是针对社会生活中的某一情况、某一事件、某一问题，进行深入细致地调查研究，目的是解决实际工作中的具体问题。

学术性调查主要是为论证某个或某些假设，建立和发展某种理论而进行的调查。

(5) 按调查内容进行划分。可分为综合调查和专题调查。

综合性调查内容比较丰富、广泛，专题性调查内容比较专一、集中。专题性调查，又可分为经济调查、人口调查、文化调查等。

（6）按调查方式进行划分。可分为直接调查和间接调查。

直接调查，就是调查者直接接触调查对象所进行的调查。如实地观察、口头访问、实验调查等。间接调查，则是通过中介间接向调查对象进行的调查。如通信调查、问卷调查、文献调查等。

此外，按照调查深度，可分为描述性调查、因果性调查和预测性调查；按调查资料的性质，可分为定性调查和定量调查；按调查对象的状态，可分为静态调查和动态调查等。在这多种多样的分类中，最基本的是按照调查对象的范围分类，即全面调查和非全面调查。具体说，就是普遍调查、典型调查、重点调查、个别调查和抽样调查。

（二）社会调查的方法

根据不同的要素，社会调查研究可以分为不同的类型。按照目的来划分，可分为描述型和解释型研究；依时序，可分为横剖研究与纵贯研究；依调查的性质，可分为定性研究和定量研究；依调查对象的范围，可分为全面调查和非全面调查。一般情况下，社会调查研究采用如下几种调查方式、方法（图4-1）。

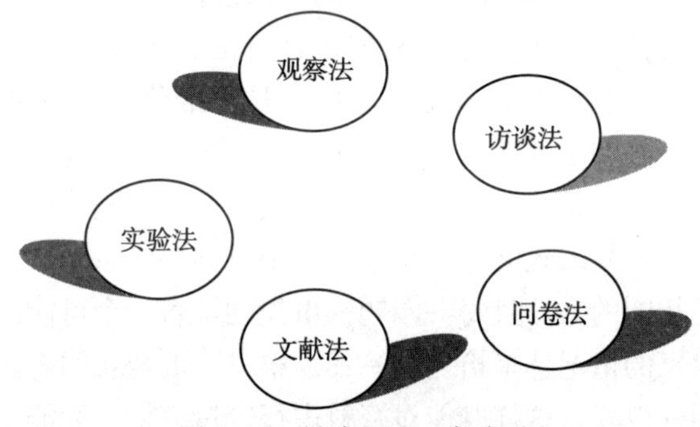

图4-1　社会调查一般方法

（1）观察法。观察法是指调查研究人员凭直接的感知接触观察对象，为实现社会调查的目的，从实地、实事、实物搜集有用的社会资料的一种方法，适用于正在进行中的社会现象的调查和研究，它是社会调查研究最基本的方法之一。它作为社会调查中搜集资料的一种方法和技术，和日常生活中的观察有很大的差异。

【拓展阅读】

观察法常用在被调查对象不愿接受或人多时候的调查，可安排单个人在适宜时直接观察。有的调查对象如婴儿，用观察法就最合适，还有在街头巷尾，观察法也是最好的方法之一。观察法也受很多局限，对于观察的事件有时可遇而不可求，只能被动地等待所要研究的现象发生。例如：丧葬、骚乱、地震、火灾等，研究者只能在事件发生后迅速赶往现场观察。还有一些现象是不适宜或不可能直接观察的，例如：家庭纠纷、男女性行为或其他隐私行为。

（2）访谈法。访谈法是指通过谈话的途径来获得资料的一种方法，是社会调查研究中最常用的方法之一。访谈通常是在面对面的场合下进行，因而它不仅能够搜集到文献法、观察法、问卷法以外的声音资料，还能搜集到语言以外的资料和产生资料的具体情境，能判别出研究对象的各种微妙的反应与回答真实性之间的关系，从而对资料的效度和信度做出判断。

【拓展阅读】

由于调查目的不同，访谈的对象形形色色，会碰到各种年龄、性格、文化程度、价值观念不同的人。访谈法可以不受这些因素的影响，根据实际情况的变化和需要及时调整谈话的方式、内容、时间，以达到搜集资料的较好结果。灵活性的另一面是既可及时纠正被调查者的误解，还可搜集到那些不能或不愿用文字而只愿用语言进行回答的资料，并有利于通过对被访问者的体表特征、语言能力，以及室内摆设等的观察，积累被访问者的资料。

（3）问卷法。问卷是为调查和统计使用的，以设问的方式来设计问题表格。问卷法就是调查研究过程中使用问卷搜集资料的一种方法。是社会调查中最重要的方法之一，它适用于大规模的社会调查，其主要的优点是标准化和成本低，较其他的方法详细、完整和易于控制。问卷主要分以下两类：第一，开放式问卷。是指问卷中所列问题没有固定的、规范化的标准答案，即问题对每一被访者都是同一的，但事先不做出任何选择答案的问卷。第二，封闭式问卷。是指问卷中所列问题事先规定了可能的供选择的答案，即不仅问题是相同的，而且每一问题都事先列了若干个可能的答案，由被调查者根据一定的规则和自己的情况选择恰当的答案。第三，混合式问卷。即问卷前一部分用封闭式，后一部分用开放式，这样既能对资料进行定量分析，又能得到较深层的资料。

【拓展阅读】

开放式问卷。如："你对我市目前进行的住房清查工作有何看法？""你对电影《红高粱》的看法如何？"在此类问卷中调查对象完全可以根据自己的状况和想法自由地详细地给予回答，它可以发挥被调查者的主观能动性，回答也较自然。封闭式问卷。如：您对学生公寓的卫生条件满意吗？

（4）文献法。文献法是通过书面材料、统计数据等文献对研究对象进行间接调查的一种非实地社会调查方法，目的是收集与研究被调查对象的大量信息和数据。文献法在社会调查中最明显的特点是调查的成本低和资料收集迅速。图书馆、档案馆和报社资料室蕴藏着社会调查研究和分析所需要的丰富资料，只要找到了文献，就可随时查阅。阅读有关文献，可以使研究人员熟悉所要研究的问题及以往研究的人们对类似的问题所做结论，能帮助我们形成对所要调查对象和问题的一个整体的概念，帮助我们就所关心的调查客体的情况的特点提出理论假设。

【拓展阅读】

文献多而分散，为了在大量的文献中清理出工作的头绪，首先必须对文献进行分类。按文献的形式，我们将其分为两种类型。第一，书面文献。可细分为档案资料、报刊、个人文献及统计资料四种。目前可查阅，较多的网络材料如中国知网：http：//cnki. net/；国家统计局 http：//www. stats. gov. cn/等官方网站。第二，视听资料。视听资料包括图像和有声两部分。其中图像资料主要指电影、电视、幻灯片、相片等文献，还有绘画、版画、雕塑等造型艺术作品。有声文献如录音磁带、唱片等。

(5) 实验法。实验法也称试验调查法，是实验者有目的、有意识地通过改变某些社会环境的实践活动来认识实验对象的本质及其发展变化规律的方法。它是一种最重要的直接调查方法，也是一种最复杂、最高级的调查方法。

实验调查法的优点是适于对理论、方针、政策的检验；控制性强；可重复运用。实验调查法的缺点：代表性往往不够充分；实验范围仍然有限；耗费人力、时间，操作复杂。

第二节　社会调查研究的基本程序

【导读】 贝尔纳曾说："良好的方法能使我们更好地发挥天赋的才能，而拙劣的方法则可能妨碍才能的发挥。"大学生进行社会调查也要讲求一定的程序和方法，积极完成各阶段具体工作，才能展现并发挥社会调查的意义。

社会调查程序，是指社会调查过程中的前后实践顺序与具体步骤。作为一项科学的认知活动，社会调查的一般过程是与科学的认知规律和科学研究的一般程序相一致的，从程序上讲，社会调查一般分为四个阶段，即准备阶段、调查阶段、分析阶段与总结阶段（图 4 - 2），各阶段都有其具体工作内容。

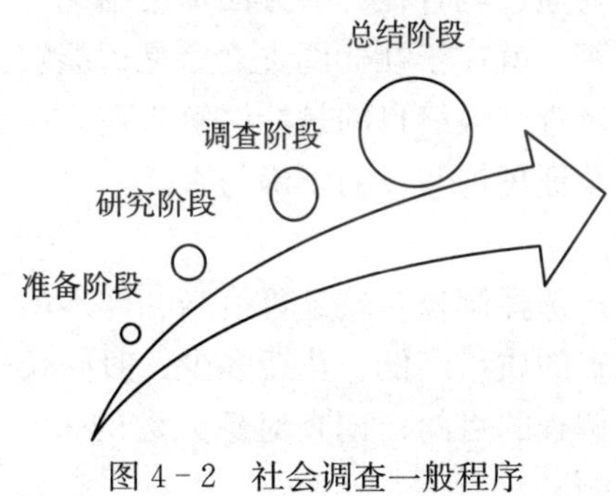

图 4 - 2　社会调查一般程序

一、准备阶段

准备阶段是社会调查的第一环节，好的开始就是成功的一半。准备阶段是整个社会调查的起始阶段，准备工作的好坏直接影响整个调查的效果，因此，社会调查必须认真做好准备工作。主要任务是：确定调查任务、设计调查方案、组织调查队伍。

准备阶段是整个社会调查的基础阶段。正确确定调查任务是搞好社会调查的前提；调查方案的科学设计，是社会调查获得成功的关键环节；认真组建调查队伍是调查任务顺利完成的基本保证。为了避免盲目性和人力、物力、财力、时间的浪费，为了使调查成果更具有科学性和目的性，社会调查的领导者和组织者必须认真做好社会调查的准备工作。

调查前的准备工作主要包括确定调查课题、提出理论假设、选定调查对象、选定调查方法、草拟调查提纲、制定调查计划六个步骤（图 4－3）。

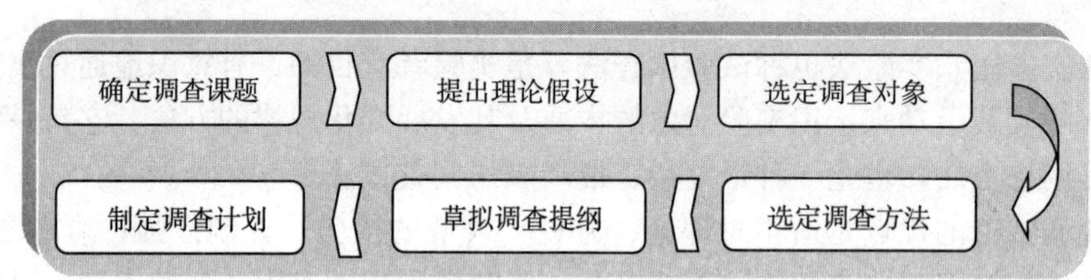

图 4－3　调查准备阶段流程

（一）确定调查课题

确定调查课题，就是要确定准备进行哪一项社会调查。调查课题应具备的条件：①课题必须是具体的，有明确限定的；②课题的前提必须是正确的，真实的；③课题必须能够纳入某个科学知识体系中加以研究和解决；④课题的答案应当是存在的。

（二）提出理论假设

假设是“根据已有的材料与经验，对事物产生的原因及其发展变化的规律所做的推测。”进行调查之前提出理论假设，就是在调查之前对调查可能会有的结果进行推测。

在调查之前提出理论假设的必要性在于，社会调查要达到预期的目的，就需要高度组织化。社会调查不是一般的观察，不是“走马观花”，而是要通过调查来研究社会发展的规律，通过社会调查提出关于社会发展规律的结论。因此，在进行社会调查之前，就需要事先设定需要通过调查在哪些方面提出结论，有可能得出哪些结论。事实上，社会调查的成功与否，就在于社会调查之后是否能够证明或证否调查之前提出的理论假设。如果说社会调查的最终目的是能够解决理论问题或实际问题，那么社会调查的直接目的就是能够验证理论假设的正确与否。

（三）选定调查对象

调查对象即调查客体。选择调查对象是否恰当、样本的选择方法是否恰当、样板的数量是否得当，对于调查的质量高低、花费多少、时间长短等均有直接的影响。选定调查对象时，应该根据调查的目的、调查对象人数的多少、课题成员人数的多少、课题经费的多少等统筹兼顾。

（四）确定调查方法

常见的调查方法有文献检索法、观察法、访谈法、问卷调查法等。各种调查方法都有利弊，没有绝对好的方法，也没有绝对差的方法。调查方法的选择，与调查项目有直接的关系。属于纯客观情况的调查，一般适宜采用观察法、问卷法，而属于涉及主观因素的调查，一般适宜采用访谈法；属于研究历史比较长的课题，应该进行文献检索，而新领域的课题，无法进行文献检索；人力、资金、时间较充裕的，可选择大样板的统计调查，而人力、资金、时间不充裕的往往只能选择个案调查。此外，人们可以同时选择多种调查方法，以克服单独选择一种调查方法时的弊端。

（五）草拟调查提纲

调查提纲是社会调查工作的调查项目设计。调查提纲的作用是：

（1）调查提纲是收集资料的依据。有了调查提纲，调查工作才能避免顾此失彼。

（2）调查提纲是设计具体调查方法、人员安排、时间安排、资金安排的依据。

（3）调查提纲是调查报告的梗概，其内容要符合调查报告的需要。

调查提纲的要求是：逻辑清楚（与调查目的的关系明确），层次分明（分层次列举调查项目，即使调查内容细化，便于实施），重点突出（确定主要的或重点的调查项目，以便实施时花费的时间、精力有所侧重），保持稳定（调查提纲的内容要反复斟酌，仔细推敲，一经确定，就不宜再动，以免阻碍调查工作的顺利开展）。

（六）制定调查计划

调查计划是社会调查工作的程序安排。制定调查计划是对上述五个步骤的总结。

调查计划的内容主要有：①调查课题的说明（问题的提出）；②调查的目的性、必要性和可行性；③调查的理论假设；④调查项目；⑤调查对象及范围；⑥调查的方法；⑦调查地点与时间；⑧调查步骤及日程安排；⑨调查的资金安排；⑩调查的组织领导及工作分工。

调查计划的要求主要包括：第一，完整。每个项目都需要做出说明，即使有些内容是“无内容”的（如有些小型调查可能不需要资金，从而没有资金安排，也需要说明为什么不需要资金）；第二，详细。要将每个项目细化，进行多层次的划分，直到最低层次；第三，周密。对于每个项目都要考虑到实施中可能出现的各种困难，以及各种应对措施；第四，留有余地。为每个项目的实施留有时间上的余地，以保证能够按期完成。

二、调查阶段

（一）调查要求

1. 要严格按照调查计划进行　调查计划中安排的调查一定要克服困难完成，调查计划中没有安排的调查，一般不应进行，除非在调查工作中发现不增加新的调查项目就无法完成总的调查。

2. 要努力保证调查的可信程度　对于调查中可能出现的影响调查信度的问题或故障，要分析原因，预先拿出应对方案，将其影响限制在尽可能低的水平上。

（二）调查方法

调查阶段常用的调查方法是问卷调查、访问咨询、实地考察（图 4－4）。

特别强调常使用的问卷调查法在调查阶段可选用：

1. 自填问卷法　具体做法是：研究者将问卷印制好以后，派调查员依据所抽取的样本，将问卷逐个发送到被调查者手中。同时讲明调查的意义和要求，请他们合作

图 4-4　调查阶段常用调查方法

填答，并约定收取的时间、地点和方式。

2. 邮寄填答　一般做法是：研究者把印制好的问卷装入信封，通过快递或物流公司寄给被调查者，待被调查者填答好以后再将问卷寄回调查机构或调查者。

3. 集中填答法　具体做法是：先通过某种形式将被调查者集中起来，每人发一份问卷；接着由研究者统一讲解调查的主要目的、要求、问卷的填答方法等事项；然后请被调查者当场填答问卷；填答完毕后再统一将问卷收回。

4. 当面访问法　基本做法是：研究者先选择和培训一组访问员，由这组访问员携带调查问卷分赴各个调查地点，按照调查方案和调查计划的要求，与所选择的被调查者进行访问和交谈，并按照问卷的格式和要求记录被调查者的各种回答。

5. 电话访问法　具体做法是：根据调查目的要求设计并印制好电话访问的问卷表；挑选和培训一组访问员，随机抽取一组电话号码作为调查样本；注意此时应留有一组预备号码，用以在正式抽中的被访者不在家或拒绝合作时替补；在电话中，根据访问问卷的内容进行询问，同时记录下被访者的回答。

6. 电子问卷法　电子问卷法是目前调研中经常使用的一类方法。可利用电子邮箱、问卷星等开展电子问卷调查。此类调查方法受地域、教育程度、年龄等因素影响较大。如开展农业农村调查、老年人相应问题调研，考虑调研对象对电子内容理解、填写操作上存在的问题，可根据调研对象特征恰当使用。

（三）调查员的挑选

调查阶段需注意调查员的选拔，除特殊调查对性别、年龄、教育、地区等有特殊要求外，普通调查要求调查人员一般应具备：①诚实与精确；②兴趣与能力；③勤奋负责；④谦虚耐心。

（四）调查员培训与方法

（1）研究人员要向全体调查员介绍该项调查研究的计划、内容、目的、方法，及其与调查项目有关的其他情况，以便调查员对该项工作有整体性的了解。

（2）介绍和传授一些基本的和关键的调查访问技术。

（3）要进行模拟调查或访问实习。

（4）要建立起相互联系、监督和管理的办法及规定，以保证正式调查工作的顺利开展。

三、研究阶段

研究阶段（图 4-5）主要是对资料进行审核、整理与统计，消除资料中的假、错、缺、冗现象，以保证资料的真实、标准、准确和完整。在此基础上对审核整理后的材料进行统计分析、思维与加工，揭示事物的内在本质，说明事物的前因后果，预测事物的发展趋势。这是社会调查的深化、提高阶段，是从感性认识向理性认识飞跃的阶段。

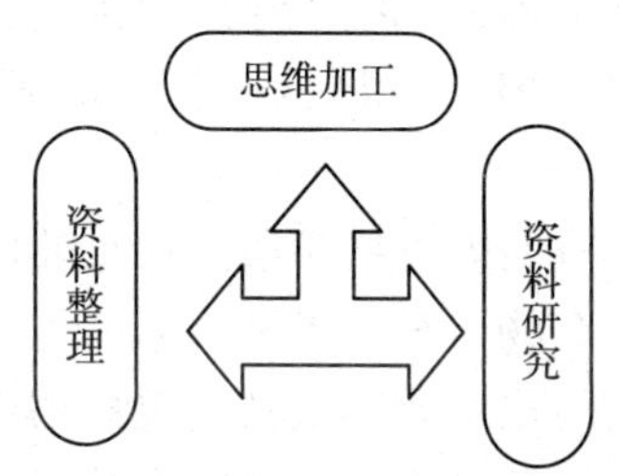

图 4-5　研究阶段资料分析框架

（一）调查资料整理

调查资料的整理，主要是指对文字资料和数字资料的整理。它是根据调查研究的目的，运用科学的方法，对调查所获得的资料进行审查、检验，分类、汇总等初步加工，使之系统化和条理化，并以集中、简明的方式反映调查对象总体情况的过程。资料整理是资料研究的重要基础，是提高调查资料质量和使用价值的必要步骤，是保存资料的客观要求。资料整理的原则是真实性、合格性、准确性、完整性、系统性、统一性、简明性和新颖性。进行调查之后，就需要进行调查资料的整理，以便对于资料进行研究。

1. 誊录　把调查所得到的资料以文字或图表的形式加以誊录，以便尽可能完整、准确、及时地保存资料。主要包括：将读书笔记及信息录入计算机、观察记录的整理、访谈记录的整理、问卷资料的统计等。

2. 分类　将已经表述的资料按照一定的标准进行分类，以便归档。如对多人进行观察，可按照观察对象的类别对于观察记录进行分类。

3. 归档　将已经分类的资料放入相应的纸袋、抽屉、书架等之中，贴上标签，以便以后在对调查资料进行研究时能够方便地进行检索。

（二）调查资料研究

在实地调查结束之后，就需要对新收集的资料进行整理和分析，此时调查就进入了研究阶段。其主要任务是：鉴别整理资料，进行统计分析和开展理论研究。

研究阶段是社会调查的深化、提高的阶段，是从感性认识向理性认识飞跃的阶段，整个社会调查能否最终出成果，在很大程度上取决于研究阶段。因此，社会调查的领导者和组织者，要花更多的时间和更大的精力，抓好这一阶段的工作。

对已经进行整理的资料进行研究，以便从调查资料中得出结论，解决调查之前提出的问题。一般采用的研究方法包括定性研究和定量研究。进行调查资料研究的目的就是检验理论假设的正确性，因此，对调查资料进行研究的结果可能有以下几种：第一，通过社会调查证明了调查之前的理论假设；第二，通过社会调查证否了调查之前的理论假设；第三，通过社会调查既不能证明也不能证否调查之前的理论假设；第四，通过社会调查在一定程度上证明了理论假设，但在一定程度上也证否了理论假设。

四、总结阶段

总结阶段的主要任务是：撰写调查报告、总结调查工作和评估调查结果。总结阶段是社会调查的最后阶段，认真做好总结工作．对提高调查研究的能力和水平、深化对社会的认识，以及对制定解决社会问题的方针、政策和措施，都具有十分重要的意义。

调查报告的撰写是社会调查研究总结阶段的最重要的工作，常常作为调查研究的最后环节。调查报告是对某一事物、某一事件、某一方面或某一问题，进行充分的调查研究之后，根据调查资料所写出的真实反映情况的书面报告。

调查报告根据其性质不同，可分为两大类：一是普通调查报告，也叫社会调查报告或事务文书类调查报告；二是学术调查报告，也叫科研调查报告。这两类调查报告依据不同标准又可划分为多种类型。

普通调查报告主要有：①描述式调查报告、论说式调查报告、合一式调查报告。②全面调查报告、专题调查报告、典型调查报告。③情况（概况）调查报告、事件调查报告、经验调查报告、问题调查报告、对策（理论）调查报告。学术调查报告分为三类：事物的调查报告、事实的调查报告、课题的调查报告。各类调查报告均有其特点及适用范围，但其总的特点是真实性、针对性、典型性、指导性和时效性。

目前最常见的调查报告的结构包括标题、署名、前言、主体和结尾几个部分。调查报告的撰写包括确定主题、形成观点、精选素材、拟订提纲、起草报告和修改定稿五个步骤。各步骤的工作都有专门的要求。

调查报告的写作主要不是理论性问题，而是操作性、实践性问题。因此本章涉及的内容，无论是调查报告的类型、特点，还是调查报告的格式、写作步骤和基本要求，都不应被看做简单的知识介绍，而是为了使学生能够掌握调查报告的写作方法，用于今后的工作实践。学生应根据本章所述，反复训练，才能不断提高调查报告的写作技能。

第三节　大学生社会调查选题与问卷设计

【导读】克罗齐说过：“人类用认识的活动去了解事物，用实践的活动去改变事物；用前者去掌握宇宙，用后者去制造宇宙。”大学生社会实践活动是引导学生走出校门、接触社会、了解国情，提高思想觉悟、增强大学生服务社会意识，促进大学生健康成长的有效途径。通过社会实践活动有助于大学生更新观念，树立正确的世界观、人生观、价值观。

一、大学生社会调查选题

整个社会调查活动过程中，选择调查课题是第一个环节，正确选择调查课题，是调查顺利进行的重要保证，是调查取得成功、获得成果的重要前提，然而这也是学生们所面临的最为困惑、犹豫的一个问题。由于较少得到系统的指导，致使选题不知从何选起，或方向偏差，或选题过大、过小，过深、过浅，影响调研质量。

（一）选题原则

选题原则包括四种，如图 4－6 所示。

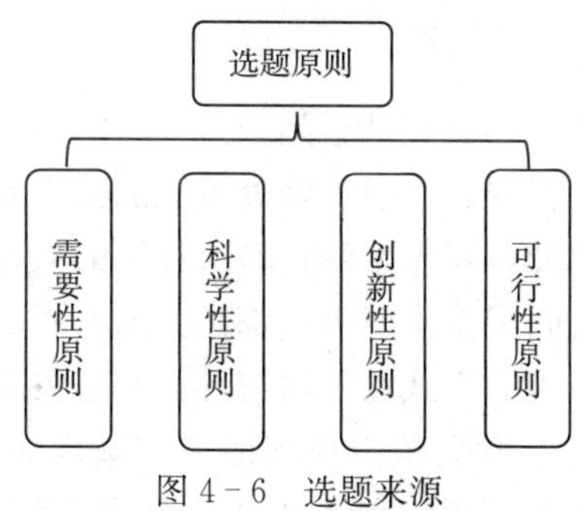

图 4－6　选题来源

1. 需要性原则　客观需要分两个方面：一是社会发展的客观需要，二是自己工作的实际需要。一般说来，那些与人们生活密切相关的、与社会需要紧密相连的、与理论发展相适应的课题，就是具有重要的现实意义和重大社会价值的调研课题。

2. 科学性原则　以科学理论和客观事实作为依据，遵循客观规律和认识规律，理智地选择调查课题，这是科学性的体现。这里所说的科学理论，首先是指被实践反复证明了的和不断发展着的理论。

3. 创新性原则　选择前人没有解决或没有完全解决的问题作为调查课题，有望从中产生创造性的成果。但好高骛远不可取，应从实际出发，结合工作任务，选择那些国外已有而我们尚无的移植性调查，或用新的方法，从新的角度解决老问题的扩展性课题，以及理论上有分歧的争议性课题。总之，不一定要求全新的，只要包含有一定的新颖性、独特性和先进性因素的课题，即“局部创新”的也属难能可贵，也都算是具有创新性的现实意义的课题。

4. 可行性原则　选题要充分考虑和分析各种客观条件，如人力、物力、财力等各方资源的客观情况，要善于利用资源，做到节约与高效。首先，充分评估选题的主客观条件，量力而行，客观地分析自身的能力；其次，充分考虑自身的特长和兴趣；最后，实践题目要大小适度，一般来说从可行性原则出发，选题关注点宜小不宜大，涉及范围宜窄不宜宽。

（二）选题来源

在现实社会生活中，特别是社会转型、经济体制转轨过程中，存在着大量尚未解决的重大社会问题和众多一般问题，课题来源众多，而且途径复杂，可从以下几个具体途径或来源中寻找确定一个合适的调查课题，见图 4－7。

1. 从现实生活中寻找　生活于千姿百态、丰富多彩的现实社会中，各种可以作为研究问题的社会现象、社会行为、社会问题、社会事件实际上始终客观地存在于我们的周围。例如精准扶贫、乡村振兴、城市交通、大学生创业就业、独生子女入学

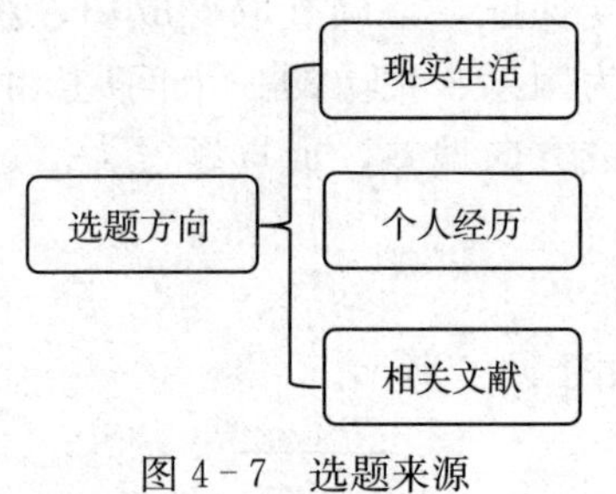

图 4-7　选题来源

等，不一而足。当我们从认识和研究社会问题这一目的出发，向自己提出一些“为什么”时，就会从这种熟悉、普遍、一般、随处可见的社会现象中，抽出一些值得探讨的社会调查研究问题来。比如：对于生活在城市社区的人来说，居住在单元楼房，安防盗门，出入锁门，邻里之间很少串门等，都是大家熟悉的很一般的现象。然而，当我们从认识和理解城市居民生活方式以及城市社区邻里关系这一目的出发，自己提出一些“为什么”引发思考时，就会从中找到诸如“城市居民居住方式与邻里关系研究”“城乡社会邻里关系比较研究”“和谐社会与和谐社区研究”等调研课题。可见，社会生活是各种社会研究问题最主要、最丰富和最经常的来源。当然，从现实社会生活中发现调查课题，关键是要善于观察、勤于思考，养成对各种社会现象、社会行为、社会心理、社会问题画个问号的习惯。

2. 从个人经历寻找　每一个人都是在某个特定社会环境中生活，所走过的也往往是一条特定的人生道路，形成了不同的参与社会生活的记录，积累和沉淀了不同的对社会生活的认识与感受，形成了观察事物的特定视角。不同的人们对现实社会的认识不同，对社会生活的具体感受也不同。一种现象在有些人看来也许是理所当然、司空见惯，但在另一些人看来或许会大惑不解、十分新奇。因此，我们自己在社会生活中的各种经历、各种体验、各种观察、各种感受，常常是众多有趣的研究问题的最初来源，而许多有价值的、有创造的研究问题也正是从研究者个人的经历和经验中，特别是从个人特定的生活环境、特定的生活感受中发现和发展起来的。比如：一个农村家庭，一对农民工夫妇，几个学龄子女，由于家庭经济原因所致，其中的一个或几个被迫辍学。对于大多数生活在城市中的学生而言，很少能直接观察到此类现象，然而，对于生活在农村的学生，尤其是类似的事情发生在我们的亲戚朋友身上，其遭遇引起我们的共鸣时，便能启发我们进行很多有意义的研究，如“农民工子女教育问题研究”“农民工家庭收入状况研究”等。可见，从某种意义上说，这种从个人自身经历中寻找问题的方式，是一种十分简单实用的方法，在许多情况下，它经常可以帮助我们找到非常有价值的调研问题。

3. 从相关文献中寻找　研究课题还常常可以从学术著作、教科书、报纸杂志、各类文献、文章以及学习笔记和谈话记录中，甚至电视节目中得到。尤其是各种社会学、政治学等社会科学的报纸杂志、教科书、专著、文章，常常成为引发研究灵感、启迪研究心智、催生研究想法的重要来源地，许多研究问题正是在此基础上得以形成。社会科学期刊上大量的与社会研究有关的论文和研究报告，代表着过去和现在的研究者对社会生活各个方面的研究成果，常是寻找研究问题的重要来源之一。此外，一些非专业的、综合性的，甚至是大众性、通俗性的文献中也有大量的社会问题可供我们去发现和探索、研究。

阅读各种文献，一要始终用审视、提问、评论的眼光，不要盲目地接受专家们所说的一切。由于个人生活经历、社会阅历、关注问题的不同，也必然使审视问题的视角不同，对同样的文献、同样的内容、同样的材料的看法就有所不同，从而产生一些新的疑问、新的思索，迸发出新的火花，找到值得研究的问题。二要进行广泛的联想，从纵向与横向、形式与内容、对象与方法、时间与空间等不同角度、不同侧面、不同层次，对所阅读的文献展开广泛地联想，由此及彼，换个角度观察，往往也能产生一些新的疑问、新的看法，开启一些新的思路，并在此基础上进一步提炼出一些新的研究问题。

当然，从领导和制定方针、政策的需要提出来的上级下达的课题以及接受上级委托的课题也是调查研究课题的重要来源。对于大学生来讲，社会实践的选题可以参考国家、省级的社会科学基金选题指南、挑战杯大学生课外科技作品大赛的哲学社会科学调研报告，结合自身的实际情况进行修改，从大的题目中抽选出一个方面，形成自己的选题。

（三）选题类型

在校大学生社会调查报告的选题应该利用在校所学基础知识及专业知识，结合毕业实习的实际情况，做到理论联系实际。

第一，结合自己所学的专业理论知识选题。学生在学习书本知识的过程中，必然会产生许多疑问，以及无法用现实社会经济生活解释的理论问题，理论界争论的热点问题，迫切要求通过调查研究求得解释。

第二，结合毕业论文的写作选题。学生在写作毕业论文时，由于缺乏感性知识，容易产生经理论到理论，空泛议论的毛病，学生通过调查研究，可在一定程度上弥补这方面的不足。

第三，结合毕业后的职业选择选题。学生在走上工作岗位后通常要经过从不熟悉到熟悉的适应过程。学生如能在毕业前对自己所要从事的工作有目的地做些调研，可大大缩短这一过程。

此外，在确定课题前，还必须对所选课题做初步的可行性论证。以免在研究者对所研究的对象领域不很熟悉，对课题的研究具体目的不够明确，对所确定的课题的价值、意义没有很大的把握的情况下，半途而废，造成人力、物力的浪费。

具体常见类型如图 4－8 所示。

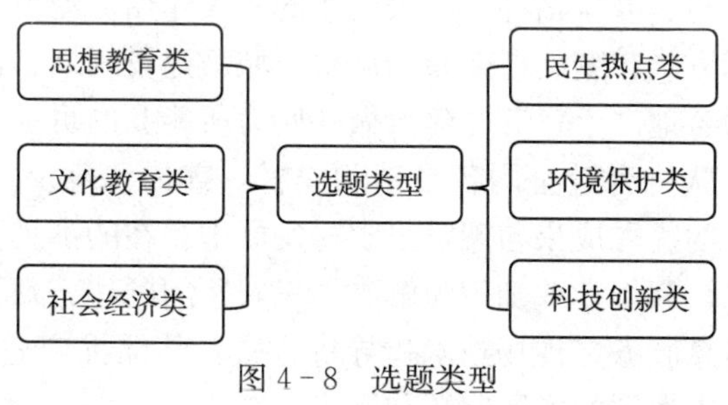

图 4－8 选题类型

1. 思想教育类

（1）学生实践团队可通过报告会、座谈会、图片展、专题讲座、文艺演出、宣传板报等形式深入城市社区、乡镇农村、学校企业等地，广泛宣讲和展示中国共产党团结和带领全国各族人民在革命、改革中走过的光辉历程，坚定人民跟党走，坚持走中国特色社会主义道路的信心与决心。

（2）学生实践团队可围绕党的代表大会、最新文件精神，在基层开展党史、团史宣讲，走访"双百"人物，青年先进模范人物，参观和走访革命老区、爱国主义教育基地、博物馆、纪念馆，重温革命时期英雄人物的爱国事迹，引导学生进一步高举旗帜，树立报效祖国的坚定信念。

（3）学生实践团队可团队赴各地开展科学发展观学习实践调研活动，寻求各地、各领域在学习实践活动中的创新、务实做法，了解学习实践活动给各地、各领域带来经济、社会、民生发展的实际变化，并予以总结、宣传和推广。

2. 文化教育类

（1）学生实践团队可组成暑期文艺演出队，精心编排基层人民群众喜闻乐见、贴近基层生活实际的文艺节目，到农村、社区等基层组织巡回演出，丰富基层群众的文化生活。

（2）学生实践团队可利用身边各类资源开展图书捐赠活动，巩固乡村图书站（室）建设，通过开展读书活动和文明新风宣传，传播科学知识、倡导健康生活方式。

（3）学生实践团队可深入基础教育薄弱、教育资源匮乏、留守农民工子女相对集中的乡（镇）村学校等开展支教服务活动。为当地中小学生特别是农民工留守子女提供课程教授、学业辅导、亲情陪伴、文体活动、爱心捐赠等志愿服务；开展与当地教师的交流分享活动，促进基层师资水平的提高；探索高校与落后地区学校结对帮扶的长效机制。

（4）学生实践团队可回高中、初中母校，通过报告会、座谈会、宣传板报、图片展等形式，开展学校形象宣传、学习经验交流和团队训练等活动，培养感恩、责任之情，回报社会，提升学校的社会影响力。

（5）学生实践团队可就教育相关问题展开调研，分析我国教育资源分布不均、教育费用高、大学生就业难等现象或问题的成因；结合自身专业知识，形成专业的、可供有关部门参考的报告。

3. 社会经济类

（1）学生实践团队可深入基层，向基层干部群众广泛宣传"十三五"规划、乡村振兴战略、"一带一路"倡议等主题主线、目标任务和当地经济社会发展的具体规划和举措，发挥统一思想、鼓舞精神、凝聚力量的积极作用。动员学生发挥知识技能优势，为基层经济发展方式转变、产业布局调整、城镇建设规划、社会管理改进等提供智力支持和服务，为各地"十三五"建设做一些力所能及的贡献。

（2）学生实践团队可奔赴全国各乡镇和农村，宣传和普及"三农"问题有关政策；调研新农村建设的优秀成果与现阶段农村发展中存在的不足；调查农民与农民工及其子女的生存状况；利用专业知识为解决"三农"问题建言献策等。通过举办农业知识培训班、远程信息服务、现场技术指导等方式，传播推广先进的农业实用技术，解决农民在生产生活中遇到的实际问题和困难。

（3）学生实践团队可团队赴祖国各地开展实地调研，寻访改革开放以来我国在工业、科技、经济、农业等各方面取得的巨大成就，探求各地、各领域发展中存在的瓶颈，并给出建设性意见。

4. 民生热点类

（1）学生实践团队可就食品药品安全、通货膨胀、分配不均、生产安全事故、人口老龄化、户籍制度等社会民生热点问题展开调研。结合自身专业知识，形成专业的、可供有关部门参考的报告。

（2）学生实践团队可就经济适用房、拆迁、廉租房等住房相关制度展开调研，了解普通人民群众对住房的实际需求，分析“高房价”现象背后的实际原因，倡导正确、积极的房产投资观念；结合自身专业知识，形成专业的、可供有关部门参考的报告。

（3）学生实践团队可在基层广泛宣传新医改方案；调查农村公共卫生和医疗改革现状和存在的问题，提出解决方式和建议；开展流行性疾病防治宣传、基本医疗卫生知识普及活动；结合所学，赴基层和落后地区开展短期医疗服务和为基层捐送部分药品和医疗器械等。

5. 环境保护类

（1）学生实践团队可通过报告会、座谈会、宣传板报、图片展等形式，走近普通百姓，进行低碳环保，节约能源理念的宣传，提高公众的环保意识，引导公众养成绿色生态的生活方式。

（2）学生实践团队可深入各地开展低碳环保类主题调研，掌握国家的能源和环保政策，了解企业、单位、居民的生产生活方式，为进一步深化低碳环保成效、优化国家能源政策提出建设性意见。

（3）学生实践团队可联合媒体及各类公益组织对高污染、高能耗企业进行监督，推动其进行绿色科技类改革，摒弃“先污染，后治理”的发展模式，合理高效利用能源。

6. 科技创新类

（1）学生实践团队可根据调研，听取相关专家、导师建议，选择科技创新切入点，参加科研项目研究，参与大学生课外学术科技作品竞赛等活动，培养创新意识、创新思维、科技能力和学术精神。

（2）学生实践团队可参加科技实践、科研合作等活动，充分发挥专业特长，增强实际操作能力，锻炼创新能力，为服务地方经济和社会发展作出贡献。

（3）学生实践团队可深入政府部门、企业开展科技创新类主题调研，了解科技创新的政策与方向，为开展科技创新提供可借鉴的参考性意见。

（4）学生实践团队可深入各类企业开展广泛调研，就其生产运行和管理等方面的问题提出创新性意见。

二、大学生社会调查问卷设计

调查问卷又称调查表或询问表，是以问题的形式系统地记载调查内容的一种印件。问卷可以是表格式、卡片式或簿记式。设计问卷，是询问调查的关键。完美的问卷必须具备两个功能，即能将问题传达给被问的人和使被问者乐于回答。要完成这两个功能，问卷设计时应当遵循一定的原则和程序，运用一定的技巧。

（一）调查问卷设计技巧

1. 事实性问题 事实性问题主要是要求应答者回答一些有关事实的问题。事实性问题的主要目的在于求取事实资料，因此问题中的字眼定义必须清楚，让应答者了解后能正确回答。

社会实践调查中，许多问题均属“事实性问题”，例如应答者个人的资料：职业、收入、家庭状况、居住环境、教育程度等。这些问题又称为“分类性问题”，因为可根据所获得的资料而将应答者分类。在问卷之中，通常将事实性问题放在后边，以免应答者在回答有关个人的问题时有所顾忌，因而影响以后的答案。如果抽样方法是采用配额抽样，则分类性问题应置于问卷之首，否则不知道应答者是否符合样本所规定的条件。

2. 意见性问题 在问卷中，往往会询问应答者一些有关意见或态度的问题。意见性问题事实上即态度调查问题。应答者是否愿意表达他真正的态度，固然要考虑，而态度强度亦有不同，如何从答案中衡量其强弱，显然也是一个需要克服的问题。通常而言，应答者会受到问题所用字眼和问题次序的影响，答案也有所不同。对于事实性问题，可将答案与已知资料加以比较。但在意见性问题方面则较难作比较，因应答者对同样问题所作的反应各不相同。因此意见性问题的设计远较事实性问题困难。这种问题通常有两种处理方法：其一是对意见性问题的答案只用百分比表示，例如有的应答者同意某一看法等。另一方法则旨在衡量应答者的态度，故可将答案化成分数。

3. 困窘性问题 困窘性问题是指应答者不愿在调查员面前作答的某些问题，比如关于私人的问题，或不为一般社会道德所接纳的行为、态度，或属有碍声誉的问题。如果一定要想获得困窘性问题的答案，又避免应答作不真实回答，可采用以下方法：

（1）间接问题法。不直接询问应答者对某事项的观点，而改问他认为其他该事项的看法如何。

（2）卡片整理法。将困窘性问题的答案分为“是”与“否”两类，调查员可暂时走开，让应答者自已取卡片投入箱中，以降低困窘气氛。应答者在无调查员看见的情况下，选取正确答案的可能性会提高不少。

（3）随机反应法。根据随机反应法，可估计出回答困窘问题的人数。

（4）断定性问题。有些问题是先假定应答者已有该种态度或行为。

【拓展阅读】

例如：你每天抽多少支香烟？事实上该应答者极可能根本不抽烟，这种问题则为断定性问题。正确处理这种问题的方法是在断定性问题之前加一条“过滤”问题。例如：你抽烟吗？如果应答者回答“是”，用断定问题继续问下去才有意义，否则在过滤问题后就应停止。

（5）假设性问题。有许多问题是先假定一种情况，然后询问应答者在该种情况下，他会采取什么行动。

（二）调查问卷基本结构

调查问卷基本结构如图 4－9 所示。

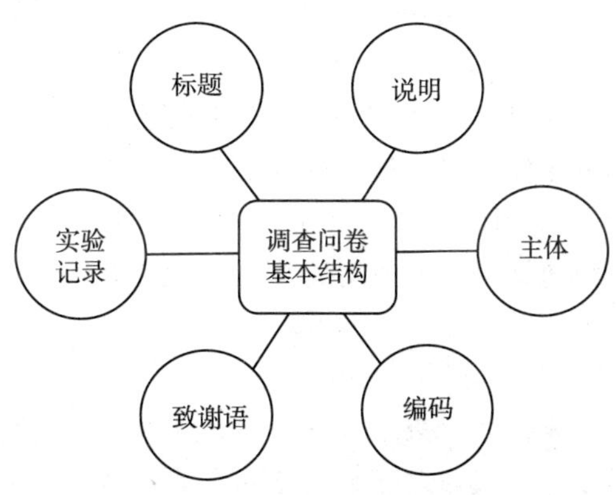

图 4－9　调查问卷基本结构

1. 标题　每份问卷都有一个研究主题。研究者应开宗明义定个题目，反映这个研究主题，使人一目了然，增强填答者的兴趣和责任感，例如："黑龙江省乳制品安全与发展现状调查""中国互联网发展状况及趋势调查"等标题，把调查对象和调查中心内容和盘托出，十分鲜明。我们在这里提这个常识性问题并不是多此一举，在实际工作中，有的同学不注意问卷的标题，要么没有标题，要么列一个放之四海而通用的标题。

2. 说明　说明词一般放在问卷的首位，是对调查的目的、意义及有关事项的说明，它的主要作用是在调查者和被调查者之间起沟通作用，可使被调查者明白调查的意义和如何正确填卷，并能引起被调查人的重视和兴趣，以争取他们的积极支持和合作。说明词在调查中直接影响问卷所得资料的真实性和问卷回收率，所以一定要加以重视。

说明词的一般内容有：称谓，调查的目的和意义，对被调查者的希望和要求，回答问题的原则、具体要求及对有关问题的解释等。篇幅宜小不宜大。访问式问卷的开头一般非常简短，自填式问卷的开头可以长一些，但一般以不超过两三百字为佳。

3. 主体　这是研究主题的具体化，是问卷的核心部分。问题和答案是问卷的主体，从形式上看，问题可分为开放式和封闭式两种；从内容上看，可以分为事实性问题、意见性问题、断定性问题、假设性问题和敏感性问题等。

开放型问卷的回答一般只包括一个供回答者填写的空白空间，设计者只需根据问题的不同留出足够的空间就够了。

封闭型问卷的设计是从问题和回答两方面来看的，首先是问题类型设计。调查中一般问题主要有实质性问题和功能性问题两种。实质性问题包括事实、行为、观念、情感、态度等。功能性问题是在调查中调查者对被调查者提出的问题，例如："工作忙吗？""身体好吗？"这种功能性问题在访谈中是为了和被调查者缩短距离。

4. 编码号 并不是所有问卷都需要编码号。在规模较大又需要运用电子计算机统计分析的调查，要求所有的资料数量化，与此相适应的问卷就要增加一项编码号内容。也就是在问卷主题内容的右边的空白顺序编上 1，2，3，……的号码（中间用一条竖线分开），用以填写答案的代码。整个问卷有多少种答案，就要有多少个编码号。如果一个问题有一个答案，就占用一个编码号，如果一个问题有 3 种答案，则需要占用 3 个编码号。

5. 致谢语 为了表示对调查对象真诚合作的谢意，研究者应当在问卷的末端写上感谢的话，如果前面的说明已经有表示感谢的话语，那末端可不用。

6. 实验记录 其作用是用以记录调查完成的情况和需要复查、校订的问题，格式和要求都比较灵活，调查访问员和校对者均在上面签写姓名和日期。

【小贴士】问卷设计注意事项

问卷设计中的难点是问题的表述。如何用文字表述好所要调查的问题，就成了一个至关重要的问题。一般在问题的内容和文字表达上要注意以下几个方面：

①必须选择围绕研究课题和研究假设最必要的问题。问题太长，过于繁琐，回答者会产生反感，还容易产生误解或错误理解。太过于简略，有时无法达到调查目的。问题要与主题贴切，简单明了。

②不要使问题含糊不清，一定要使问题的内容具体、清楚、明白。例如："您对这个服务员满意吗?"这句话的内容就不够清楚，对哪些方面满意呢，是对她的外表满意呢，还是对她的服务态度满意呢？到底指什么，一定要用文字交代清楚。

③文字方面一定要用大家熟悉的词句，必须符合被调查者回答问题的能力，否则，就会使被调查者不知怎么回答。例如对文化水平不高的被调查者问："您喜欢安娜·卡列妮娜这个艺术形象吗?""您的价值观是什么?""您是否同意人的本质是一切社会关系的总和?"等问题，这些问题太深太抽象，多数回答者不知问的是什么，也不知道该怎样回答。

④ 设计问题时要每个问题单独问，如果一个问题中包含两个或两个以上的问题，就使回答者不好回答了。例如："您喜欢看电影和电视吗?""您星期天喜欢逛商店和逛公园吗?"有人喜欢看电视但不一定喜欢看电影，有人喜欢逛公园但却不喜欢逛商场，这样的问题会使人犹豫，不知怎么回答合适。

⑤ 提问的角度要十分客观，不要用有诱导性和倾向性的词句。例如："您有时旷课，对吗?""您的家庭生活很幸福，对吗?""看了《狮王争霸》《少林寺》等影片后，更增加了您对中国武术的兴趣，对吗?"这些问题都已经包含了很明显的倾向性，被调查者在趋同心理的支配下，往往做出肯定的回答，但不一定是自己最真实的想法，这就降低了所得材料的信度。

⑥ 文字的表达要很具体，不要太抽象，而要可操作性。在可能的情况下，问题的用字中要力求提到具体的和特定的事物。例如："您幸福吗?""您家的消费情况如何?"等，这些问题都太笼统太抽象。

⑦设计问卷时，应注意问题的排列要有严密的逻辑性。首先，在时间上，一般是由过去—现在—将来，也可以反过来由现在到过去。排列要有连续性，否则，会打乱被调查者的思路。其次，在内容的排列上，应把容易回答的、人们感兴趣的问题放在前面，把不容易回答的或人们生疏的问题放在后面，坚持由浅入深、由易到难的原则。在类别顺序上，先要把同类性质的问题尽量安排在一起，而不要让不同性质或类别的问题互相混杂。再就是要先事实、行为方面的问题，后观念、情感、态度方面的问题，先一般性质的问题，后特殊性质的问题，特别是敏感性强、威胁性大的问题更应排列最后。

案例 1

社会主义农村新型合作医疗制度发展状况调查问卷

农民朋友，您好！

我是××大学学生，为了全面了解农村新型合作医疗制度的发展状况，了解我省社会主义农村新型合作医疗发展中存在的困难和问题，并就如何提高农村合作医疗的服务质量提出建议，进行此次调查，希望能得到您的帮助和支持。

本次调查采用无记名方式，答案无对错之分，您只需根据自己的情况，在每个问题所给出的几个答案中选择一个合适的答案打钩。或者在________中填写，我们将严格按照（统计法）的规定，对您的问卷及填写的内容保密，您的回答将为改善合作医疗的服务质量及人们的受益程度的加深提供帮助。

衷心感谢您的合作和支持！祝愿您幸福快乐。

一、居民的基本情况

1. 您的家庭住址______县______镇（乡）______村

2. 您的性别______

   ①男　②女

3. 您的年龄是______

   ①25 岁以下　②26～35 岁　③36～45 岁　④46～55 岁
   ⑤56～65 岁　⑥66 岁以上

4. 您的文化程度______

   ①小学以下　②小学　③初中　④高中及中专
   ⑤大专及以上

5. 您的职业是______

   ①党政工作人员　②工人　③个体经营　④农民
   ⑤其他

6. 家庭每月的总收入约为￥______（元）。

7. 家庭结构为______。

   ①四世同堂　②三代户　③二代户　④其他

二、新型合作医疗发展实施状况

8. 您听说过新型农村合作医疗吗？______
①听说过　②没听说过
9. 您办理新型农村合作医疗了吗？______
①办了　②没办
10. 您认为新型农村合作医疗能缓解“看病难，看病贵”的问题吗？______
①能　②不能　③一般
11. 您身边的亲人或朋友是不是都办了新型农村合作医疗？______
①是　②不是　③不了解
12. 您了解你们家附近的新型合作医疗的定点机构有几个吗？______
①了解　②不太清楚
13. 您对这些定点机构的服务满意吗？______
①满意　②一般　③不满意　④很不满意
14. 您认为农民是否有必要参加新型农村合作医疗？______
①是　②否
15. 您参加新型农村合作医疗的原因有哪些？______
①出于对政府的信任　②希望从中得到实惠
③自己或家庭需要有份医疗保障　④随大流，看到别人加入，自己也加入
⑤被迫加入　⑥其他
16. 您对农村新型合作医疗用途了解吗？______
①知道　②知道一点　③不清楚　④不理解
17. 您经常使用您的合作医疗证吗？______
①是的　②不是
18. 假如您的合作医疗上的费用到年底还没用完，你会怎么做？______
①不管它　②立刻把它花完
19. 您认为农村新型合作医疗的个人费用高不高？______
①一般　②高
20. 您明年还会加入合作医疗吗？______
①会的　②看情况　③不会

三、对新型合作医疗的要求、建议

21. 您是否喜欢国家的这个政策？______
①很喜欢　②一般　③反对
22. 您觉得拿着医疗本去看病，医生会不会故意报高药价？______
①会，遇见过　②不会　③不太清楚
23. 您们村委会在宣传新型合作医疗制度上，做的怎样？______
①很好　②很不好　③一般
24. 您认为加入新型合作医疗最大的好处是____________。

25. 到目前为止，您认为新型合作医疗做得最不好的是哪里？例如：

____。

26. 您认为新型合作医疗的每人收费标准可接受范围是多少？为什么？

____。

27. 您对新型合作医疗有什么期待吗？

____。

调查员____________　　　　调查时间：______年____月____日

调查地点__________

案例2　大学生SIPT项目实施效果调查问卷

大学生SIPT项目实施效果调查问卷

亲爱的同学：

你好，我们是创业先锋团队的学生，正在进行关于“大学生SIPT项目实施效果”的问卷调查。不记名问卷，且问卷内容仅用于研究，请放心填写！

谢谢你的支持与合作！

一、个人特征

1. 你是几年级学生？（　　）

A. 大一　B. 大二　C. 大三　D. 大四

E. 硕士生　F. 博士生

2. 你的性别？（　　）

A. 男　B. 女

3. 你所在学院是？（　　）

A. 动物科学技术学院　B. 动物医学学院　C. 食品学院

D. 电气与信息学院　E. 资源与环境学院　F. 园艺园林学院

G. 农学院　H. 水利与建筑学院　I. 国际文化教育学院

J. 生命科学学院　K. 工程学院　L. 文法学院

M. 马克思主义学院　N. 理学院　O. 艺术学院

4. 除必修课程外，你参加过学校的创新创业课程吗？（　　）

A. 参加过，选修______门相关课程　B. 没参加过

二、参加SIPT情况调查

5. 你的大学生SIPT项目类型？（　　）

A. 创新训练项目　B. 创业训练项目　C. 创业实践项目

6. 你的大学生SIPT项目级别？（　　）

A. 国家级重点　B. 省级一般　C. 校级重点　D. 校级一般

7. 你的大学生SIPT项目结项等级？（　　）

A. 优秀　B. 良好　C. 合格　D. 不合格
E. 未结题　F. 终止　G. 延期，原因______

8. 你关注学校里面开展的各种活动吗？（　）
A. 是，经常关注　B. 关注不是很多
C. 很少关注　D. 很想了解，但是没有好的途径获取活动信息

9. 你是从何处了解大学生 SIPT 项目的？多选（　）
A. 学校网站或相关文件　B. 学院网站或相关文件
C. 校园宣讲会　D. 微信平台推送
E. 同学告知　F. 其他______

10. 你所在的学院对于申报大学生 SIPT 项目提供了哪些支持？多选（　）
A. 帮助联系指导老师　B. 选题指导　C. 经验交流
D. 帮助组队　E. 其他______

三、能力提升调查

11. 你的项目的选题依据是什么？（　）
A. 当前社会热点　B. 社会常存问题　C. 课程内容延伸
D. 往届创新项目研究的深入　E. 其他______

12. 你在大学生 SIPT 项目实施中主要使用的方法为？（　）
A. 访谈问卷法　B. 实验法　C. 数据建模法
D. 文献研究法　E. 其他______

13. 你对你项目申请、项目实施和项目评审整个管理流程满意吗？（　）
A. 非常满意　B. 满意　C. 中立
D. 不满意　E. 非常不满意

14. 你认为参加大学生 SIPT 项目对你有哪些方面提升？多选（　）
A. 观察、收集、分析、解读数据能力
B. 文献检索、阅读、表达和写作能力
C. 发现问题及解决问题能力
D. 创造和管理、技术、思维等创新能力
E. 研制开发新产品的兴趣与能力
F. 其他______

15. 你觉得参加 SIPT 项目对你的创新能力有很大提升吗？（　）
A. 很多　B. 有一些　C. 很少　D. 没有

16. 你对参加大学生 SIPT 项目最大的收获是什么？多选（　）
A. 学会了研究创造
B. 得到老师近距离指导的机会增多
C. 养成实践应用及过程总结分析的习惯
D. 学会撰写科研学术论文
E. 通过团队合作增强了沟通能力和同学友谊
F. 其他______

17. 请你根据对大学生 SIPT 项目整体的认知对以下观点进行评价

	完全同意	比较同意	不太同意	不同意	说不清楚
1. 一项学术性很强的活动					
2. 增强了我分析现实问题的能力					
3. 增强了我与他人沟通协调的能力					
4. 使我掌握了一定的研究方法与技巧					
5. 锻炼了我独立思考的能力					
6. 激发了我对学术研究的热情					
7. 帮助我对一些理论问题进行了反思					
8. 提高了我自主学习的能力					
9. 我较好的应用了课堂教学内容					
10. 培养了我的系统思考能力					
11. 提升了我运用创意去解决问题的信心					
12. 使我了解了我擅长的方面					
13. 培养了我的创新思维和问题意识					
14. 培养出根据他人的想法进行再创造能力					
15. 使我意识到团队协作的重要性					
16. 促使我更深入地了解了国情和社会					

18. 你参加大学生 SIPT 项目中遇到的困难有哪些？多选（　　）

A. 成员意见不一致，团队协作能力差　B. 自身能力不足，力不从心

C. 专业知识缺乏，竞争力不足　D. 项目时间过长积极性下降

E. 成员能力不够多样化　F. 缺乏专门的创业指导老师

G. 其他______

19. 根据个人经历，你认为哪种途径对于培养大学生的创新能力更有帮助？多选（　　）

A. 社会调查与实践　B. 各种课外学科竞赛

C. 参与老师的科研课题　D. 学生自己主持科研课题

E. 研读文献与撰写学术论文　F. 教学中的研究论题与专业实习结合

G. 模拟科学研究方式设计和组织课堂教学

H. 开设大学生创新能力培养必修课　I. 其他______

20. 通过参加大学生 SIPT 项目你是否对创业有更大兴趣？（　　）

A. 一直有创业打算　B. 增强了创业意识

C. 萌生创业想法　D. 没有，仅是参加项目

四、意见与建议

21. 总的来说，你参加大学生 SIPT 项目的实际收获与预期相比？（　　）

A. 实际收获超出了预期　B. 实际收获与预期差不多

C. 实际收获略低于预期　　　　　　　D. 完全没有实现预期收获

22. 大学生 SIPT 项目的整体安排与管理是否科学合理？（　　）

A. 非常合理　　　B. 比较合理　　　C. 不合理　　　D. 不清楚

23. 你参加大学生 SIPT 项目目前取得了哪些成果？

____

24. 你希望我们在哪些方面对大学生 SIPT 项目提供支持？

____

25. 关于培养大学生创新意识，你有什么好的意见或建议？

____

调查员__________　　　　　　　调查时间：______年____月____日

第四节　大学生社会调查新闻与写作

【**导读**】大学生社会实践工作中的宣传推广工作是将实际操作化提升为可收藏资源的重要环节，是记载社会实践活动实况和升华活动价值的重要途径，是扩大实践活动的社会影响、推动大学生社会实践理论与实践不断总结进步的动力。对于大学生社会实践而言，宣传工作主要是指新闻报道。那么在实践活动结束后，我们应当如何撰写实践活动的新闻报道呢？

一、新闻报道概念与类型

（一）新闻报道概念

新闻报道与文学作品、评论文章、理论文章不同，它的主要内容是对事实的报道。新闻报道的特点是：真实、新鲜、重要、趣味可读，时效性极强。但是，新闻报道用事实说话，有时在报道事实的同时加上一两句精辟的议论，可以使人们更好地理解新闻事实；真诚而自然的一两句抒情，可以增强新闻报道的感染力。

（二）新闻报道类型

新闻报道是用来报道新发生的、重要的、有社会意义的事实。新闻报道由于叙述描写、结构体制、语言运用和时效性的不同，又可以分为消息、通讯、实践报告和专访以及记行、新闻公告、新闻述评等五种不同的类型。

二、大学生社会实践新闻报道途径

社会实践是加强大学生的社会适应能力、实践创造力、就业能力和创造能力的重要机会。实践团队在做好实地考察与调研的同时，充分利用大众传媒、校园媒体及微博、微信、手机报等新媒体，通过文字、图片、视频等多种方式，对活动的策划、动员、实施、总结等各个阶段的所见所闻、所思所为进行展示，对团队工作进展、实践成果进行宣传报道，增强实践的社会影响力。大学生社会实践新闻报道途径有：

（一）报纸

通过报纸途径开展大学生社会实践新闻报道，可分为国家级、省级、市级地方各类报纸，如：《人民日报》《光明日报》《中国青年报》《中国教育报》《青年参考》《现代教育报》《科技日报》《科学时报》等，其特点是权威，受众广。还包括地方报纸，如地方日报、晨报等。

码 4-4-1　畲族民间博物馆里的“乡村文化员”

（二）网站

网站报道是近年大学生社会调查报道使用较多的报道方式，具体包括专题网站、团中央平台、门户网站、学校网站等。

（1）专题网站。“三下乡”官网、中国共青团等。

（2）团中央平台。如共青团中央官方微博、中青网校园通讯社微博、共青团中央官方微信。

（3）门户网站。光明网、中国教育在线、中国青在线、新华网、人民网等。

（4）学校网站。通过各高校网站、微信、微博平台专题入口进行宣传报道。

（三）其他报道途径

除纸媒报道、网络报道、新媒体报道外，“三下乡”视频报道可采用相应社会实践直播平台，如“三下乡”直播报道平台等，或媒体采访、电视报道等形式，提升实践关注度和社会影响力。

三、新闻报道形式

以大学生“三下乡”社会实践新闻报道为例，目前主要报道形式包括文字稿、组图稿、视频稿。

（一）文字稿

（1）标题 10～26 个汉字，要用一句话标题。

（2）要有电头，形式为：中国青年网＋地点＋时间（通讯员××）。例如，中国青年网济南 7 月 1 日电（通讯员 张明），地点为所在的地级市名称，多名通讯员之间加空格。

（3）人物称呼禁止出现“我校”“我院”“师兄”“学长”等校内宣传稿件用语。

（4）正文，表述要流畅，不要写三段式的宣传稿，要注重稿件的故事性描述，不要写太多抒发感情、空大的宣传性内容，要写成新闻体。

（5）可插入图片，在 4 张以内。

（二）组图稿

（1）单张照片 1M 以上，画面清晰，6～40 张图片，尺寸不得小于 900×600 像素（纵向图片不小于 400×600 像素），格式为 JPG 或 PNG。

（2）每张图片要进行编号，编号从 01 开始，01、02、03……依次递增。

（3）组图稿中，要标注好每张图片的图片说明，需尽量详细说明图片里的故事，让读者明白这张图要说明的新闻故事。

（4）组图拍摄要注重特写与全景的搭配，要注意拍摄角度和画面质量，选择能够代表事件的图片。

码 4-4-2 东北农业大学：智能耕深检测 打造科技兴农

（三）视频稿

（1）画面清晰、不变形、无杂音，长度 3 分钟以上，分辨率不小于 720×576 像素，画面宽高比例 4∶3 或 16∶9，格式为 FLV 或者 MP4。

（2）不建议纯粹以静态照片整合的视频。

四、新闻报道方法

社会实践类的新闻并不是突发新闻，也不是时政社会新闻，因此，在时效性的要求上并不高，如只是写成简讯，很难写出特色，很容易千篇一律，尤其是每年“三下乡”社会实践，几十万实践团队一起下乡，浩浩荡荡的实践大军背后也有浩浩荡荡的投稿。如何写出自己的特色，做好宣传工作，是应该重点考虑的事情。其次，要特别注重挖掘实践中的特色点，特色可包括当地有故事的人，有趣的、有新闻价值的事儿，也包括团队成员本身等。

码 4-4-3 山西 68 岁“最美妈妈”孔贞兰 42 年收养 48 名弃儿

（一）文字报道

在报道社会实践中，一般分纪实类、感悟类等。纪实包括的内容比较多，有对当地人、事的纪实，一般而言这类故事性较强；有对实践团队本身进行纪实报道，这类新闻一般是归纳总结；有针对团队的调研，进行数据分析，而产生的调查性报道等。感悟类，一般而言就是实践成员对于实践活动的个人感悟，有记者手记的感觉，是团队成员对实践活动的思考。

1. 对实践对象的纪实报道　这类通讯故事性很强，需要实践团队把关注点从团队身上转移到实践对象身上，记录那些人、那些事儿。在“三下乡”活动中，这类新闻有很多，都是对社会实践过程中遇到的有故事的人、有趣的事情，进行的纪实报道。

码 4-4-4 薪火相传 十年支教情 你还好吗？

2. 针对实践本身和团队的纪实报道　这类新闻写作即使是团队成员，也要跳出团队，以记者身份进行采访报道。一般而言，学校的支教、支农、支医、文化艺术下乡、政策宣讲等类别的团队较多，如进行报道，既可以以某个团队为典型进行报道，也可以整合几个团队进行报道。

3. 经过调研后，对问卷数据进行分析，写作调查性报道　这类通讯要有以下几个元素：①调研量的说明，包括发放问卷对象、数量等。②调研问题的相关背景资料、国家政策、社会热点事件等，比如留守儿童、十九大等。③调研的数据，要有一些详细的分析，分类进行统计分析。④采访和故事，要对受访对象进行采访，记录他们相关的故事，以备在报道中使用，起到论证报道的作用。⑤要有相关领域专家、学者的分析。

码 4-4-5 飘向乡村的一首歌

4. 调研学习也可以写出好的通讯　很多社会实践是去参观历史博物馆，重走革命前辈的路，这属于学习型社会实践。这类新闻的写作，可以结合历史人物的资料，对团队成员采访，写作通讯；同时，也可以通过大学生视角，重新对历史人物进行报道。

5. 对整个实践过程，选择亮点，结合采访，进行纪实报道　这既是对实践的报道，也是对团队本身的宣传。

6. 社会实践类的通讯比较注重可读性、故事性、趣味性　注重场景描写、人物描写、细节描写，注重有代表性的数据，要有新闻点，不能记流水账，要有重点地去报道。甚至可以策划出系列的报道。比如淮北师范大学的《行走隋唐大运河系列纪实》，将沿路的文化逐一报道出来，讲述历史兴衰变化，产生了很好的反响。

码 4－4－6
周口师院三下乡团队调研：留守儿童生存状况堪忧

（二）组图报道

组图报道，重在于图，用图说话，用图讲故事。关于画面有以下几个点需要注意：①要有策划性，但是不要都是举牌子的镜头，否则千篇一律，没有特色。②要把聚焦点放在实践对象身上，而不是团队的风采秀。③多用特写镜头，少用大合影，如果有规模宏大、气势恢宏的大场面，可以多些大场面镜头，但是一定要有特写。④画面要清晰，不能杂乱，要有表现主题，随手拍不代表随意拍。⑤每张图片一定是能“说话的”，能够表达含义的，所有的图片串起来一定是能够表现一个核心主题的。

码 4－4－7
焦裕禄：兰考人心中永远的老焦

（三）视频报道

视频报道要注重策划性，不能只是画面的罗列，要注重运用特效、空镜头等，配音、字幕也很重要。

一般来说，组图和视频以图像来讲故事，来报道，因此写作的要求相对较低，但是无论文字、组图，还是视频，标题都很关键。投稿以新闻报道为主要形式，因此标题要注意新闻点，强调新闻性，关键性的数据、人物等，都可以在标题中体现。

码 4－4－8
武汉学子走进唇腭裂儿童依托夏令营助力患儿成长

【章节练习】

1. 一份科学、合理的调查问卷有时直接决定你调研的成败。为此参照本章拓展阅读与案例，针对你所在学校学生对创新创业课程开展情况、认知程度、学习意愿、动机与学习效果，做一份问卷设计并开展调查。

2. 请结合个人、团队“三下乡”社会实践情况，参考“三下乡”官网实践案例，撰写一篇不少于 1 000 字的文字报道，或形成一份图文组合、视频报道材料，提交“三下乡”官网吧。祝你幸运！

码 4－4－9
浙江传媒学子走进护林员：用汗水谱写“鹦哥岭之歌”

【参考文献】

黄俊鹏，2018. 大学生社会实践活动机制构建探究［J］. 学校党建与思想教育（06）：63－64，72.

呼和，彭庆红，2017. 个体自我教育机理及其实现：以大学生社会实践为研究视角［J］. 中国青年研究（11）：42－48.

李军伟，2017. 美国高校服务学习对我国大学生社会实践实效性提升的启示［J］. 黑龙江畜牧兽医（10）：245－247.

檀江林，郑晴晴，2016. 理念、内容、机制：“多元互动式”大学生社会实践模式构建［J］. 教育探索（11）：88－91.

呼和，彭庆红，2016. 大学生社会实践的群体自我教育机理及其实现［J］. 思想教育研究（08）：78－81.

朱桂生，黄建滨，2016. 美国主流媒体视野中的中国“一带一路”战略——基于《华盛顿邮报》相关报道的批评性话语分析［J］. 新闻界（17）：58－64.

码 4－4－10
东北大学学子三下乡：焦桐树下基层干部在兰考

码 4-4-11
浙江大学实践团：于黑暗中找寻梦想 于无声处诉说希望

钱进，周俊，2015. 从出现到扩散：社会实践视角下的数据新闻［J］. 新闻记者（02）：60-66.

王建国，2008. 寻找重大主题报道的基点——衢州日报社“社会实践观察点”的报道实践［J］. 新闻战线（12）：71-73.

徐国峰，于兴业，2014. 大学生社会实践理论与应用［M］. 北京：中国农业出版社.

新闻报道材料主要参考中国青年网王龙龙《三下乡社会实践报道方法》内部培训材料.

第五章 <<<

志 愿 服 务

【导读】志愿服务是社会文明进步的重要标志。党的十八大以来，广大志愿者、志愿服务组织、志愿服务工作者积极响应党和人民号召，弘扬和践行社会主义核心价值观，走进社区、走进乡村、走进基层，为他人送温暖、为社会作贡献，充分彰显了理想信念、爱心善意、责任担当，成为人民有信仰、国家有力量、民族有希望的生动体现。希望广大志愿者、志愿服务组织、志愿服务工作者立足新时代、展现新作为，弘扬奉献、友爱、互助、进步的志愿精神，继续以实际行动书写新时代的雷锋故事。

——2019 年 7 月 23 日习近平致中国志愿服务联合会第二届会员代表大会的贺信

第一节　志愿服务概述

【导读】青年志愿者行动是中华民族传统美德的延续，是我们党全心全意为人民服务宗旨的体现，是学雷锋活动的继承和发展。习近平总书记曾深刻指出："中国青年志愿者事业，是我们党领导的共青团在新的历史条件下创新工作领域、服务社会需求的一大创举"。伴随着改革开放的深入推进和社会主义市场经济体制的逐步建立，1993 年 12 月共青团中央决定实施中国青年志愿者行动。12 月 19 日，2 万余名铁路青年打出了"青年志愿者"的旗帜，在京广铁路沿线开展为旅客送温暖志愿服务，开创了我国青年志愿者事业的先河。从此，青年志愿者的旗帜开始飘扬在神州大地的每一个角落，几代青年竞相参与、热情奉献，共同开创了一项崇高的社会事业，成为我国社会文明进步长河中的一弯汩汩清流。

一、志愿服务的基本概念

志愿服务是一个传递爱心、传播文明的过程，对志愿者来说，它是奉献社会的一种方式；对被服务对象来说，它是感受社会关怀、获得社会认同的一个机会；对社会来说，它是提升社会风气、保障社会稳定的一块基石。志愿服务对促进社会进步、建立和谐社会具有十分重要的意义和作用。

（一）志愿服务

所谓志愿服务（英文 Volunteer Service），是指志愿者、志愿服务组织和其他组织自愿、无偿向社会或者他人提供的公益服务。换言之，志愿服务是指志愿者不以物质报酬为目的，利用自己的时间、技能等资源，自愿为国家、社会和他人提供服务的行为。志愿服务是大学生参与社会实践的重要形式之一。志愿服务主要领域包括：扶贫济困、助老助残、社区服务、生态建设、大型活动、抢险救灾、社会管理、文化建设、西部开发、海外服务等。

（二）志愿者

志愿者（Volunteer）联合国定义为“自愿进行社会公共利益服务而不获取任何利益、金钱、名利的活动者”。具体指在不为任何物质报酬的情况下，能够主动承担社会责任而不获取报酬，奉献个人时间和助人为乐行动的人。2021 年 5 月发布的《志愿服务组织基本规范》（GB/T 40143—2021），明确指出志愿者是以自己的时间、知识、技能、体力等从事志愿服务的自然人。

每年 3 月 5 日是中国青年志愿者服务日，12 月 5 日是国际志愿者日。

二、志愿精神

志愿服务是一个传递爱心、传播文明的过程，对志愿者来说，它是奉献社会的一种方式；对被服务对象来说，它是感受社会关怀、获得社会认同的一个机会；对社会来说，它是提升社会风气、保障社会稳定的一块基石。志愿服务对促进社会进步、建立和谐社会具有十分重要的意义和作用。

联合国前秘书长科菲·安南在“2001 国际志愿者年”启动仪式上的讲话中指出“志愿精神的核心是服务、团结的理想和共同使这个世界变得更加美好的信念。从这个意义上说，志愿精神是联合国精神的最终体现。”这句话指出了志愿精神的本质，表达了人们对志愿服务的由衷赞美。

志愿精神概括起来就是：奉献、友爱、互助、进步。

（一）奉献

奉献原指恭敬地交付、呈献，即不求回报地付出。奉献精神是高尚的，是志愿服务精神的精髓。志愿者在不计报酬、不求名利、不要特权的情况下参与推动人类发展、促进社会的活动，这些都体现着高尚的奉献精神。

1938 年，白求恩大夫放弃优越的物质条件，不远万里从加拿大来到中国，为八路军提供医疗救治服务，帮助创办了军区卫生学校，亲自编写各种教材并讲课。1939 年秋，他在抢救伤员时因不幸感染病毒而牺牲。白求恩大夫将自己的生命奉献给了中国，这种国际主义精神也是奉献精神的重要体现。

（二）友爱

志愿服务精神提倡志愿者欣赏他人、与人为善、有爱无碍、平等尊重，这便是友爱精神。志愿者之爱跨越了国界、职业和贫富差距，是没有文化差异、没有民族之分、没有收入高低的平等之爱，它让社会充满阳光般的温暖。如无国界医生，他们不分种族、政治及宗教信仰，为受天灾、人祸及战火影响的受害者提供人道援助，他们奉献的是超国界之爱。

1999 年 10 月 5 日，无国界医生组织因“一直坚持使灾难受害者享有获得迅速而有效的专业援助的权利”而获得当年的诺贝尔和平奖。

（三）互助

志愿服务包含着深刻的互助精神，它提倡“互相帮助、助人自助”。志愿者凭借自己的双手、头脑、知识、爱心开展各种志愿服务活动，帮助那些处于困难和危机中的人们。志愿服务者以“互助”精神唤醒了许多人内心的仁爱和慈善，使他们付出所余，持之以恒地真心奉献。“助人自助”帮助人们走出困境，自强自立，重返生活舞台。受助者获得生活的能力后，也会投入到关心他人、帮助他人、为社会做贡献的志愿活动中，这些志愿活动都涵盖着深刻的“互助”精神。

（四）进步

进步精神是志愿服务精神的重要组成部分，志愿者通过参与志愿服务，使自己的能力得到提高，同时促进了社会的进步。在志愿活动中无处不体现着“进步”的精神，正是这一精神使人们甘心付出，追求社会和谐之境的实现。

三、中国青年志愿者标志

1994 年 2 月 24 日，共青团中央向全社会发布了中国青年志愿者标志，通称“心手标”，作为中国青年志愿者的统一标志。20 多年来，“心手标”（图 5－1）广泛应用于大型赛会、扶贫支教、应急救援、海外服务等志愿服务场景，成为最受志愿者欢迎、传播最为广泛、最具影响力和标志性的中国志愿服务文化符号之一，生动诠释了“奉献、友爱、互助、进步”的志愿精神。青年志愿者标志的整体构图为心的造型，同时也是英文“青年”第一个字母 Y；图案中央既是手，也是鸽子的造型。标志寓意为中国青年志愿者向社会上所有需要帮助的人们奉献一份爱心，伸出友爱之手，以新时代的精神风貌，面向世界，走向未来，表现青年志愿者“热心献社会，真情暖人心”的主题。

图 5－1 心手标

为了规范“心手标”的使用，2020 年 4 月 23 日，共青团中央、中国青年志愿者协会发布了《中国青年志愿者标志基本规范》，对中国青年志愿者标志“心手标”的使用作出规范性要求。《中国青年志愿者标志基本规范》明确“心手标”是经团中央批准的中国青年志愿者和青年志愿者组织的象征和标志，对其使用规范、管理要求、监管责任、制作标准等作出了规定；明确团中央和中国青年志愿者协会对“心手标”拥有著作权和注册商标专用权，强调“心手标”禁止任何形式的商业目的使用或其他不当使用。

四、中国青年志愿者誓词

志愿者誓词：我愿意成为一名光荣的志愿者。我承诺：尽己所能，不计报酬，帮助他人，服务社会。实行志愿精神，传播先进文化，为建设构建和谐社会贡献力量！

第二节　志愿者管理

【导读】为贯彻落实党的十八大和十八届三中全会精神，引导广大团员青年和社会公众广泛参与志愿服务，根据共青团十七大及《中国青年志愿者行动发展规划（2014—2018）》要求，共青团中央对2006年颁行的《中国注册志愿者管理办法》进行了修订。新修订的《中国注册志愿者管理办法》对于进一步规范注册志愿者管理工作，大力弘扬“奉献、友爱、互助、进步”的志愿精神，推动志愿服务项目化运作、社会化动员、制度化发展，深化青年志愿者行动具有重要意义。

一、志愿者注册

（一）基本条件

（1）年满18周岁或16～18周岁以自己劳动收入为主要生活来源者；14～18周岁者，须经其法定代理人同意；未满18周岁的申请注册的在校学生，按所在学校有关规定办理。

（2）具备参加志愿服务相应的基本能力和身体素质。

（3）遵守国家法律法规和注册机构的相关规定。

（二）注册机构

市（地、州、盟）、县（市、区、旗）、乡（镇、街道）以及大中专院校团组织及其授权的志愿者组织为志愿者注册机构。

（三）注册程序

（1）申请人直接到开展志愿者注册工作的团组织、志愿者组织提出申请或通过网络、通讯等方式提出申请，填写《志愿者注册登记表》。

（2）注册机构对申请人进行审核。

（3）审核合格，注册机构向申请人颁发注册志愿者证章。注册机构可根据实际需要，为注册志愿者编制本地管理服务号码。

【拓展阅读】

“十三五”时期，全国志愿服务信息系统汇集的注册志愿者已超过1.9亿人，实现了预期目标，我国志愿服务呈现蓬勃发展态势。“十三五”时期，民政部联合中央宣传部、中央文明办等部门印发《关于支持和发展志愿服务组织的意见》，推动各地培育发展志愿服务组织1.4万多家，通过全国志愿服务信息系统发布的志愿服务项目近450万个，记录志愿服务时间超25亿小时。

二、志愿者权利和义务

（一）志愿者权利

（1）参加志愿服务活动。

(2) 接受相关的志愿服务培训，获得志愿服务活动真实、必要的信息。

(3) 获得从事志愿服务的必需条件和必要保障。

(4) 优先获得志愿者组织和其他志愿者提供的服务。

(5) 对志愿服务工作提出意见和建议。

(6) 相关法律、法规、政策所赋予的权利。

(7) 可申请取消注册志愿者身份。

(二) 志愿者义务

(1) 遵守国家法律法规及团组织、志愿者组织的相关规定。

(2) 每名注册志愿者根据个人意愿至少选择参加一个志愿服务项目或活动，每年参加志愿服务时间累计不少于 20 小时。

(3) 履行志愿服务承诺，完成志愿服务任务，传播志愿服务理念。

(4) 自觉维护团组织、志愿者组织和志愿者的形象。

(5) 在志愿者职责范围内，自觉维护服务对象的合法权益。

(6) 自觉抵制任何以志愿者身份从事的营利活动或其他违背社会公德的活动(行为)。

(7) 依法应当承担的其他义务。

三、志愿者应该具备的基本素质

(一) 志愿者自身角度

(1) 志愿者必须有乐观向上的生活态度。一个乐观向上的人才能有正常的心态去帮助别人。才能体会到“送人玫瑰手留余香”的快乐。

(2) 志愿者必须是一个诚实守信的人。志愿者在志愿服务工作中必须诚实守信。否则无论对服务对象，对志愿者组织，对同伴都是一种不尊重。

(3) 志愿者必须有大局观和团队精神。团队精神的核心是协同合作，最高境界是全体成员的向心力、凝聚力。志愿者一般参加的都是有组织的公益活动，说话处事必须胸中有大局、心中有他人。意气用事，逞一时口舌之快，罔顾团队的人不是一个合格的志愿者。

(4) 志愿者必须有包容和团结精神。志愿者应该善于聆听、善于沟通，善于听取不同意见，心胸豁达开阔，有协作意识和团结精神。

(5) 志愿者必须尊重他人。志愿者走进一个志愿者的集体，就像一滴水汇入大海一样。只有这样才不至于干涸，才能永远保持活力。在志愿者的集体中，任何人都需要尊重周围的同伴。像对待自己的兄弟姐妹一样，以最亲近的平等的态度对待集体中的任何人。志愿者应该尊重组织尊重同伴，尊重服务对象的人格，尊重服务对象的隐私权。

(6) 志愿者必须守时守纪。志愿者要积极地参加志愿者集体的活动，特别是不要迟到早退，更不应该随意缺席。有事还是要事先请假，让组织者有一个准备。绝不能因为一个人浪费一个团队的宝贵时间。在会议上或者在与人交谈中，不要随意地插话，随意地打断他人的发言和讲话，应该学会倾听他人的意见。

（二）对于所属志愿者组织

包括组织者在内，人人都是自愿者，大家既是参与者又是组织者。因此，志愿者对所属机构应抱建设性的心态，多支持、多理解，积极主动参与管理、策划和组织工作。

(1) 服从所属服务组、服务小组的工作安排。

(2) 虚心听取服务组、服务小组的意见，在服务过程中要始终与服务组、服务小组保持联系。

(3) 对所属服务组、服务小组、服务对象负责，对服务组、服务小组尽可能去维护、去了解，有问题有疑虑要当面问清楚，不宜在背后妄加评论。

（三）对于服务工作

(1) 志愿者在决定参与某项服务前，必须清楚了解服务的内容和要求与自身的兴趣、爱好、能力等是否相符，对工作应有充分的心理准备和服务技能上的准备。

(2) 志愿者不可轻率做出承诺，承诺了的服务必须尽心尽力完成，如因客观原因，确实无法履行承诺，应做好解释工作。

(3) 绝不允许利用志愿服务之便，开展促销、营销、传播不良言论等有违志愿服务精神的任何活动，绝不允许以志愿服务收取服务费用。

（四）对于服务对象

(1) 应持互相帮助的平等精神，不应有“施予”的心理和“救世主”的态度。

(2) 应尽量了解服务对象，明白其真正需要，设身处地为服务对象着想，在提供服务时，应尊重服务对象的意见，不应把自己的想法强加别人。

(3) 要尊重服务对象的隐私权，不应随意公开服务对象的情况或资料。

(4) 要尽量与服务对象保持良好的关系。

(5) 服务中要尽己所能，力求工作中的尽善尽美。

四、志愿服务活动基本流程

组织志愿服务活动一般有以下基本环节：制定志愿服务工作方案、招募选拔志愿者、开展志愿者培训、监督与评估、激励与表彰。各个环节间相互联系、相互影响、相互制约。

各级团组织、志愿者组织主要依据注册志愿者的服务时间、服务业绩，根据有关规定，定期组织开展评选表彰活动，授予志愿者荣誉称号和相应服务奖章。共青团中央、中国青年志愿者协会定期组织开展中国青年志愿者优秀个人奖、组织奖、项目奖评选表彰活动。

星级认证制度由省级团委、志愿者协会组织实施。注册机构负责具体认证工作，根据志愿者注册后参加志愿服务的时间累计，认定其为一至五星志愿者。星级志愿者认定后，可由相关注册机构在其注册证上进行标注，并佩戴相应标志。志愿者注册后，参加志愿服务时间累计达到100小时的，认定为“一星志愿者”；志愿者注册后，参加志愿服务时间累计达到300小时的，认定为“二星志愿者”；志愿者注册后，参加志愿服务时间累计达到600小时的，认定为“三星志愿者”；志愿者注册后，参加志愿服务时间累计达到1 000小时的，认定为“四星志愿者”；

志愿者注册后，参加志愿服务时间累计达到 1 500 小时的，认定为“五星志愿者”。

【拓展阅读】

2016 年 9 月 4 日至 5 日，在杭州成功召开的 G20 峰会，其“创新、活力、联动、包容”主题得到世界的广泛关注与认同，G20 志愿服务管理体系的完善及志愿服务的精彩呈现也给我国未来大型赛会志愿服务留下了丰厚的遗产。峰会期间，4 021 名会场“小青荷”志愿者、1.3 万个志愿服务组织、185.2 万人次城市志愿者的精彩服务，构成峰会“一道亮丽的风景线”。“志愿者的微笑”成为“美丽杭城”的最佳表情，“小青荷”形象成为闪亮的城市名片，“服务 G20、当好志愿者”的志愿口号成为城市文明的生动乐章，“七大城市志愿服务”成为广大市民的统一行动。志愿者活跃在 3 760 个会场岗位、299 个主会场服务点、946 个社区志愿服务站、1 000 多个公交站点、70 多个“微笑亭”、280 多个公共自行车亭、150 多个文明路口和城市各个角落，为确保峰会有序进行和城市正常运转发挥重要作用，实现了“精彩服务、精彩管理、精彩展示”的既定目标。志愿者、志愿服务工作受到了与会嘉宾和国际社会的高度赞誉。峰会志愿服务坚持“零起点学习、零懈怠筹备、零遗憾参与”，系统总结、吸收了北京奥运会、上海世博会、广州亚运会、南京青奥会等志愿服务工作的成功经验，全力推进会场志愿服务和城市志愿服务，其探索出来的创新组织协调、招募培训、服务管理、保障激励、社会动员等“五大工作体系”方式已经成为具有可操作性和复制价值的“杭州样本”。

第三节　志愿服务项目

【导读】近年来，伴随着项目化管理理念的发展与扩散，项目化方式也逐渐引入到志愿服务运行中，并取得了良好的成效。志愿服务的项目化运作，是中国志愿服务制度化、规范化的一个重要的实现途径，同时也是提升志愿服务社会绩效、回应社会多样化需求的重要管理方式，更是促进社会管理创新和实现社会和谐发展的重要手段。

一、志愿服务项目概述

（一）志愿服务项目定义

志愿服务项目是根据特定的目标和任务所制定的一种具体性质的志愿服务工作。

（二）志愿服务项目特征

志愿服务项目除具有普通项目的临时性、独特性、渐进明细性等特点之外，还具有三个特征：第一，公益性目标，即为了满足某种社会需要或解决某一社会问题而形成，具有利他和非营利的性质。志愿服务项目所服务的目标群体以贫困和弱势群体为主。第二，社会参与性，即项目工作的开展需要投入必要的资源，而资源具有公共性、多群性和广泛性特点，其中核心的资源是志愿者的参与。第三，发展性活动，即为实现公益目标而组织实施的系列活动。活动的参与者来自服务目标群体、当地社区和社会公众（志愿者），而且在项目进程中，可以获得能力建设，人力资源和社会资本的发展。最终使项目具有可复制性，可传播性和可持续性。

志愿服务计划则是由多个子项目所组成的项目群或者大型项目，需要经过协调统一管理，以便获得单独管理这些项目时无法取得的效益。例如“希望工程”就是一个志愿服务计划或大型项目，由修建希望小学、培训希望教师、资助贫困大学生等多个支教项目组成。

（三）志愿服务项目管理

志愿服务项目管理，则是通过与项目的利益相关者之间的合作，将各种资源整合到项目工作之中，以满足社会需求，完成公益任务，达到发展目标。志愿服务的项目化运作，满足了组织化、制度化、规范化开展志愿服务的时代和社会要求，顺应了历史发展趋势，成为现代社会开展志愿服务活动的有效途径。志愿服务项目管理的主要内容涉及三个层面，即社会管理、组织管理、项目管理；包括了五个项目阶段：项目开发、项目规划、项目实施、项目完成、项目总结；体现了七个职能领域：即范围管理、时间管理、成本管理、团队管理、风险管理、沟通管理、变化管理。

【拓展阅读】

国务院扶贫办2019年的“志愿者扶贫50佳案例”，在CCTV1新闻联播、人民日报等主流媒体均有报道的广州市海珠区蓝信封留守儿童关爱中心始于2008年3月，正在中山大学读研究生二年级的周文华在网上看到一则“留守儿童因父母长期不在身边而上吊自杀”的报道，这引起了他对留守儿童这一群体的关注。从满足留守儿童心理倾诉需求出发，蓝信封通过志愿者和留守儿童的一对一写信的书信陪伴的方式，构建志愿者与留守儿童间的长期朋辈心灵交流的平台，引导留守儿童健康快乐地成长，同时关注青年人在参与过程中的自我成长，并倡导社会对留守儿童的正确认识和广泛关注。自2008年“蓝信封”行动发起以来，目前拥有注册志愿者7万名，覆盖全国高校逾2 292所，服务学校588个。29 356位留守儿童，32 590位通信大使、434 239封手写书信……为正处于青春初期的留守儿童搭建朋辈心灵交流平台，解决他们成长过程中遇到的困惑，响应其倾诉需求。

二、大学生志愿服务项目及志愿服务组织

（一）大学生志愿服务西部计划

2003年团中央、教育部、财政部、人力资源和社会保障部根据国务院常务会议和全国高校毕业生就业工作会议精神，联合实施大学生志愿服务西部计划，招募一定数量的普通高等学校应届毕业生或在读研究生，到西部基层开展为期1～3年的志愿

服务工作，鼓励志愿者服务期满后扎根当地就业创业。截至目前，已累计招募超过37万余名大学生志愿者到中西部22个省区市及新疆生产建设兵团的2 100多个县（市、区、旗）基层服务。

西部计划按照服务内容分为基础教育、服务“三农”、医疗卫生、基层青年工作、基层社会管理、服务新疆、服务西藏7个专项。截止到2020年，项目已累计招募33万余名大学生志愿者。作为实践育人工程，西部计划引导具有理想主义情怀的青年人，通过火热的西部基层实践进一步坚定理想信念，锤炼意志品格，升华志愿情怀；作为就业促进工程，引导和帮助高校毕业生树立正确的就业观，并为他们搭建到西部去、到基层去、到祖国和人民最需要的地方去干事创业的通道和平台；作为人才流动工程，鼓励和引导东、中部大学生到西部基层工作生活，促进优秀人才的区域流动；作为助力扶贫工程，以西部计划志愿者为载体推动校地共建，引导高校资源参与到当地的脱贫攻坚工作中。习近平总书记曾多次作出批示并给志愿者回信，肯定志愿者们在西部地区辛勤耕耘、默默奉献，为当地经济社会发展、民族团结进步作出了贡献，勉励更多的青年人以志愿者为榜样，到基层和人民中去建功立业，让青春之花绽放在祖国最需要的地方，在实现中国梦的伟大实践中书写别样精彩的人生。

【拓展阅读】

东北农业大学研究生支教团开展的“一城一名悦中国”关爱农民工子女行动项目

主要以讲解、观影、做游戏和“城市行”等活动形式向农民工子女展现祖国的大好河山和人文特色，从而扩展视野、拓宽知识面，消除孩子们内心中的自卑感和差异感，使他们拥有健康和积极向上的心态。该项目以一城一张“城市名片”的讲解为主线，依托志愿者原创的幻灯片讲述孩子们感兴趣城市的历史沿革、地理环境、自然资源、城市文化等。同时开展多个辅助子项目，其中“纸风筝”项目让孩子们通过明信片领略大美中国，也架起了孩子与父母书信沟通的桥梁；“刺梨映像助梦观影团”项目让孩子们通过生动直观的影片了解城市文化；“小眼看中国农民工子女城市行”让孩子们真正有机会到父母务工的城市学习参观、体验生活。活动中志愿者还将重点讲解孩子们父母务工的所在城市，以此拉近孩子与父母之间的距离，让“城市名片”更具体、接地气、易推广。该项目获得了第三届中国青年志愿服务项目大赛全国银奖、贵州省志愿服务大赛省级银奖。

（二）中国青年志愿者协会

中国青年志愿者协会成立于1994年12月5日，是共青团中央主管的，由青年志愿者组织和个人自愿结成的，全国性、专业性、非营利性社会组织，是共青团在实践中培养社会主义事业建设者和接班人的重要组织平台。

中国青年志愿者协会的主要职责是加强思想政治引领，践行社会主义核心价值观，弘扬良好道德风尚，促进社会文明进步和和谐社会建设；建立健全青年志愿服务体系，推进诚信建设和志愿服务制度化；培养青年责任意识、规则意识、奉献意识，促进青年全面发展，培养社会主义建设者和接班人；组织青年围绕扶贫、环保、济困、扶老、救孤、恤病、助残、救灾、助医、助学、应急救援、大型赛会等领域开展志愿服务；规划、组织青年志愿服务活动，协调全国各地、各类青年志愿者组织开展工作；依法依规开展海外志愿服务活动，与海内外志愿者组织、团体加强交流；开展符合协会宗旨的其他活动。

【推荐阅读】《中国青年志愿者在行动》宣传片
https://news.youth.cn/gn/201803/t20180307_11479153.htm

三、中国青年志愿服务项目大赛暨志愿服务交流会

中国青年志愿服务项目大赛、公益创业赛、示范项目创建活动暨志愿服务交流会（以下简称“赛会”）是由共青团中央、中央文明办、民政部、水利部、国家卫生和计划生育委员会、中国残疾人联合会、中国志愿服务联合会和有关省（区、市）党委、政府联合主办的一项旨在推动志愿服务创新发展的全国性赛会交流活动，每届历时两年。赛会主题为青春志愿行，共筑中国梦。赛会目的：大力弘扬奉献、友爱、互助、进步的志愿精神，打造集项目展示、资源配置、组织交流和文化引领于一体的全国志愿服务综合平台，推动志愿服务事业和志愿服务组织发展，组织动员广大青少年和社会公众为全面建成小康社会作出更大贡献。赛会内容：主体为“两赛一创”，即中国青年志愿服务项目大赛（以下简称“项目大赛”）、中国青年志愿服务公益创业赛（以下简称“公益创业赛”）两项赛事，以及全国青年志愿服务示范项目创建活动（以下简称“示范项目创建活动”）。赛会采取两年一轮的方式。一年举办公益创业赛和示范项目创建活动，期间还将开展组织、项目和文化交流活动；另一年举办面向社会各界各领域的项目大赛和集中性展示交流活动。

（一）中国青年志愿服务项目大赛

申报范围：遵守法律法规、促进社会进步，推动公益事业，弘扬奉献、友爱、互助、进步的志愿精神，自愿向社会和他人提供服务，且具有一定周期的志愿服务项目。申报当年项目开始实施，且连续实施时间不少于2年，并按照有关法规要求，在全国志愿服务信息系统发布。往届中国青年志愿服务项目大赛和中国青年公益创业赛金奖项目不得申报。

申报方式及数量：项目大赛申报方式分为省级推报、社会申报。申报项目只能选择其中一种方式。全国赛省级推报总数一般为1 000个，社会申报50个，有关部门需要单独推报的，项目数量经全国组委会批准后另行增加。

申报类别：主要包括阳光助残、关爱农民工子女、邻里守望与为老服务、节水护水与水利公益、脱贫攻坚、恤病助医、环境保护、应急救援、禁毒教育与法律服务、文化宣传、理论研究、志愿服务支持平台、其他领域等13类。

全国赛评审方式：主要分为全国赛初评和全国赛终评。全国赛初评主要包括材料

阅评、集中分组阅评等方式。全国赛初评按照省级推报、社会申报及有关部门推报总数的50%确定入围终评项目，作为金银奖参加志交会现场展示或互联网募捐信息平台展示推介。其余为铜奖项目。全国赛终评主要包括路演答辩、巡展提问等方式，按照入围终评项目数的20%评出金奖项目，其余为银奖项目。主要从项目目标、服务内容、项目管理、运营保障及社会影响力等方面进行评审。

奖项设置：项目大赛金奖数占推报总数的10%，银奖占推报总数的40%，其余为铜奖，由全国组委会颁发证书。

（二）中国青年志愿服务项目大赛公益创业赛

申报范围：主要面向往届项目大赛金银奖的项目组织和部分其他具有公益创业特征的组织。以解决社会公共需求为使命，致力于弘扬志愿精神和推动青少年事业，主业明确、服务常态、管理规范、保障稳定、发展持续。规定各组织参赛前已在有关部门依法登记，持续运营2年以上，获得各方支持资金10万元以上。往届中国青年公益创业赛金奖的项目或组织不得申报。

申报方式及数量：公益创业赛的申报方式分为组织（省级）推报、社会申报。组织（省级）推报由各省级赛会单位负责，在往届项目大赛金、银奖的项目组织中择优推荐。社会申报需在大赛官方网站自主申报。参赛组织只能选择一种申报方式，不得重复申报。全国赛申报总数一般为200个，其中组织（省级）推报180个，社会申报20个。

申报类别：主要分为基层团组织、学校、机关企事业单位、科研院所、青年志愿者协会以及相关社会团体、基金会、民办非企业等8类。全国赛评审方式：主要包括集中分类评审、路演答辩等方式进行。主要从申报组织的组织治理、工作效益、运营保障、社会影响力等方面进行评审。

奖项设置：公益创业赛一般设金奖10个，银奖40个，铜奖50个，由全国组委会颁发证书。

（三）全国青年志愿服务示范项目创建活动

创建范围：往届项目大赛金、银奖项目申报创建当年项目开始实施，且连续实施时间不少于3年，累计获得各方支持资金3万元以上。

创建方式及数量。主要通过省级创建推报，全国共推报200个项目。

申报类别：示范项目创建类别包括阳光助残、关爱农民工子女、邻里守望与为老服务、节水护水与水利公益、脱贫攻坚、恤病助医、环境保护、应急救援、禁毒教育与法律服务、文化宣传、理论研究、志愿服务支持平台、其他领域等13类。

全国赛评审方式：主要包括全国评审提名、创建验收两个步骤。其中，全国评审提名主要通过核查省级推报排序、集中评审、路演答辩等方式进行。创建验收主要通过示范性检查、网络核查、实地考察、随机暗访等方式进行。主要评审项目获奖以来，在项目发展、服务效果、组织管理、示范导向和社会评价等方面的提升情况。

奖项设置：示范项目创建活动全国申报项目数量为200个，经由全国评审提出120个创建提名项目，通过一年左右的创建验收后，最终命名100个全国青年志愿服务示范项目。

（四）志愿服务展示交流会

赛会期间举办集中展会和其他交流活动。集中展会每两年举办一次，其他交流活动每年赛会期间举办。集中展会由省级赛会单位自主举办，宣传展示省级获奖项目和组织，促进资源有效对接。其他交流活动由全国组委会统一安排，省级赛会单位按要求参加，社会推介参加。各省级赛会单位要在本地区本系统对优秀志愿服务组织和项目进行大力宣传，并发动社会各界给予政策和资金支持，加强对优秀志愿服务组织和项目的培育。各省级赛会单位可通过举办线上线下的项目推介会、交流会等方式，充分发动社会机构、爱心企业、基金会和爱心人士到现场观摩，实地了解优秀志愿服务组织和项目情况，面对面洽谈合作意向。

目前，中国青年志愿服务项目大赛暨志交会已成功举办四届。

【拓展阅读】

秦巴山区守护者：帮扶弱智病症 用无私之心点燃生命希望

秦巴山区是我国中西部主要的贫困地区之一，当地生存环境恶劣，弱智病症高发。1995年由陕西省科技厅牵头，西北大学等单位共同成立了“秦巴山区弱智人成因及综合防治课题组”，针对秦巴山区弱智病症高发的情况开展研究和志愿帮扶工作。谈起如何开展志愿帮扶工作，西北大学相关负责人说，“第一年暑期志愿团队会去村里调研，回到学校后根据调查问卷和DNA检测分析他们的具体病症，制定相关帮扶计划。第二年志愿者会回到村子做回访，看看对他们的干预、提供的意见方法有没有效果，这个项目可以说是一个长时间的跟踪帮扶。”来自西北大学的高晓彩是众多志愿者中的一员，在刚接触到此项志愿服务时，她还是一名硕士研究生。当时高晓彩为了掌握当地弱智病症的状况，不得不每天步行数十里完成调研工作，同时恶劣的生态环境时刻威胁着她的生命，高晓彩回忆说：“在一次调研中，突发大暴雨，多亏两位学生奋不顾身的相救，我才能在山洪暴发的河流中幸免于难。在山区行进时，我们经常会遇到毒蛇，被毒蛇攻击的事例也发生过很多，多亏周全的准备和及时的救援才没有酿成严重的后果。”如今20多年过去了，曾经的妙龄少女已成长为西北大学的教授、博士生导师。每每回想起秦巴山区老乡的生活，高晓彩都深有感触，“每次外出调研我们都会带足一天的干粮，可每到一处看到已经揭不开锅的老乡，志愿者都会忍不住把干粮留给他们，自己饿着肚子继续在深山中跋涉。”但高晓彩明白，几顿干粮对于这个贫困山区来说是杯水车薪，于是她带领志愿者开始号召周围的人为秦巴山区的孩子捐款捐物。在这20多年间，她们已为当地医务室募捐了多种基本医疗器械；向当地儿童发放图书6 000余册，玩具5 000余件；多次在当地开展义诊活动，发放药品价值6万余元；联系爱心企业为当地学校建立计算机教室等，所有人亲眼见证了秦巴山区的改变。今年新加入课题组的宋占明也在采访中说，“我已经和老师说好，明年一定还要继续做这个项目，当看到患有弱智病症的孩子家长眼含泪花的样子，我的内心十分难受。我们很多人都是城市长大的孩子，真的很难感受到山村孩子们的艰苦。”20多年来，西北大学志愿团队对秦巴山区坚守是一场以爱为名的马拉松，这场马拉松没有终点，有的只是春去秋来的接力和不离不弃的深情，他们用无私的行动温暖着人心，让秦巴地区重新燃起生命的希望。

【章节练习】

1. 做好一份志愿服务工作方案是开展志愿服务活动的关键，如果你所在的学校即将召开百年校庆活动，请你设计一个校庆志愿服务工作方案。

2. 学校迎新生期间，作为校青年志愿者协会的负责人，请思考如何开展迎新生志愿者的培训工作。

【参考文献】

中国志愿服务联合会，2017. 中国志愿服务发展报告（2017）［M］. 北京：社会科学文献出版社·皮书出版分社.

王忠平，2015. 志愿服务管理理论与实务［M］. 北京：北京交通大学出版社.

邱服兵，涂敏霞，沈杰，2015. 中国志愿服务典型项目研究［M］. 北京：人民出版社.

第六章<<< 科技创新

【导读】青年是国家和民族的希望，创新是社会进步的灵魂，创业是推动经济社会发展、改善民生的重要途径。青年学生富有想象力和创造力，是创新创业的有生力量。希望广大青年学生把自己的人生追求同国家发展进步、人民伟大实践紧密结合起来，刻苦学习，脚踏实地，锐意进取，在创新创业中展示才华、服务社会。

——习近平《致 2013 年全球创业周中国站活动组委会的贺信》

第一节 大学生科技创新活动概述

【导读】人类社会的每一次进步都离不开创新，现代文明的基础是创新，未来人类社会的进步仍将依赖创新。开展创新创业教育、培养高素质的创新创业型人才是知识经济时代高等教育改革与持续发展的一个重要主题。大学生科技创新活动是大学生运用所学专业知识和技能，在课外从事学习、研讨、实践、创造的活动。开展科技创新活动是大学创新教育的重要组成部分，是提高大学生综合素质不可或缺的重要环节。本节主要为大家介绍大学生科技创新活动的内涵、意义等内容，希望能够在同学们选择、参与科技创新活动的过程中提供思路和指导。

一、大学生科技创新活动的内涵及特点

（一）大学生科技创新活动的内涵

大学生科技创新活动是指大学生群体在国家有关部门和学校的组织引导下，依靠教师的指导帮助，主要利用业余时间自主开展的一种科技学术活动。这种科技学术活动的主体是大学生群体，是指包括专科生、本科生、硕士生、博士生和博士后在内的整个高校学生群体，活动的对象是科技学术活动。大学生科技创新活动的内涵和功能涵盖了教育、科技、经济、社会、文化等多个领域，是一个动态的历史发展过程，具有天然的实践性、系统性、历史性、社会性、多样性等特殊性。当前，随着经济社会快速发展，高等教育的社会化需求越来越强烈，大学生科技创新活动在各高等院校得到高度重视并蓬勃发展，拥有更加丰富的内涵和多样的形式，已然成为国家创新体系不可缺少的组成部分。

首先，高等学校担负着培养社会主义合格建设者和可靠接班人的重任，从高校人才培养的角度来看，大学生科技创新活动是一种重要的实践教学活动，其活动的主体是大学生，这项活动也是高等学校素质教育、创新创业教育的重要载体和平台。教育

的内涵是大学生科技创新活动最基本的内涵，也是区别于其他科技创新活动的显著特征。其次，从科技创新的角度来看，大学生科技创新活动是整个大学科技创新活动乃至国家创新活动的重要组成部分，活动的开展可以有力地促进学校和社会的科技进步与发展。再次，大学生科技创新活动属于大学校园文化活动的一个重要组成部分，并且属于较高层次的大学校园文化活动，它的蓬勃开展有效地改善了大学的校园文化结构，提升了大学的校园文化品位。最后，从社会进步的角度来看，大学生科技创新活动可以引导和推动社会的进步和发展，可以促进科研体制与经济体制的改革，从经济发展的角度来看，大学生科技创新成果的推广应用可以推动生产力的发展，产业化后可以产生直接的经济效益，甚至可以对整个社会的科技创新创业起到示范和推进作用。在当今时代，大学生科技创新活动的正常开展和有效实施是一项复杂的系统工程，其内涵也是丰富和深远的，活动的开展必须科学统筹，综合考虑。

（二）大学生科技创新活动的特点

大学生科技创新活动与国家创新体系中其他科技创新活动有着广泛的联系，但又有着明显的区别。

1. 独特性　大学生科技创新活动不仅是一种科技活动，更是一种教育活动和校园文化活动，而其他科技创新活动主要表现为科技和经济的目的。大学生科技创新活动强调学生的自觉参与，不做硬性的强制规定，且活动往往离不开教师的指导，同时也需要学校有关部门的大力扶持。另外，大学生科技创新活动的主体涉及本专科生、研究生甚至博士后，其主体具有一定的层次性；活动范围涉及课内外、校内外，具有一定的宽广性；活动内容包括学术交流、发明制作、社会调查，具有一定的丰富性；活动过程涉及学校教学、科研、管理、服务、校园文化建设等各个方面，具有一定的复杂性；活动目的涉及育人、科技、经济和文化建设，又具有一定的多样性。这些都构成了大学生科技创新活动独有的特性。

2. 潜在性　大学是培养潜人才的场所，大学生便是其中的潜人才。大学生活，是一个知识积累、观念更新、思维方式渐变的过程，一旦大学生走向社会，与社会生产实际相结合，其自身的知识、品德、素质就开始产生出现实的结果，这时，大学生就由潜人才变成了真正的人才，实现了量变到质变的转变。大学生的科技创新活动也是如此，在活动中主要培养了大学生的科学思想、科学方法、创新意识和创新思维。由于它没有直接跟社会生产结合，因此，一般也很少有直接的科技成果。当然，直接产生科技成果的事例也有，比如在全国“挑战杯”大赛中时而也会出现大学生的新发明，但这毕竟是少数，且大学生真正参与的工作量也是有限的。从总体上看，大学生科技创新活动培养的仍然是一种潜在的能力。

3. 时代性　青年大学生的思维方式、价值观念、行为方式都具有明显的时代性，特别是当今科技日新月异的发展变化对大学生产生了巨大的影响，现代高科技的蓬勃发展，已成为推动现代社会进步和生产力发展的强大动力。经过三次科技革命，目前高新技术已经形成了六大技术领域和十二项标志技术，如生物技术领域的基因工程、蛋白质工程，信息技术领域的智能计算机、智能机器人，空间技术领域的航天技术和永久太空站等，时代发展的每一步，都在大学生身上留下了深刻的烙印，当代大学生也越来越多参与到其中并被其影响着、改变着。作为国家未来希望的大学生，要担当起中国科技发展的主力军，其科技创新活动就必须要适应时代发展的要求。因此，大学生科技创新活动就具有了明显的时代特征。

二、大学生科技创新活动的意义

2021 年 5 月 28 日习近平总书记在中国科学院第二十次院士大会、中国工程院第十五次院士大会、中国科协第十次全国代表大会上指出在革命、建设、改革各个历史时期，我们党都高度重视科技事业。党的十九大以来，党中央全面分析国际科技创新竞争态势，深入研判国内外发展形势，针对我国科技事业面临的突出问题和挑战，坚持把科技创新摆在国家发展全局的核心位置，全面谋划科技创新工作 。当代大学生作为未来中国创造原创性成果的中坚力量和希望所在，必将承担着民族发展与强盛的历史重任。在知识经济时代，着力开发大学生的科技创新能力具有积极的意义。

（一）培养大学生创新创业能力的必要途径

培养创新型人才是国家和社会赋予高等学校的神圣使命和不可推卸的责任，大学生科技创新活动是培养具有创新创业意识和创新实践能力的高素质创新型人才的重要手段。大学生创新创业能力需要结合“第一课堂”的理论教学和“第二课堂”社会实践来共同培养，“第一课堂”着重传授业务知识和能力，“第二课堂”着重提高学生综合素质。大学生科技创新活动是高校“第二课堂”的重要组成部分，也是培养学生创新创业能力的有效途径。随着素质教育和创新创业教育的蓬勃开展，大学生科技创新活动被逐渐纳入到新的教育教学体系中，形成课内外紧密结合的整体推行体系，使大学生科技创新活动的范围和广度在不断扩大。大学生参加一项科技创新竞赛或独立完成一项科研任务，都能够激发大学生追求科学、追求真知的创新意识。通过参加科技创新活动，一方面能够帮助大学生学会自主学习、团队协作，积极面对困难和挑战，有效地提升自主性、参与性、团队意识、心理承受能力等综合素质；另一方面还能增强大学生的创新意识和创新精神，提高创新创业能力。

【拓展阅读】

“实习僧”项目是西安交通大学陈俊宇团队六年创业的宝贵成果。2015 年，“实习僧”完成两轮融资，“实习僧”APP 上线。2016 年，一个拥有线下资源和执行能力的团队并入“实习僧”，陈俊宇如虎生双翼，发展不断提速。这时，陈俊宇获得了保送本校研究生的资格，一番权衡之后，他放弃了继续深造，选择在创业路上一路前行。大学生创业、为大学生服务，“实习僧”在短短 6 年中，就已跃居实习和应届招聘领域行业用户量第一，拥有了近千万大学生用户及数十万企业用户。2018 年，通过“实习僧”平台，全国有七八十万大学生找到了实习单位。学生用户在国内一流大学就读的在总数中占比高达 40%，身有逾十万海外高校留学生也找到了心仪的公司和岗位。而项目创始人陈俊宇也在 2019 年 10 月 17 日，入选 2019 福布斯中国 30 岁以下精英榜。

（二）提高大学生科研工作能力的有效途径

狭义的科学研究方法是指科学研究活动的途径、手段和方式。科学研究方法能够为科学研究提供程序化、规范化的手段和途径。科学研究方法能够化“复杂”“神秘”为“简单”“平实”，使科研活动有效地进行。大学生科技创新活动有助于学生了解“观察、实验、归纳、演绎、分析、综合、系统分析方法、信息方法、功能模拟方法”等科学研究的方法，熟悉科研工作流程，鼓励学生建立“逻辑思维、创造性思维、抽象思维、形象思维”等科学的思维方法，为以后的学习和工作积累科研基础能力。通过科技创新活动，可以使大学生自由地进入各种学术领域，他们依据自己的专业基础，有目的地选择参加一些结合本专业、本学科和自己感兴趣的科技创新活动，促进对新知识的追求和探索，培养大学生参与科研的积极性和主动性，增强了大学生参与科研的兴趣和综合素质以及人文素质，提高了大学生科研能力和创新能力。

【拓展阅读】

“翱翔系列微小卫星”项目是由西北工业大学在校研究生组成的创新创业团队，这是一个科技成果转化和师生共创的项目，团队成员平均25岁，已有10余项授权专利，在商业航天方面极具优势。该项目团队制定了立方星总体设计、系统集成和总装测试的研制规范，并提出基于“互联网＋航天”的商业模式，提供面向团体和个人用户的低成本、模块化的功能定制卫星平台和定制化、个性化的空间信息服务等。卫星互联网是重要的太空基础设施，是由成千上万颗通信卫星组成的新型互联网。2020年4月，国家发改委将卫星互联网纳入“新基建”范围。测量是卫星的“体检”，是卫星互联网建设和运用中至关重要的一个环节。北京理工大学的“星网测通”项目打破了国外对我国航天领域测量技术的严格封锁，解决了制约我国通信卫星发展的卡脖子问题。博士研究生宋哲带领其团队针对现有产品功能单一、性能不足、价格高昂等痛点问题，开拓创新，发明了系列卫星通信测量仪，用一台仪器就能测数百种场景，测量效率提升100倍，为客户节省90%的成本，真正做到测得了、测得快、测得起。该项目以参加项目的学生团队为第一发明人申请国家发明专利21项，授权11项，获得软件著作权8项，实现了核心技术自主可控，得到了王小谟院士、樊邦奎院士、周志成院士等多位院士及大批航天领域龙头企业的高度评价。

（三）提高大学生就业竞争力的重要载体

大学生科技创新活动的目的是与活动内容紧密相连的，活动着眼于通过实践培养大学生的创新意识、创新精神和创新创业就业能力，引导学生走出“象牙塔”，关注社会，了解社会，介入社会，走与实践相结合的道路，这是大学生科技创新活动的最终目的。大学生开展科技创新活动，将理论知识运用于实践，在实践中不断发现、解决新问题，能够帮助大学生了解所学知识和现实之间的差距，不断去弥补自身不足。科技创新活动对激励大学生在生产实践中创造性地利用现有条件，学以致用具有重要作用，能够激发大学生的创新精神。同时，通过组织学生参加课外科技创新实践活动、专业知识技能竞赛、企业生产项目合作研究等形式的大学生科技创新活动，还有助于培养大学生的创新精神和实践能力，解决学校教育与社会需求脱节的问题，缩小学校人才培养与社会需求之间的差距，增强大学生的就业竞争力。

【拓展阅读】

在遍地都是大学生创业者的今天，你知道谁是“中国大学生创业第一人”吗？他叫邱虹云，清华大学 1997 届的学生，被当时的校长王大中誉为“清华爱迪生”。上大学后，邱虹云像开挂了一般，接二连三推出发明创造，什么挑战杯、科技竞赛多次荣获特等奖、一等奖，毫不夸张地说，几乎是参加就会拿奖。1999 年，邱虹云用自己的科技创新成果，与两位同学成立了第一家大学生创业公司“视美乐”，公司先后获得上海一百和澳柯玛的 3 000 万元风险投资。邱虹云通过参加科技创新活动，提升了自身就业创业竞争力，不仅实现了自己创业就业，还带动了更多人就业。

第二节　大学生科技创新竞赛

【导读】 英语里有一句名言——Thinking Globally，Acting Locally，意为“全球化思维，区域化行动”。在全球化特征日益明显的今天，我们更要培养自身的开阔眼界和战略性思维，善于把握所处区域的机会。而在大学期间，各类科技创新竞赛中就蕴藏着丰富宝藏值得我们探究、挖掘。本节主要为大家介绍大学生科技创新竞赛概念、意义、类别、组织流程和参赛技巧等内容。

一、大学生科技创新竞赛的概念

大学生科技创新竞赛是调动当代大学生学习积极性，促进大学生情境学习、主动学习、体验学习，提高大学生动手操作能力、实践应用能力以及创新创业能力、团队合作能力等综合素质的人才培养活动。其本质是针对大学生而举办的一种“科技实践与创新思维”竞赛，竞赛是动态的，其内涵和功能随着时代和实践的发展而发展变化；竞赛的主体是大学生，充分体现和发挥大学生的主体性；竞赛的对象是科技学术竞赛，竞赛具有多样性和系统性。当前大学生科技创新竞赛的内涵与功能在教育、科技、经济、文化、社会等五个层面得到了全面拓展，是一项复杂的系统工程，大力开展大学生科技创新竞赛有着重要的现实意义。据不完全统计，仅部分 985 高校教务部门备案支持的全国性和国际性科技创新竞赛项目就超过了 40 项。

【拓展阅读】

“东农创客”团队成立于 2009 年 12 月，是东北农业大学首个以培养大学生创新创业能力为目标的科创实践团队，2017 年 11 月入选大学生“小平科技创新团队”。团队在“挑战杯”和“创青春”国家级创新创业竞赛中连续 7 年入围终审决赛，累计获得奖励 10 项，其中团队成员在第九届“创青春”竞赛中斩获金奖。团队积极参加各类创新创业竞赛，共获得各类奖励近百项，申请大学生创新创业训练项目50余项，发表论文近40篇（EI检索18篇），申请发明专利41件，注册软件著作权15件，开发智能农业装备十余套。团队有近100人次获得省级以上各类荣誉，培养的学生中，有数十位后继就读于德国慕尼黑工业大学、清华大学等国内外一流院校，在知名院士团队继续进行机器人方面相关研究。

二、我国大学生科技创新竞赛的类型

我国高校数量众多，开展大学生科技创新竞赛的组织形式也因此而多样。除各级教育主管部门外，共青团、政府科技部门和科学技术协会、科技企业等纷纷加入大学生科技创新竞赛推动者行列，全国、全省、地区性的科技创新竞赛活动层出不穷。各高校作为开展大学生科技创新竞赛的主阵地，通过学生处、团委、教务处、科技处以及学生社团等组织开展了各种各样的学生科技创新活动，内容涉及高校开设的大部分学科专业领域，活动的组织形式不断推陈出新，大学生科技创新竞赛的组织形式已日趋多样化。按照竞赛的学科性质，可以分为工科类科技创新竞赛、理科类科技创新竞赛、医学类科技创新竞赛、文管类科技创新竞赛、设计类科技创新竞赛、综合类科技创新竞赛等类别。下面主要介绍国内外47个重要的大学生科技创新竞赛的基本情况，为大家结合自身情况选择感兴趣的竞赛项目提供参考。

（一）工科类科技创新竞赛

工科类科技创新竞赛（表6-1）有利于参赛者对所学知识进行综合提升和应用；同时，学科研究类的竞赛注重参赛者的学术研究和表述观点的能力，有利于培养研究性学习能力；对于制作类的竞赛，能够加强学生动手能力的培养和工程实践的训练，提高学生针对实际问题进行设计、制作的综合能力。

表6-1 工科类科技创新竞赛一览表

序号	竞赛	相关专业	主办单位	竞赛时间
1	全国大学生机器人大赛（亚太大学生机器人大赛）	机械、自动化、材料、电信等相关专业	共青团中央、全国学联等	每年一届
2	全国大学生信息安全竞赛	网络、计算机相关专业	信息安全类专业教学指导委员会	每年一届3—9月
3	ACM国际大学生程序设计大赛（亚洲赛区）	网络、计算机相关专业	国际计算机协会	每年一届
4	全国大学生软件创新大赛	网络、计算机相关专业	教育部高等学校软件工程专业教学指导委员会、教育部示范性软件学院联盟	每年一届
5	全国大学生（文科）计算机设计大赛	计算机、文科等专业	教育部高等学校计算机类专业教学指导委员会、教育部高等学校软件工程专业教学指导委员会等	每年一届7—8月

（续）

序号	竞赛	相关专业	主办单位	竞赛时间
6	瑞萨超级 MCU 模型车大赛	计算机、软件、数学、电子信息、机械等相关专业	教育部	每年一届
7	全国大学生智能设计竞赛	计算机、软件、信息管理等相关专业	中国人工智能学会、教育部高等学校计算机类专业教学指导委员会	每年一届 1—7 月
8	中国大学生 ICAN 物联网创新创业大赛	计算机科学与技术、物流相关专业	国际 ICAN 联盟、教育部创新方法教学指导分委员会等	每年一届
9	全国大学生计算机仿真大赛	仿真类、计算机科学与技术等相关专业	中国自动化学会、中国计算机用户协会等	每年一届 3—6 月
10	全国大学生机械创新设计大赛	机械类相关专业	教育部高等学校机械学科教学指导委员会	每两年一届
11	全国海洋航行器设计与制作大赛	船舶航海专业	中国船舶重工集团公司、中国船舶工业集团公司等	每年一届
12	全国大学生先进成图技术与产品信息建模创新大赛	机械、建筑、水利、土木等相关专业	教育部高等学校工程图学课程教学指导委员会、中国图学学会制图技术专业委员会等	每年一届 8 月
13	全国机器人锦标赛暨国际防人机器人奥林匹克大赛	机械电子学、机器人学、传感器信息融合、智能控制、通信、计算机视觉、计算机图形学、人工智能等相关专业	中国人工智能学会机器人足球工作委员会	每年一届
14	全国大学生过程控制仿真挑战赛	机械、自动化等相关专业	教育部、西门子（中国）有限公司、中国仿真学会	每年一届 3—5 月
15	全国大学生智能车竞赛	自动控制、模式识别、传感技术、电子、电气、能源、电力等相关专业	教育部高等学校自动化类专业教学指导委员会	每年一届 6—8 月
16	全国大学生光电设计竞赛	光电信息与工程等相关专业	中国光学学会	每两年一届 5—8 月
17	全国大学生电子设计竞赛	电子信息与科学、自动化、材料等相关专业	教育部、工业和信息化部	每两年一届
18	国际未来能源挑战赛	动力、电子、电力、能源等相关专业	美国电气和电子工程师协会	每两年一届

（续）

序号	竞赛	相关专业	主办单位	竞赛时间
19	全国大学生结构设计竞赛	土木工程相关专业	高等学校土木工程学科专业指导委员会、中国土木工程学会	每年一届
20	全国高等院校学生斯维尔杯 BIM 软件建筑信息模型大赛	建筑学、土木工程学、工程管理、工程造价、建筑环境与设备工程、节能设备等专业	中国建设教育协会	每年一届
21	全国大学生交通科技大赛	包括交通工程、交通运输、道路桥梁与渡河工程、交通土建、航海技术、飞行技术类相关专业	教育部高等学校交通运输与工程学科教育指导委员会	每年一届
22	全国大学生水利创新设计大赛	水利、环境、地质、生物等专业	中国水利教育协会、教育部高等学校水利学科教学指导委员会	每两年一届
23	全国大学生化工设计竞赛	化学工业相关专业	中国化工学会化学工程专业委员会	每年一届
24	全国高校给水排水工程专业本科生科技创新活动	给水排水工程专业	高等学校给排水工程专业指导委员会	每两年一届
25	全国虚拟仪器设计大赛	测控技术与仪器、自动化、计算机、电气工程、机械工程、通信工程、电子工程、动力工程、汽车工程、宇航科学等	中国仪器仪表学会、教育部高等学校仪器科学与技术教学指导委员会	每两年一届

（二）理科类科技创新竞赛

理科类科技创新竞赛（表 6－2）多以学科专业知识为依托进行命题，形式主要以实践创新为主，要求学生运用科学思维针对实际问题进行设计和应用，也对学科专业知识有统一的考查，旨在培养学生解决问题、实际操作等能力，相关专业学生均可参加。

表 6－2　理科类科技创新竞赛一览表

序号	竞赛	相关专业	主办单位	竞赛时间
1	国际遗传工程机器设计竞赛	生物科学相关专业	麻省理工学院	每年一届
2	中国大学生物理学术竞赛	物理相关专业	中国大学生物理学术竞赛	每年一届
3	全国周培源大学生力学竞赛	物理相关专业	教育部高等教育司、中国力学学会等	每两年一届

（续）

序号	竞赛	相关专业	主办单位	竞赛时间
4	全国大学生数学建模竞赛	数学相关专业	中国工业与应用数学学会	每年一届
5	美国大学生数学建模竞赛	数学相关专业	美国数学及其应用联合会	每年一届
6	全国大学生基础力学实验竞赛	物理相关专业	中国力学学会教育工作委员会、教育部高等学校力学教学指导委员会等	每两年一届

（三）医学类科技创新竞赛

医学类科技创新竞赛（表 6－3）当在激发广大医学专业学生的学习热情和钻研精神，加强医学专生业技能操作的规范性及提高医学生专业技能的运用能力，培养高素质医学人才。

表 6－3　医学类科技创新竞赛一览表

序号	竞赛	相关专业	主办单位	竞赛时间
1	全国大学生基础医学创新论坛暨实验设计大赛	医学类专业	国家级实验教学示范中心联席会、中国高峰医学教育学会基础医学教育分会等	每两年一届 4—11月
2	全国高等医学院校大学生临床技能竞赛	医学类专业	教育部、财政部等	每年一届 4—11 月
3	“雄鹰杯”小动物医师技能大赛	动物医学类、临床宠物医师相关专业	中国兽医协会宠物诊疗分会等	每年一届

（四）文管类科技创新竞赛

文管类科技创新竞赛（表 6－4）注重提高大学生策划能力、协调组织能力、人际交往能力等，鼓励学生探索有利于中国经济健康发展的新观念、新理论等。专业性的竞赛有利于加强学生的学习能力与学习深度，设计类竞赛对于学生创造性思维培养有积极的促进作用。

表 6－4　文管类科技创新竞赛一览表

序号	竞赛	相关专业	主办单位	竞赛时间
1	中国平安精英大学生励志计划论文大赛	经济、金融相关专业	中国平安保险（集团）股份有限公司	每年一届
2	德勤税务精英挑战赛	财政、会计相关专业	上海德勤税务师事务所、德勤税务研究学会	每年一届
3	全国大学生物流设计大赛	物流类专业	教育部高等学校物流类专业教学指导委员会、中国物流与采购联合会	每年一届 3—4 月

（续）

序号	竞赛	相关专业	主办单位	竞赛时间
4	CIMA 商业精英国际挑战赛	财务、金融等相关专业	英国皇家特许管理会计师公会	每年一届
5	全国大学生英语竞赛	报名要求无专业限制	教育部高等学校大学外语教学指导委员会、高等学校大学外语教学研究会	每年一届
6	全国大学生电子商务“创新、创意及创业”挑战赛	报名要求无专业限制	教育部高校电商类专业教学指导委	每年一届

（五）设计类科技创新竞赛

设计类科技创新竞赛（表 6－5）主要以艺术设计类为主，竞赛为改善人类生活、收集富有创意的设计和技术提供创意点子和思路，同时培养参与学生的创造性思维与创新精神。

表 6－5　设计类科技创新竞赛一览表

序号	竞赛	相关专业	主办单位	竞赛时间
1	“U+L 新思维”国际学术研讨会暨“画说景观”杯全国大学生概念设计竞赛	城市规划、景观规划与设计、建筑设计专业	全国高等学校风景园林学科专业指导委员会、《中国园林》杂志社等	每两年一届
2	博朗国际工业设计大赛	设计类相关专业	德国博朗公司	每两年一届

（六）综合类科技创新竞赛

综合类科技创新竞赛（表 6－6）涉及学科较广，对参与学生的专业无特定限制。此类科技创新竞赛对团队的综合能力要求较高，培养学生全面的学科知识水平、应用实践能力、创新创业思维、团队协调合作能力等。

表 6－6　综合类科技创新竞赛一览表

序号	竞赛	相关专业	主办单位	竞赛时间
1	“挑战杯”全国大学生课外学术科技作品竞赛	无专业限制	共青团中央、中国科协等	每两年一届 3—10 月
2	“创青春”全国大学生创业大赛	无专业限制	共青团中央、教育部等	每两年一届 4—11 月
3	中国“互联网＋”大学生创新创业大赛	无专业限制	教育部、中共中央网信办等	每年一届 3—10 月
4	红点设计大奖赛	汽车、建筑、电子、时尚、生活科学以及医药等众多领域	德国设计协会	每年一届

（续）

序号	竞赛	相关专业	主办单位	竞赛时间
5	微软“创新杯”全球学生大赛	无专业限制	微软公司	每年一届
6	全国大学生节能减排社会实践与科技竞赛	无专业限制	教育部高等教育司	每年一届
7	全国大学生数学竞赛	无专业限制，分数学专业组和非专业组	中国数学会	每年一届

三、大学生科技创新竞赛的组织流程

大学生科技创新竞赛的广泛开展，需要一套组织严密、上下顺畅、办事高效的工作流程，例如国家级大学生科技创新竞赛的组织流程一般分为三个阶段：初赛、复赛和全国总决赛。初赛由各个高校分别按照大学生科技创新竞赛的通知要求和章程自行组织报名、培训和选拔，根据要求选拔一定数量的优秀作品和团队参加分赛区复赛。初赛的形式也各有不同，有的是知识赛，有的是技能赛，也有的是撰写调查报告、案例、策划案等。复赛由各个分赛区组织。竞赛委员会经过审批，委托一所高校承办一个分赛区的复赛。复赛形式多为现场陈述作品（一般要制作 PPT）、回答评委提问等。经过复赛评选出一定数量的优秀作品和团队推荐参加全国总决赛。全国总决赛由竞赛组织委员会委托某些具备承办条件的高校各年轮流承办，全国总决赛的形式和复赛基本相同。经过全国总决赛，评选出特等奖、一等奖、二等奖、三等奖和优秀奖，并对获奖作品和团队进行表彰。此外，省部级大学生科技创新竞赛的组织流程一般分为两个阶段：初赛和决赛。若是高校自主举办的大学生科技创新竞赛，不同高校大学生科技创新竞赛的组织流程也各不相同。

码 6-2-1
“创青春”全国大学生创业大赛章程

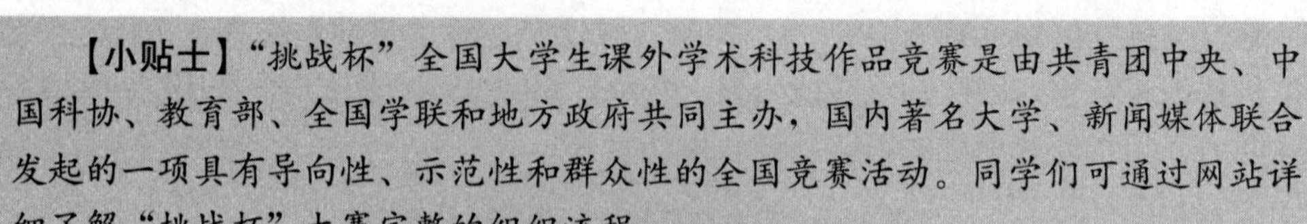

【小贴士】“挑战杯”全国大学生课外学术科技作品竞赛是由共青团中央、中国科协、教育部、全国学联和地方政府共同主办，国内著名大学、新闻媒体联合发起的一项具有导向性、示范性和群众性的全国竞赛活动。同学们可通过网站详细了解“挑战杯”大赛完整的组织流程。

四、大学生科技创新竞赛的参赛技巧

（一）获取比赛的关键信息

参加竞赛，需要我们提前了解、收集的关键信息有哪些呢？经过梳理，以下内容应该重点关注：大赛赛制、作品形式和评分标准、专业要求、近几届比赛获奖作品的信息、时间跨度等。具体到单个比赛上，我们就要权衡哪些信息是关键信息，参赛者要学会抓关键点。例如国际遗传工程机器设计竞赛的重点是科研成果的实际应用，所以此类比赛的参赛者非常关注的一个因素就是比赛的时间跨度，参考比赛给的准备时间来确定自己的参赛项目的难度，要在有限的时间内做出尽可能有价值的作品，因此比赛题目的选择就和时间有很大的关系。在这里时间跨度就是一个很关键的信息。通常竞赛信息的获取渠道有网络、校园宣传、书本等渠道，但在获取信息的同时，我们一定要学会辨别竞赛信息的真伪。主办、承办单位是重要赛事的核心标志，如果遇到有些赛事的主办、承办单位值得商榷或者根本是不存在的，则此类竞赛不要触碰为好。另一方面，有些赛事打着高额奖金的噱头，提出无理由要求，也应核实清楚后再行动。

（二）选择恰当的参赛项目

比赛一般都会有主题，所以我们需要对应项目来参赛。在这里，我们就怎么寻找到合适的参赛项目这个问题提供三个思考的切入点：①自己的兴趣点。只有自己真的对一件事情感兴趣才会愿意投入更多的时间和精力去做，而能否获得比赛的胜利与投入的时间和精力有关，或者说能够在比赛中收获多少是和自己投入的时间成正比的，如果你对自己选择的项目很容易产生厌倦的感觉就很难自觉地投入大量的时间和精力，所以以兴趣为出发点选择项目会让自己有足够的动力。②自己的知识范围。俗话说："没有金刚钻，不揽瓷器活"，我们要选择与自己目的能力和成长空间相关匹配的项目，单纯地靠兴趣来做项目会花费更多的时间来完成。兴趣是动力，那么你具备的完成项目的相关知识就是实力，动力和实力全部具备，那这个项目就是比较适合自己的。③外在因素。比如说，身边是否有参加过相同类型比赛的同学，可以向他们取经，了解哪些项目更能在这种比赛中脱颖而出等。

（三）组建高效团结的项目团队

对组建团队的问题，我们要分情况来讨论。比如，有的有人数的限制或者要求，由规定的举办方自行选拔然后以学校为基础组队等。这些比赛要求影响着团队组建的方法等，在这种情况下，我们要做的就是了解举办方的组队规则，然后以包容和锻炼自己的态度来面对自己可能不熟悉的队友。在由规定的举办方自行选拔，然后以学校为基础组队的情况下，要了解的重要的一点就是一般队员各方面的能力都是经过检验的，不必担心成员素质的问题，努力做好沟通与合作，朝着胜利的目标共同努力是王道。在自主组队的情况下，一般需要根据比赛的需求来进行甄选，专业性要求或者综合类跨学科要求等都要考虑，在相同的能力水平下优先选择熟知的同学，这会大大提高团队的和谐程度。

【拓展阅读】

赛前如何确定选题、组建团队？第三届"互联网＋"大赛金奖项目"编程猫"给我们做出完美的示范。"编程猫"是一家针对少儿编程的在线教育平台，提供图形化模块的在线编程教育课程，学员可以在平台上设计游戏、软件、动画等内容并进行展示和交流，借助 AI 实现规模化一对一教育。"哪怕我们只教了十个小朋友，他的一生也会因此而完全不同"，"编程猫"创始人及 CEO 李天驰以这样的情怀开始了自己与编程猫的故事。2009 年，李天驰进入山东大学，开始在软件学院学习人机交互专业。之后，李天驰进入欧洲创新技术研究院，对图形化编程进行深入研究。2014 年他在 EPA 法国创业大赛中凭一款教育产品获得冠军后，他发觉到图形化编程基础教育的市场前景之广阔。2015 年 3 月，本将在欧洲创新技术研究院毕业的李天驰与合伙人孙悦一起放弃了共 6 个硕士学位，归国创办了“编程猫”，打算做一种能够培养未来创作者的少儿编程教育。2017 年，李天驰入选福布斯中国公布的“30 位 30 岁以下精英”榜单。“编程猫”以自身优质的产品、顶尖的团队，在 2 年间吸引到超过 30 万海内外少儿用户，获得 3 轮总额 1.4 亿投资，并与 1 053 所公立学校、2 所海外学校达成合作，市场份额高达 60%。

（四）聘请高水平竞赛指导教师

一般在大型的比赛中指导教师的作用是非常大的，指导教师可以利用自己的专业水平、实践背景、资源协调能力、团队管理能力等为参赛学生提供实质性指导和建议，因此建议大家寻找指导教师来协助团队完成比赛项目。选择指导教师应重点考虑的因素有如下三点：①专业相关度。专业相关度是非常重要的因素，因为在项目研究的过程中难免会遇到比较难以解决的问题，这个时候就需要指导老师的引导来帮助参赛者突破难点。②时间安排。要找那些有比较充足的课余时间的指导教师，这样反馈的问题能够得到及时回复，同时指导教师会有更多精力关注项目进展。③是否有大赛指导经验。有经验的指导教师能够为参赛者提供技能之外的经验指导，会让参赛者学到更多的比赛技巧以及注意到细节问题，从而让参赛者少走弯路。当然还有其他的，譬如指导教师是否有团队项目研究需要的资源等，这就需要具体问题具体分析了，根据自己团队的需要来寻找指导教师。

（五）准备完整全面的参赛材料

大学生科技创新竞赛的组织形式不断推陈出新，内容覆盖高校开设的大部分学科专业领域，因而各类科技创新竞赛材料也不一而足。我们在参与竞赛时，应根据竞赛具体要求来准备相关材料，一般来说，应包括以下几种类型：①课外学术论文，一般是“挑战杯”等科技创新竞赛的比赛形式，主要是考察学生的学术论文撰写水平；②创业计划书，“创青春”“互联网＋”等创新创业赛事多以此为主要参赛材料；③调研报告，针对项目新产品进行前期市场调研，在科技创新竞赛中多为辅助材料形式；④案例、策划案材料，一般撰写应包括市场分析、营销策略、营销行动计划三个部分。

第三节　大学生创新创业训练计划项目

【导读】自教育部 2010 年发布《关于大力推进高等学校创新创业教育和大学生自主创业工作的意见》以来，全国各地高校相继开展大学生创新创业训练计划项目。截至目前，大学生创新创业训练计划项目已经发展成为直接针对大学本科生个体或团体所设立的覆盖面最广、影响力最大的项目之一，通过学生项目的形式在高校中实施。本节从大学生创新创业训练计划项目的概念出发，通过案例对其类型、开展途径以及意义等方面进行介绍，向大家呈现一个完整而透彻的大学生创新创业训练计划项目。

一、大学生创新创业训练计划的概念

大学生创新创业训练计划项目，是教育主管部门面向本科生立项的项目，也是高校本科教学质量与改革工程的重要组成部分，旨在全面推进大学生创新创业教育，促进高等学校转变教育思想观念，探索并建立以问题和课题为核心的课程教学模式改革，倡导以本科学生为主体的创新性实验改革，调动学生的主动性、积极性和创造性，激励学生的创新思维和创新意识，打造创新文化，增强高校学生的创新能力和在创新基础上的创业能力，培养适应创新型国家建设需要的高水平创新人才。

码 6-3-1 教育部关于做好“本科教学工程”国家级大学生创新创业训练计划实施工作的通知

【拓展阅读】

根据《教育部财政部关于“十二五”期间实施“高等学校本科教学质量与教学改革工程”的意见》（教高［2011］6号）和《教育部关于批准实施“十二五”期间“高等学校本科教学质量与教学改革工程”2012年建设项目的通知》（教高函［2012］2号），教育部决定在“十二五”期间实施国家级大学生创新创业训练计划。旨在通过实施国家级大学生创新创业训练计划，促进高等学校转变教育思想观念，改革人才培养模式，强化创新创业能力训练，增强高校学生的创新能力和在创新基础上的创业能力，培养适应创新型国家建设需要的高水平创新人才。

二、参加大学生创新创业训练计划项目的意义

开展大学生创新创业训练计划项目，对我国高校的教育思想观念以及人才的培养观念的转变有很大的帮助。虽然我国的各方面发展较快，但教育模式却是几千年来几乎没有变化，一直都是老师传授，学生接受的教育模式。由于传统教育模式已经根深蒂固，虽然各大高校目前也在实施自主学习模式，但很多学生难以接受，甚至出现排斥现象。开展大学生创新创业计划项目，能够使学生从被动地获取知识的学习模式转变为主动地汲取知识的科研模式，学生通过实践应用所学知识，并在实践过程中不断发现问题，解决问题，为自己“查缺补漏”。通过写策划、申报、实践、总结等，也能让大学生体验从想到做的过程，更能强化他们的创新思想和创新能力，从而提高大学生的综合素质与能力。

（一）培养学生的创新与创业意识

在参加创新创业训练计划项目的过程中，大学生不轻易妥协于权威，甚至敢于向权威发起挑战，通过自身的实验与实践思考问题、解决问题，突破以往的桎梏，富有创造性地将学习的知识与要解决的问题联系起来，通过极具创新性的巧妙设计将理论知识应用到具体项目中，寻找到合适的解决方案。在此过程中，锻炼了学生思考问题的能力，提高了学生自主设计方案、解决问题的能力，培养了学生的创新意识以及创新基础上的创业能力。

【拓展阅读】

“创新源于生活，科技服务人类”，蔡展标团队制作的大创项目“多功能清洁干燥装置”，就充分体现了科技要服务于生活的理念。“回南天潮湿多雨，人们在地面留下的足迹不容易晾干，整个地面都会很脏”，生活中的一次细心观察，触发了蔡展标和他的团队成员的创新思维。他们想要设计一款多功能清洁干燥装置，来解决回南天地面潮湿所造成的地脏、易滑问题。他们的清洁干燥装置由鞋底清洁主装置和雨伞干燥附加装置两部分组成，配备有新型的吸水减尘装置，不但可以解决阴雨天场地湿滑的情况，还能解决由干燥引发的扬尘烦恼。（案例引自嘉应学院官方认证公众号——嘉应校报）

（二）提高学生的沟通与团队协作能力

大学生创新创业训练计划项目并不是靠一个人的单打独斗就可以轻易完成的，而是需要多人的协作配合。在攻克一个项目的过程中，小组队员间不仅需要按照各自的特点，合理分配任务，完美地解决自己负责区域的相关问题，而且很多时候需要和队友共同讨论，来解决一个整体性的问题。还需与指导教师不断沟通交流项目的进程。在讨论与交流的过程中，灵感与智慧的光芒时常在不经意间闪现，作品的核心创新点与亮点很多时候就是这样出现的。在此过程中，提高了学生团队协作的能力，增强了学生的竞争意识，进一步激发了学生自身巨大的潜力。而当项目做完时，成员们收获的不仅仅是项目本身，还有团结协作的精神和互帮互助，一起攻坚克难的情谊。

【拓展阅读】

“自动导航物料运输车”是大学生创新创业训练计划××项目，该项目对传统物料运输方式进行了创新，实现了如导航、蔽障等多种自动化功能。该项目的负责人郑耿城在接受采访时，认为自己最大的收获是在团队合作上。他说：“我们这个项目主要有两个部分组成——软件和硬件，根据每个人擅长的点来分工，我主要负责软件部分，我队友负责硬件部分。”通过有效的分工合作，团队队员们各司其职，并且能够扬其所长、将工作效率提升到最大化。目前，这个通过团队协作完成的项目已经申请了相关专利。（案例引自嘉应学院官方认证公众号——嘉应校报）

（三）提高学生的学习与钻研能力

在做大学生创新创业训练项目时，会经常有如对项目无从下手、遇到问题却无法解决、找不到问题而又实现不了预期效果等情况出现，免不了要常坐“冷板凳”。而正是在面临着这种考验，绞尽脑汁、身心俱疲地将项目做完后，学生会猛然地发现自己原来可以做到，可以坐得住“冷板凳”，可以凭借努力奋斗去做成一件事。在此过程中，提高了学生钻研问题的能力，提高了学生通过严谨的科学方法解决问题的能力，锻炼了学生的意志，培养了学生愈发坚强的心性，使学生获得了一定的成就感，体会到了学习研究的乐趣，进一步激发了学生对学习的兴趣及热情，也增强了学生的自信心。

【拓展阅读】

“四轴飞行器”是大学生创新创业训练计划××项目。该项目团队通过不断创新改进，能够轻松完成平稳俯仰、横滚和机动自旋等动作。并且飞行器灵敏度更高，响应速度更快，实现了性能上的突破。但其制作过程并非一帆风顺。对飞行器领域的陌生以及理论知识的缺乏使得项目在刚开始时就一直原地打转。但项目负责人廖健林并没有就此放弃。抱着持之以恒的态度和不愿服输的精神，廖健林和他的团队成员们一起，经过了漫长的“硬啃”书本、上网查阅文献、资料和视频的日子，终于啃下了这块“硬骨头”，而当他们再一次着手设计飞行器时，许多问题都迎刃而解，经过这个大创项目的历练，团队成员们收获的不仅仅是项目的研究成果和理论知识，更收获了刻苦钻研、攻坚克难的科研态度。（案例引自嘉应学院官方认证公众号——嘉应校报）

（四）提高学生的综合实践能力

大学生创新创业训练计划项目注重引导学生活学活用，将书本上的知识与实际问题的解决联系起来，以知识原理为基础，巧妙地构建解决问题的模型，设计完善解决问题的方案。在此过程中，培养了学生解决实际问题的能力，锻炼了学生的专业技能，提高了学生的实践能力。一方面通过实践的锻炼、实际问题的考验，增加了学生找工作时的竞争优势。另一方面通过创业训练计划项目的实施，激发了学生的创业激情，很多大学生自此走上了以创新为基础的创业之路。这两方面的影响，使学生的实践能力进一步地提高，并且在一定程度上降低了学生的就业难度，让学生在校园与社会之间完成更平滑的过渡。

【拓展阅读】

“绿色资源回收器”是大学生创新创业训练计划××项目。在环境污染和资源枯竭等危机越发引人关注的形势下，越来越多的同学也将目光投注在了环境保护上，他们有的致力于摸索垃圾废物再利用的“妙招”，有的则运用自己的专业所学，在金属污染清除和工业生产节能减排方面做出了很多有益的尝试。物理专业的纪桂彬谈起自己的绿色资源回收器项目时介绍说，“我们的回收器是利用力学原理，用三个杠杆对垃圾进行有效分类，能将家庭垃圾中的纸质垃圾和塑料垃圾等分离，省去许多人工分类的麻烦。”纪桂彬以所学专业为基础，将课本知识融入到生活中，解决了实际问题。相对于智能垃圾桶的高费用而言，他们依靠力学设计出来的新型垃圾桶，可以有效分类垃圾，而且成本更低，功能更多样化。（案例引自嘉应学院官方认证公众号——嘉应校报）

三、大学生创新创业训练计划的项目分类

（一）创新训练项目

创新训练项目是本科生个人或团队，在导师指导下，自主完成创新性研究项目设计、研究条件准备和项目实施、研究报告撰写、成果（学术）交流等工作。

【拓展阅读】

“基于苗带追踪与变量对靶喷施的多垄智能除草机器人的研制”是大学生创新创业训练计划创新训练项目。该项目来源于项目指导教师东北农业大学权龙哲老师的科研项目，项目团队以权龙哲老师智能除草机器人研制技术为课题基础，拟研制一种具有自主导航及监测田间信息功能的靶向式喷洒除草机器人，实现多系统配合机器人在田间完全自主地进行靶向式喷洒除草作业，以最终达到缓解人力资源短缺的问题。该项目以智能除草机器人研制对传统除草技术以及信息传递方式进行了创新，达到了对大学生进行创新训练的目的。

（二）创业训练项目

创业训练项目是本科生团队在导师指导下，团队中每个学生在项目实施过程中扮演一个或多个具体的角色，通过编制商业计划书、开展可行性研究、模拟企业运行、参加企业实践、撰写创业报告等工作。

【拓展阅读】

“‘为爱’动物救助及认养机构——流浪动物帮扶服务”是大学生创新创业训练计划创业训练项目。项目团队调研发现，街上流浪动物无法得到收容，除造成安全隐患，环境污染等问题外，被动物收容所收容动物也存在巨大的收容超饱和，认养率却很低的问题。而与严峻现状相反的是，国内动物爱好者越来越多，宠物周边行业日益火爆，在国内拥有广阔的市场。项目通过调查问卷形式进行可行性研究，确定流浪动物帮扶服务在国内拥有广阔市场。项目的公益性能得到响应和政府的支持，项目成果可通过利润表进行数据分析来评估，并能实践完成。该项目曾获得“挑战杯”大学生课外学术科技竞赛省级三等奖，校级一等奖，“挑战杯”大学生创业计划竞赛校级一等奖，并被推荐到“创青春”省级竞赛。

（三）创业实践项目

创业实践项目是学生团队在学校导师和企业导师共同指导下，采用前期创新训练项目（或创新性实验）的成果，提出一项具有市场前景的创新性产品或者服务，以此为基础开展创业实践活动。

【拓展阅读】

"东小农原味果蔬"是东北农业大学大学生创新创业训练计划创业实践项目。随着人们生活水平的提高，越来越多的人选择食物时注重的不仅是饱腹和口感，还对食品营养价值有了更高的要求。东北农业大学的本科生张东源由此萌发了研究培育新型果蔬产品的念头，希望让消费者在喧嚣忙碌的城市中品味到果蔬的原始味道，绿色的乡土气息。并于 2015 年 9 月组建东小农原味果蔬创业团队。通过学校导师和企业导师的共同指导，提出了如草莓番茄、千禧番茄、礼品西瓜等园艺新鲜果蔬类创新型产品，同时开发多种异境花卉及新奇特保健蔬菜。依托东北农业大学园艺实验站丰富的设施及科研产品资源，充分利用其优越的地理位置，以校园为基点，辐射周边学校、社区、饭店，并逐步向全市拓展。公司法人代表张东源被评为"黑龙江省教育厅大学生创业典型"，并成立东农忆源果蔬科技开发有限公司，入住东北农业大学"SIPT 创客空间"。

【拓展阅读】

你知道大创项目不同分类的区别与联系吗？大学生创新创业训练计划项目的三个分类都是以创新为基础的训练项目，其中创业训练项目与创业实践项目也是基于创新条件下的创业，其目的都是为了提升在校本科生的创新创业能力。但不同的分类又各有侧重：创新训练项目立足于创新成果，对某项技术或某种社会现象提出新的创意与想法；创业训练项目是对创业的探索与模拟，通过调研等方式，提出在某个创业方面的新思考；而创业实践项目是切实开展创业活动，往往伴随着注册企业、成立公司等一系列创业活动。

四、大学生创新创业训练计划项目申报条件及流程

（一）申报条件

大学生创新创业训练计划项目面向本科生申报，原则上要求项目负责人在毕业前完成项目。创业实践项目负责人毕业后可根据情况更换负责人，或是在能继续履行项目负责人职责的情况下，以大学生自主创业者的身份继续担任项目负责人。创业实践项目结束时，要按照有关法律法规和政策妥善处理各项事务。各高校要根据学校自身实际情况，适当安排创新训练项目和创业训练项目的比例，并要设立一定数量的创业实践项目。

（二）申报流程

大学生创新创业项目按照级别，分为国家级大学生创新创业训练计划项目、省级大学生创新创业训练计划项目和校级大学生创新创业训练计划项目。原则上国家级项目要在省级项目的基础上，通过评审推荐择优产生；省级项目要在校级项目的基础上，通过评审推荐择优产生。下面，以东北农业大学大学生创新创业训练计划申报流程为例，阐释说明大学生创新创业训练计划项目的申报流程（图 6－1）。

码 6-3-2
东北农业大学大学生创新创业训练计划项目管理办法

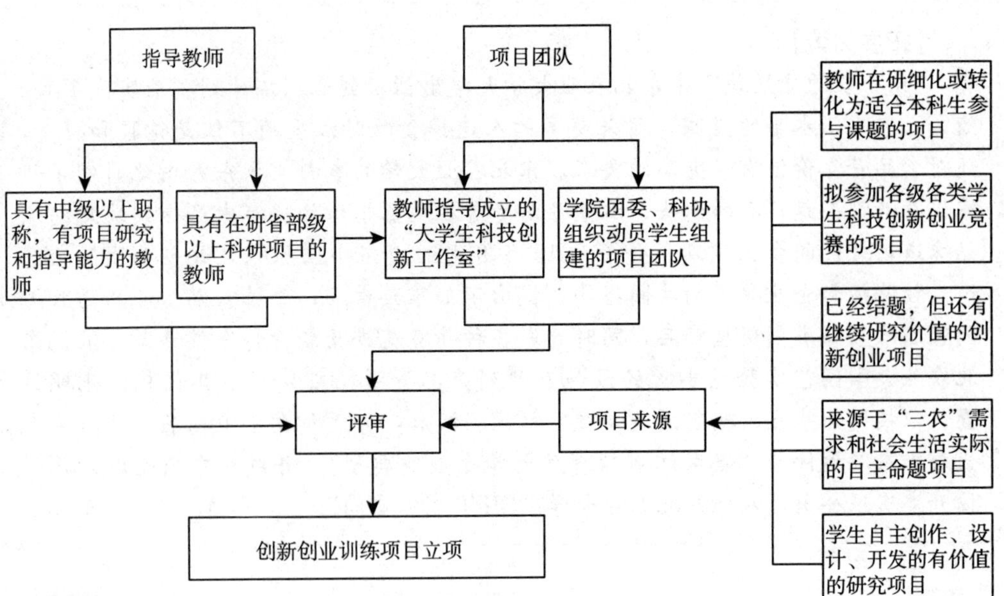

图 6-1　东北农业大学大学生创新创业训练计划项目申报流程图

1. 申报通知发布阶段　东北农业大学大学生创新创业训练计划项目立项申报每年组织一次，具体时间根据黑龙江省教育厅下发通知的日程而定。学校面向全校本科生开展项目申报宣传工作，项目申报通知以正式通知下发到学校各学院，同时将项目申报通知学校校园网发布。

2. 学生自主申报阶段　符合项目申报条件的个人或团队（不超过 5 人），依托学校教师科研课题、拟参加各类大学生科技创新创业竞赛项目、参与社会实践调研活动项目等，根据申报项目类别，撰写项目申报书，并联系指导教师帮助修订完善项目申报书，将项目申报书上报项目团队负责人所在学院。

3. 学院评审阶段　学院组织相关领域专家，根据项目的实施目的、意义，项目研究内容和拟解决的关键问题，项目实施与研究的基本条件，项目实施方案等内容对申报项目进行评审，择优推荐优秀项目参评校级项目评审。

4. 学校评审阶段　学校汇总各学院推荐的项目，根据项目的申报类别和项目所属学科领域，划分多个评审小组，分类别组织相关领域专家对项目进行评审，最终确定校级大学生创新创业训练计划项目立项项目。同时，根据上级部门文件要求，择优推荐校级项目参加省级大学生创新创业训练计划评审。

五、大学生创新创业训练计划项目中期考核和结题验收

（一）中期考核

大学生创新创业训练计划项目中期考核主要考察项目的研究进展情况、已取得的阶段性成果、下阶段工作计划、研究支出情况以及尚待解决的问题等内容。阶段性成果主要包括：调研报告、撰写论文、专利发明、竞赛获奖、成果转化情况等。各高校的中期考核的内容和标准各不相同，下面，以东北农业大学大学生创新创业训练计划项目中期考核为例：项目中期考核推荐级别分为 A 类（校级重点项目）、B 类（校级

一般项目)、C类(不予推荐),其中A类(校级重点项目)有资格申请省级及以上项目,学校将在有意愿申报省级及以上项目的A类项目中进行复评,根据复评结果择优推荐参评当年省级、国家级大学生创新创业训练计划项目遴选。一般A类(校级重点项目)推荐不超过当年项目的总数40%,B类(校级一般项目)推荐不超过当年项目的总数55%,其余为不予推荐项目。

【拓展阅读】

东北农业大学大学生创新创业训练计划项目的评定标准

A类(校级重点项目)需要达到以下条件之一:①以项目为依托,项目负责人或项目组成员已完成与项目研究相关的论文(含未发表)、创业计划书或调研报告;②项目团队成员已申报国家发明专利(含实用新型、软件著作权);③项目团队成员依托研究项目,参与校级或以上竞赛并获奖;④能够提供项目已经开展,且取得阶段性成果的其他支撑材料。B类(校级一般项目)需要达到以下条件:①项目成员结构合理,无大变动,可保证项目研究需要;②项目已开展且进行顺利,取得了阶段性预期成果;③项目研究存在问题,但经专家指导,找到解决方案,有继续研究的潜力和价值。C类(不予推荐项目)认定标准为:项目无明显进展或无法保证项目继续的其他情况,不予推荐。

(二)结题验收

大学生创新创业训练计划项目的结题验收内容主要包括:项目开展情况、项目研究过程、项目取得成果、项目经费使用情况、存在的问题和解决办法、项目收获与体会等六方面。一般结题验收范围是当年获批立项的国家级、省级、校级大学生创新创业训练项目,以及上一年度验收时申请延期结题的国家级、省级、校级大学生创新创业训练项目。

1. 结题验收方式 结题验收工作采用学院验收和学校复审两种方式进行,项目验收结论评定为优秀、良好、合格、不合格四个等级。国家级、省级项目由学校统一组织校内外专家进行盲评,对项目结题报告和项目成果进行验收。校级项目由各学院组织专家根据项目结题报告和项目成果进行结题验收,参加验收专家不少于3人。校级项目(包括校级重点项目和一般项目)验收中,"优秀"比例原则上不超过项目总数30%;"良好"比例原则上不超过项目总数40%;"不合格"比例占项目总数5%~10%。

2. 结题验收材料 国家级、省级大学生创新创业训练项目需提交《黑龙江省大学生创新创业训练计划项目结题验收书》、项目结题报告书或创业计划书。各学院需对验收项目成果进行统计汇总,填写《黑龙江省大学生创新创业训练计划项目成果统计表》,同时将项目研究成果相关佐证材料附后。国家级、省级原则上不能延期,对于个别原因未能完成研究计划的项目,需填写《黑龙江省大学生创新创业训练计划项目延期申请书》,并详细说明延期原因。无故未完成项目或未申请延期结题的项目团队,视为自动终止项目。

校级项目需提交校级结题验收书、项目结题报告书或创业计划书。各学院需对验收项目成果进行统计汇总,填写校级项目成果汇总表,同时将项目研究成果相关佐证材料附于后侧。对于个别原因未能完成研究计划的项目，需填写校级项目延期结题申请表，并详细说明延期原因。无故未完成项目或未申请延期结题的项目团队，视为自动终止项目。评审结束后，填写校级项目验收结果汇总表，其中国家级、省级项目只需填写教工号，校级项目需填写教工号、验收结果两项信息。

码 6-3-3
黑龙江省大学生创新创业训练计划项目结题验收书

第四节　发明与实用新型专利申请

【导读】专利是受法律规范保护的发明创造，一般是由政府机关或者代表若干国家的区域性组织根据申请而颁发的一种文件，这种文件记载了发明创造的内容，并且在一定时期内产生这样一种法律状态，即获得专利的发明创造在一般情况下他人只有经专利权人许可才能予以实施。在我国，专利分为发明、实用新型和外观设计三种类型。本节主要带领大家了解发明与实用新型专利的相关知识和申请流程。

一、发明与实用新型专利的概念

（一）发明专利

发明专利并不要求它是经过实践证明可以直接应用于工业生产的技术成果，它可以是一项解决技术问题的方案或是一种构思，具有在工业上应用的可能性，但这也不能将这种技术方案或构思与单纯地提出课题、设想相混同，因单纯的课题、设想不具备工业上应用的可能性。《中华人民共和国专利法》（以下简称《专利法》）第二条第二款对发明的定义是："发明是指对产品、方法或者其改进所提出的新的技术方案。"

（二）实用新型专利

码 6-4-1
中华人民共和国专利法（2008 年修正）

同发明一样，实用新型专利也是一个技术方案。但实用新型专利保护的范围较窄，它只保护有一定形状或结构的新产品，不保护方法以及没有固定形状的物质。实用新型的技术方案更注重实用性，其技术水平较发明而言，要低一些，多数国家实用新型专利保护的都是比较简单的、改进性的技术发明，可以称为"小发明"。我国《专利法》第二条第三款对实用新型的定义是："实用新型是指对产品的形状、构造或者其结合所提出的适于实用的新的技术方案。"

【导读】在实际操作实务中，很多同学对发明专利和实用新型专利区分不开，一个产品、一个方法，甚至一个图形，应该申报发明还是申报实用新型？或者两者都可以申请？下面就为大家简单举一个小例子。例如，有一个项目叫"一种双极性无线充电线圈"，这个项目公开了一种双极性无线充电线圈，属于无线电能传输技术领域。该无线充电线圈包括对称的发射端和接收端两部分。发射端，包括发射线圈层、发射端支撑层、发射端磁介质层和发射端磁屏蔽层。接收端，包括接收线圈层、接收端支撑层、接收端磁介质层和接收端磁屏蔽层。本线圈用于无线充电时，发射端和接收端的磁场耦合程度较高，发射线圈和接收线圈品质因数较低，提高了电能传输的效率，适用于大功率无线充电，同时该线圈结构可以减少对周围环境产生的磁场辐射。由于本项目符合"对产品的形状、构造或者其结合所提出的适于实用的新的技术方案"的定义，所以它属于实用新型专利。

二、申请发明与实用新型专利的主要途径

大学生在校除了正常的学习之外，还可能参加许多其他的科技活动。如对个人感兴趣的某课题进行思索和研究，参加教师的科研项目，在教师的指导下立项，学校或者学生所在院系给予立项资助进行科学研究等。归纳起来，大学生创造发明与实用新型专利创造的途径主要有五类：①利用所学知识独自做出的发明创造；②在实验过程中作出的与所学专业和实验内容有关的发明创造；③在毕业设计（论文）研究的过程中作出的发明创造；④已申请立项的大学生科研过程中作出的发明创造；⑤大学生参加指导教师的科研项目。

【拓展阅读】

大学生申请专利带来的好处：①持有3项发明专利或实用新型专利的个人，就可以申请加入中国发明家协会，成为发明家。②持有专利的大学生，即可以完成在校的创新学分，又可以为考研、找工作等增添砝码。③持有发明专利证书，对想出国留学的人来说，属于有创新成果，等于是为出国留学加分。同等的学习成绩，可以申请到更好的学校。

三、申请发明和实用新型专利的基本条件和所需材料

（一）申请专利的基本条件

申请发明专利和实用新型专利应当具备新颖性、创造性、实用性。其中：新颖性是指在申请日以前没有同样的发明或者实用新型在国内外出版物上公开发表过、在国内公开使用过或者以其他方式为公众所知，也没有同样的发明（实用新型）由他人向国务院专利行政部门提出过申请并且记载在申请日以后公布的专利申请文件中；创造性是指同申请日以前已有的技术相比，该发明（实用新型）有突出的实质性特点和显著的进步；实用性是指该发明（实用新型）能够制造或者使用，并且能够产生积极效果。

【扩展阅读】

申请专利的发明创造在申请日以前六个月，有下列情形之一不丧失新颖性：①在中国政府主办或者承认的国家展览会上首次展出；②在规定的学术会议或者技术会议上首次展出的；③他人未经申请人同意而泄露其内容的。对下列各项，不授予专利权：①科学发现；②智力活动的规则和方法；③疾病的诊断和治疗方法；④动物和植物品种；⑤用原子核变换方法获得的物质。

（二）申请专利所需材料

申请发明专利的申请文件应当包括：发明专利请求书、说明书摘要（必要时应当

提交摘要附图)、权利要求书、说明书(必要时应当提交说明书附图)。涉及氨基酸或者核苷酸序列的发明专利申请,说明书中应当包括该序列表,把该序列表作为说明书的一个单独部分提交,并单独编写页码,同时还应提交符合国家知识产权专利局(以下简称"专利局")规定的记载有该序列表的光盘或软盘。依赖遗传资源完成的发明创造申请专利的,申请人应当在请求书中对遗传资源的来源予以说明,并填写遗传资源来源披露登记表,写明该遗传资源的直接来源和原始来源。申请人无法说明原始来源的,应当陈述理由。

码 6-4-2
与专利申请
的相关文件

申请实用新型专利的申请文件应当包括:实用新型专利请求书、说明书摘要及其摘要附图、权利要求书、说明书、说明书附图。

四、专利申请和审查流程

依据专利法,发明专利申请的审批程序包括受理、初审、公布、实审以及授权五个阶段。实用新型或者外观设计专利申请在审批中不进行早期公布和实质审查,只有受理、初审和授权三个阶段。发明,以及实用新型和外观设计专利的申请和审查流程图(图 6-2)如下:

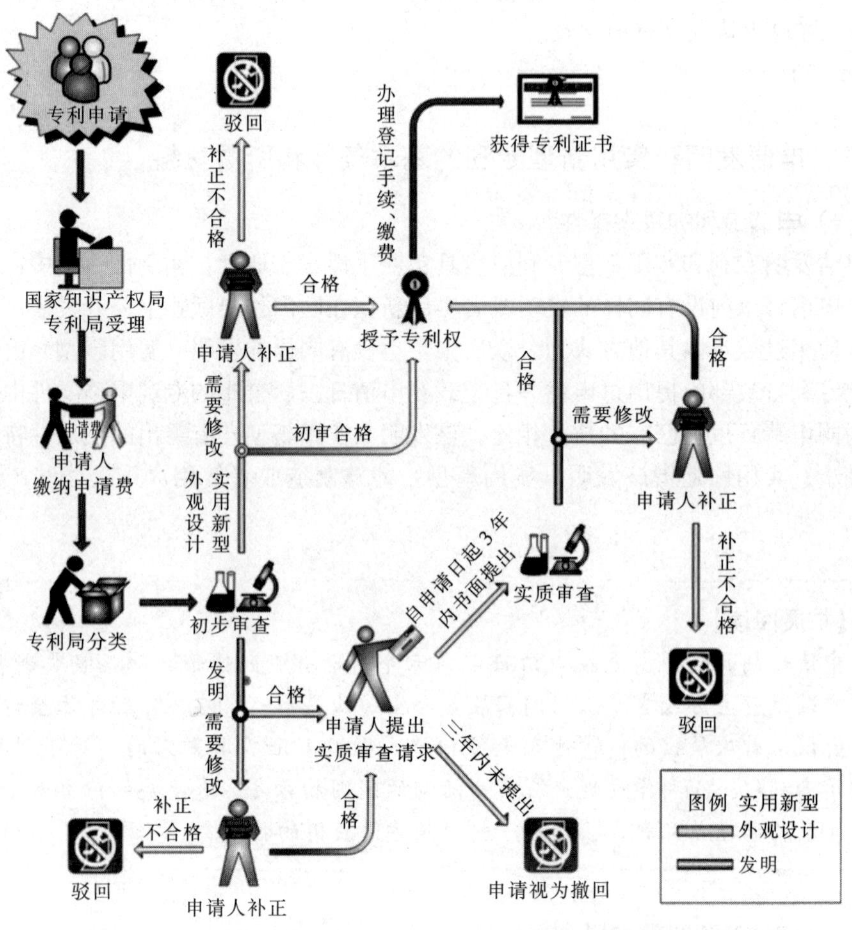

图 6-2 发明以及实用新型和外观设计专利的申请和审查流程图

【拓展阅读】

获得了专利证书就等于获得了有效的专利权吗？专利证书即使获得了，也不代表真正拥有专利权，这一点很多人容易忽略。由于对实用新型和外观设计专利不进行实质审查，即使在申请之前已经有人就相同的技术方案申请过相同的专利，该申请仍可能会被批准，也就是说能获得证书。如果没有人提出异议，你的专利权会维持下去。一旦有人对你的专利提出无效宣告，那么你的专利就可能会被无效，失去专利权。即便是发明专利，虽然国家知识产权局对它进行过实质审查，但谁也不能保证发明专利审查部门对世界范围内所有相关的文献资料都检索过，也存在被无效的风险。因此，获得了专利证书，并不代表你的专利是真正有效的专利，只是代表国家知识产权行政机关对该专利申请的批准。只有在你的专利有效期内没有人对你的专利提出无效宣告或者有人提出无效宣告但复审委员会经过复审后维持了你的专利权，此时你的专利才是真正有效的专利。因此，获得了专利证书也不能高枕无忧，特别是在后续还需要注意缴纳年费，维持有效。专利不同于商标，每年需要缴纳年费，如果错过了期限，就会导致专利失效。

五、专利的申请时间及相关费用

（一）申请时间

申请发明专利，除了一些需要保密的发明专利外，一般的发明专利需要经过受理、初审、公布、实审和授权公告这些阶段，一般情况下，自受理起 18 个月会进行公布，然后进行实审阶段，一般情况 3 年左右才能获得授权，但不排除更长的时间。为了加快获得专利权的期限，可以申请提前公开，这样在初审合格后，即进行公布，然后进入实审阶段，这样可以加快授权进度。另外，有些特殊情况，例如《专利优先审查管理办法》中规定的几种情形，可以进行加快审查的请求。对于申请实用新型专利而言，需要经过受理、初审和授权公告阶段，由于不需要进行实质审查，因此，实用新型获得授权的时间较短，一般为 6～10 个月。

【拓展阅读】

申请专利要及时，主要目的在于：①通过法定程序确定发明创造的权利归属关系，从而有效保护发明创造成果，独占市场，以此换取最大的经济利益，及时申请专利就是要防止其发明创造成果被他人随意使用，丧失其应有的价值。②及时申请专利是为了在市场竞争中争取主动，防止竞争对手将相同的发明创造申请专利，从而确保自身产品生产与销售的安全可靠性。

（二）相关费用

根据发明与实用新型专利申请的实际情况，一般会涉及的相关费用包括：申请费、发明专利申请实质审查费、复审费、著录事项变更费、恢复权利请求费、延长期限请求费、专利登记费、年费等费用。各项费用的缴纳时间如下：

（1）申请费：申请费的缴纳期限是自申请日起算两个月内或在收到受理通知书之日起15日内。与申请费同时缴纳的费用还包括公布印刷费、申请附加费，要求优先权的，应同时缴纳优先权要求费。

（2）发明专利申请实质审查费：实质审查费的缴纳期限是自申请日（有优先权要求的，自最早的优先权日）起三年内。

（3）复审费：复审费的缴纳期限是自申请人收到专利局作出驳回申请决定之日起三个月内。

（4）著录事项变更费等：著录事项变更费、专利权评价报告请求费、无效宣告请求费的缴纳期限是自提出相应请求之日起一个月内。

（5）恢复权利请求费：该项费用的缴纳期限是自当事人收到专利局发出的确认权利丧失通知之日起两个月内。

（6）延长期限请求费：申请人对专利局指定的期限请求延长的，应在原期限届满日之前提交延长期限请求书，并缴纳费用。

（7）专利登记费、授权当年的年费、公告印刷费、印花税：上述费用的缴纳期限是自申请人收到专利局做出的授予专利权通知书之日起两个月内。

（8）年费：授予专利权当年的年费，应当在专利局发出的办理登记手续通知书中指定的期限内缴纳，以后的年费应当在上一年度期满前缴纳。缴费期限届满日是申请日在该年的相应日。

【拓展阅读】

国家和高校对大学生申请专利有很多优惠政策：①申请费、审查费和前三年的专利年费可以享受85%的费用减免，只缴纳15%。②各地区政府一般都有鼓励本地专利申请的资助政策，资助的金额各地不等：发明专利资助2 000～5 000元，实用新型专利或外观设计专利可以资助1 000～2 000元。资助需要办理申请手续，出具专利受理通知书或专利证书及发票等。

第五节　科技论文写作

【导读】科技论文是在科学实验和科学研究的基础上，对科学领域的某些现象，或者是某些问题，进行科学的分析和阐述，揭示这种现象的本质及其规律的学术论文。本节向同学们介绍了科技论文的相关知识，包括科技论文的概念、分类、格式等内容，着重叙述了如何撰写科技论文。从初学者的角度，帮助大家尽快熟悉科技论文的写作，提升自身技能。

一、科技论文的概述

科技论文是记载原始科研结果而写成的科学记录。科技论文在情报学中又称为原始论文或一次文献，它是科学技术人员或其他研究人员在科学实验（或试验）的基础上，对自然科学、工程技术科学，以及人文艺术研究领域的现象（或问题）进行科学分析、综合研究和阐述，进一步的进行一些现象和问题的研究，总结和创新另外一些结果和结论，并按照各个科技期刊的要求进行电子和书面的表达。科技论文是学术论文中的一类，是自然科学学术论文的总称。

【拓展阅读】

20世纪七八十年代，在欧美等发达国家的高等学校，开始开设“Writing Research Papers”（研究论文写作）之类的课程，并出版相应教材，深受师生欢迎，效果良好。我国著名物理学家严济慈教授说：“在理工科大学开设科技写作课，对于提高学生的科技写作能力，培养高质量的科技人才是十分重要的。”这是因为，科技论文写作是科技工作的组成部分，是科学研究的必要手段，是科技成果的重要标志，是科技交流的理想工具。自20世纪末开始，我国很多高等院校的理、工、农、医、军工、国防等各类专业都先后开设科技论文写作课程，从而改变了科技论文写作的有关知识与要领均需要自己去摸索的局面。

二、科技论文的特点和分类

（一）科技论文的特点

1. 创造性 创造性是科技论文区别于一般科技文体作品的重要特征。一般科技文体，如科技报告、科技综述、科技教科书、科普作品等，是传授或传播科技知识的，只要结构合理，阐述清楚，使人易于接受，有没有创造性的内容并不重要；科技论文是为了交流学术研究新成就，发表新理论、新设想、探索新方法、新定理而写的，没有新的创见就不称其为科学文化。衡量科技论文价值的根本标准就在于它的创造性。

2. 科学性 所谓科学性就是要求论文的论述确切、言而有据。论文的内容必须客观、真实，定性和定量准确，不允许丝毫虚假，要经得起他人的重复和实践检验；论文的表达形式也要具有科学性，论述应清楚明白，不能模棱两可，语言准确、规范。科学性是科技论文的生命。如果论文失去了科学性，不管文笔多么流畅，辞藻多么华丽，都毫无意义，只能是浪费人力和时间。科技论文必须具备科学性，这是由科学研究的任务所决定的。

3. 学术性 所谓学术性，更多地强调作者的观点、见解、主张、学识。学术性是科技论文的主要特征，它以学术成果为表述对象，以学术见解为论文核心，在科学实验（或试验）的前提下阐述学术成果和学术见解，揭示事物发展、变化的客观规律，探索科技领域中的客观真理，推动科学技术的发展。

4. 实践性 科技论文既要对客观事物的外部直接形态进行陈述，又要对事物进行抽象而概括的叙述或论证，也要对事物发展的内在本质和发展变化规律进行论述。所以，论文中的客观事物不像记叙文中那样完整、具体、形象，而是按照思维的认识规律被解剖、抽象地反映。它致力于表现事物的发生、发展和变化规律，表述自己对这些规律的认识。除此之外，科技论文的实践性还表现在它的可操作性和重复实践检验上。正是科技论文的这一特点，才衬托出科技论文的重大价值和论文的珍贵。

【拓展阅读】

科技论文除上述四大特点之外，也有人提出科技论文还存在一些其他的特点，如科技论文的可读性、逻辑性、简洁性。所谓可读性即文字通顺，结构清晰，所用词汇具有专业性，而且是最易懂，最有表达力的字眼，使读者用较少的脑力和时间理解所表达的观点和结构，并留下深刻的印象。论文的逻辑性是指论题、论点、论据、论证之间的联系一环扣一环，循序撰写，并做到资料完整，设计合理，避免牵强互惠，虎头蛇尾，空洞无物。科技论文要求简洁，这不同于一般通俗读物，需要注意修辞和华丽的辞藻，而要求行文严谨，重点突出。文字语言规范；尽量用简洁的文字说明要阐述的问题，使读者用较短的时间获得更多的信息。否则，后三者属于科技论文写作技巧方面应注意的事项。

（二）科技论文的分类

科技论文是科学技术研究成果的书面表达形式，是科学技术的真实描述和客观存在的自然现象及其规律的反映，具有科学性、学术性和创新性。根据论文写作目的的不同，可以将科技论文分为研究报告和学位论文两大类。

1. 研究报告 研究报告是科技论文中最常见的一类，是指各学科领域中专业人员或非专业人员科研成果的文字记载。这类论文刊载在专门的学术刊物上，有针对性地阐明问题：总结前人科学研究成果，提出个人的创新见解，以促进科学事业的发展，是写作此类学术论文的根本目的。这类论文一般要求写得简练、概括，突出对有创见性的观点的论述，按照研究报告的写作目的及其内容特征来看，又可以把这类论文细分为以下三类：

（1）学术性论文。指专业技术领域里的专门人员（包括从事各类学科的专门研究人员、教学人员和生产第一线的科技人员）提供给学术性期刊发表或向学术会议提交的论文，它以报道学术研究成果为主要内容。学术性论文反映了该学科领域最新的、最前沿的科学技术水平和发展动向，对科学技术事业的发展起着重要的推动作用。这类论文应具有新的观点、新的分析方法和新的数据和结论，并具有科学性。从一个单位、部门、民族、国家发表的学术论文的数量与质量，可以看出其科学技术已经达到的水平。

【拓展阅读】

学术性论文对科学和社会进步产生划时代的重大意义的案例并不少见。以俄国化学家门捷列夫为例，他对世界的最大贡献是发现了化学元素周期律。他对当时已经发现的全部 63 种化学元素进行排列并思考和研究后，于 1869 年 2 月发表了《元素的属性与原子量的关系》的论文，在此基础上他预言了 4 种尚未被发现元素的存在；1871 年门捷列夫又发表了《化学元素周期性的依赖关系》的论文。

元素周期律的发现在化学发展史上是一个重要的里程碑，它把几百年来关于各种元素的大量知识系统化起来，形成一个有内在联系的统一体系，进而使之上升为理论，这足以说明学术性论文的价值和意义了。

（2）技术性论文。技术性论文是相对于学术性论文而言的以描述操作性实践技术为主的科技论文的总称，如工程技术人员为报道工程技术研究成果而提交的论文，这种研究成果主要是应用国内外已有的理论来进行设计、实施的操作技术和要领，实施工艺、设备、材料等具体技术问题而取得的完整记录。技术性论文对技术进步和提高生产力起着直接的推动作用。这类论文应具有技术的创造性、先进性、实用性和科学性，是广大科技工作者最喜欢借鉴的一类科技读物。

【拓展阅读】

目前，3D打印机快速成型技术受到了越来越多人的认可和使用，这种新技术能够方便地实现传统工艺很难实现的，如内雕工艺品、免组装结构件以及生物，以及临床医学上使用的人工耳软骨支架等传统制造业无法实现的加工技术。而在实际使用这种技术时需要以丰富的实践经验加以指导。那么，各种有关3D打印方面的技术性论文则是有着重要的参考价值的材料。由此可知，技术性论文与学术性论文一样，同样是现代科技宝库中的重要组成部分，二者不能简单地比较得出何者更突出或更优秀，如果一定要加以比较的话，则需要按照其选题、创新性、实用性和推广前景等要素来加以分析才能得出合理的结论。

（3）综述性论文。这类论文应综合介绍、分析、评述该学科（专业）领域里国内外的研究新成果、发展新趋势，并表明作者自己的观点，做出学科发展预测，提出比较中肯的建设性意见和建议。它与一般科技论文的主要区别在于综述型文章不要求在研究内容上的创新性，但一篇好的综述性文章也常常包括有某些先前未曾发表过的新资料或新思想，它要求撰稿人的写法通常分两类：一类以汇集文献资料为主，辅以注释，非常客观，少加评述；另一类则提出合乎逻辑的具有启发性的评价与建议。综述型的论文撰写要求比较高，具有权威性，一般具有一定学术水平的学科带头人才能写出高水平的综述型学术论文，此类论文往往对所讨论的专题或对学科的进一步发展起到引导作用。

2. 学位论文 顾名思义，学位论文是为了取得学位而撰写的论文。“学位论文是表明作者从事科学研究取得创造性结果或有了新的见解，并以此为内容撰写而成，作为提出申请授予相应的学位时评审用的学术论文。”这是国家标准局在《科学技术报告、学位论文和学术论文的编写格式》（1987年）中所做出的申述。学位论文是考核毕业生能否被授予学位的重要方面。学位申请者必须通过规定的课程考试和论文审查、答辩，合格后才能被授予学位。在论文中，对不同学位申请者有不同的要求。比如，学士论文要求对研究的课题有一定的心得，能从论文的写作中反映出作者有从事科学研究的初步能力；硕士学位论文要求对所研究的课题有新的见解，能从论文上反映出作者有独立从事科学研究的能力；博士学位论文要求对科学或专门技术做出创造性的成果，能从论文的写作中反映出作者有渊博的理论知识和相当熟练的科学研究能力。目前，我国学位分为三类，分别是学士论文、硕士论文和博士论文。

【拓展阅读】

学士论文、硕士论文和博士论文有什么区别？学士论文应反映出作者具有专门的知识和技能，具有从事科技研究或担负专门技术工作的初步能力，论文一般只涉及不太复杂的课题，论述的范围较窄，深度也较浅。硕士论文指硕士研究生申请硕士学位要提交的论文，是在导师指导下完成的，但必须具有一定程度的创新性，强调作者的独立思考作用。博士论文指申请博士学位要提交的论文，它可以是1篇论文，亦可以是相互关联的若干篇的总和，博士论文应反映出作者具有坚实、广博的基础理论知识和系统、深入的专门知识，具有独立从事科学技术研究工作的能力，应反映出该科学技术领域最前沿的独创性成果。

三、科技论文的构成和写作要求

对于学位论文而言，特别是博士论文或硕士论文，必须按照国家规定的统一规范进行。但是，对于一般的科技论文来说，特别是一些研究报告，其内容比较单一、篇幅又比较小、阐述层次较清晰，在大多数情况下并不需要列多张图示，也不必要增列附录等。对于通常的研究成果或报告，即一般性的科技论文，其构成部分占比篇幅庞大、形式规范的学位论文少，但一般需有以下几项构成：标题、作者、单位、摘要、关键词、引言、证明或实验步骤、结果和讨论、结论、附录、致谢、参考文献和注释。下面简要地介绍一下科技论文各部分的写作要求。

（一）标题和署名

标题又称题目。题目就是眼睛，有牵动全文主旨的作用。每篇论文首先映入读者眼帘的，总是该论文的标题。人们从文摘、索引或题录等情报资料中，最先找到的也是论文的标题。通常浏览论文，也总是首先以标题作为最主要的判断来决定是否有阅读的必要。因此，标题是一篇论文的缩影与提示。好的标题，能使读者透过标题而窥视论文的全貌，从而引人入胜地激发读者的注意和兴趣，使得在看了标题后便欲罢不休，进而阅读全文。

署名是作者对论文拥有版权或发明权的一个声明，也是反应文责自负的一种精神。关于论文中谁应署名和署名的顺序要谨慎对待，凡在个人研究成果基础上撰写的论文，可单独一人署名；凡在集体研究成果基础上撰写的论文，应多人共同署名。署名者应该是直接参加全部或主要工作、做出主要贡献、能对论文负责的人，并按实际贡献大小排列名次。对课题的拟定及任务承接者，提出研究设想并指导科技研究工作的人、科技项目的负责人、主要工作承担者、关键问题解决者、全部工作直接参加者，都应署名。对于只按研究计划参加过部分具体工作、对全面工作缺乏了解的某一实验的参加者，只接受某项测试或常规分析工作的人，不应署名，但应在附注中明确他们的贡献和责任，或写入致谢中。

【拓展阅读】

2018 年 4 月 24 日，中科院科研道德委员会发布了《关于在学术论文署名中常见问题或错误的诚信提醒》（以下简称《诚信提醒》），以提醒的方式告诫全院科研工作者应注意的 10 个问题。在署名问题上，《诚信提醒》指出容易出现错误的是：论文署名不完整或者夹带署名。不能坚持对参与科研实践过程并作出实质性贡献的学者进行署名的原则，而是进行荣誉性、馈赠性和利益交换性署名；论文署名排序不当。没有体现作者对论文贡献程度，不是由论文作者共同确定署名顺序；第一作者或通讯作者数量过多；冒用作者署名。在学者不知情的情况下，冒用其姓名作为署名作者。应在论文发表前应让每一位作者知情同意，并认可论文的基本学术观点。《诚信提醒》最后指出，在论文发表后，如果发现文章的缺陷或相关研究过程中有违背科研规范的行为，作者应主动声明更正或要求撤回稿件。

（二）摘要和关键词

摘要也称内容提要，是科技论文的组成部分。它是对论文内容的概括性陈述。摘要介绍论文的主要信息，以使读者对论文内容有个概括了解。另外，摘要又可满足编制二次文献工作的需要，供编制文摘刊物时引用。摘要虽居于论文首部，但在写作上却是在论文完稿后才写的。摘要内容包括：研究目的、研究对象、研究方法、研究结果、所得结论、结论的适应范围 6 项内容。其中，研究的对象与结果是每篇摘要必不可缺的内容，可按论文的具体内容灵活运用。但不应列举例证，不要采用图、表、化学结构式、表达式等非文字性资料，也不自作评价。摘要的内容是标题的扩充，是全文的高度概括。摘要的字数主要取决于文章本身的内容，文章信息价值大、主题新、篇幅长，摘要字数可多一些，反之则可少些。对信息量不大的一般性科技论文，摘要字数可在正文字数的 3%～5%之间。假如一篇 6 000 字的论文，摘要以 200～300 字为宜出。

所谓关键词，是指从论文的题目、正文和摘要中抽选出来，能提示（或表达）论文主题内容特征，具有实质意义和未经规范处理的自然语言词汇。关键词亦称说明词或索引术语，主要用于编制索引或帮助读者检索文献，也用于计算机情报检索和其他二次文献检索。关键词的词汇可以是名词、动词或词组。一般来说关键词法不需要编制规范化的词表，对每个关键词没有统一的规范。但在实际使用过程中，对选择关键词已形成了一定的规范化要求。即所选择的关键词包括两部分：一部分为主题词表上所选用的主题词；另一部分为主题词表上未选入而随着科技飞速发展所出现的一类词，这类词称为补充词或自由词。当然，关键词也可抽选论文讲到的而标题未提及的词汇。另外，抽选关键词应排除那些概念不精确的词汇，诸如“先进的”“现代的”“微型的”“精密的”等。

【拓展阅读】

国家标准局颁布了一系列有关学术论文的国家标准，如：《文献主题标引规则 GB 3860—83》《科学学术报告、学位论文和学术论文的编写格式 GB 3860—87》《科学技术期刊编排格式 GB/T 3179—92》等，对关键词及其使用做了详细的规定。

（三）正文和结论

正文是论文的主体部分。科技论文所要表述的创新成果，无论是理论研究获得的新理论、新进展，还是通过科学实验得到的新发明、新产品、新方法、新技术，还是借助于推理、观察、比较、解剖、验证和实验证明得出的新结论、新发现，有关应用这些材料写成的科技论文，都将在论文正文部分加以介绍、论述。因此，科技论文与其他文体的文章有所不同。在文学作品中，可把与正文内容不相关的引言、序幕等作为开场白，也可以正文结束后的尾声等作为了结；而在科技论文中，无论是前言、导言或是对正文全部内容所作的小结、总结、结论、结语等，都属于论文正文的组成部分。正因为如此，科技论文正文的撰写要求更高，写作技巧更讲究、更严格。撰写这部分，首先是要合乎逻辑，顺理成章；其次是注意用词，用准确、鲜明、生动的词句表达出来，简明精炼，通顺易读。学术论文切忌概念不明确，判断不恰当，推理不合逻辑，词语不通顺。

结论本应该是论文正文的组成部分，但由于其重要性特别突出，且其文字短而简明，内容上又有自己的相对独立性，因此，也可把它看成是科技论文构成的一个组成项目。结论是论文要点的归纳和提高，因此结论既不是观察和实验的结果，也不是正文讨论部分的各种意见的简单合并和重复。只有那些经过充分论证，能断定无误的观点，才能写入结论中。如果研究工作尚不能导出结论时，不要写入结论。结论是整个研究过程的结晶，是全篇论文的精髓。结论写作要十分严谨。结论的语句应像法律条文那样，严谨而可靠，不能有第二种解释。不要用“大概”“可能”一类的模糊性词语。解决了什么问题，得出了什么规律，存在什么问题，应该是非分明地作出回答。写结论时，对结论的结果应进一步思考，使认识深化；可以用别人已有的结论、方法作进一步验证和比较；要防止由于主观片面而作出绝对肯定或绝对否定的结论；结论可以引用一些关键的数字，但不宜过多；不要在结论中重复讨论的细节，不要评述有争议的各种观点。

（四）附录和致谢

所谓附录，是指论文中不便收录的研究资料、数据图表、修订说明及译名对照表等，可作为附件附于文末，以供读者查考和参阅。附录是论文内容的组成部分之一，是正文的注译和补充。但在期刊上发表的论文，在最后有附录的并不常见。也就是说，附录并非是科技论文构成的必需部分。应该说，可要可不要的附录应不列出为宜，在合适处作简短的相关说明即可。但在完整的、篇幅庞大、相关符号等较多的学位论文中，应列出附录。

科技论著的完成，必然要得到多方面的帮助。对于在工作中给予帮助的人员（如参加过部分工作、承担过某些任务、提出过有益的建议或给予过某些指导的同志与集体等），应在文章的开始或结尾部分书面致谢。致谢针对的是提供实质性帮助和做出过贡献的单位和个人。例如参加过部分工作，承担过某项测试任务，对工作提出过技术协助或有益建议，指导过某部分工作，提供过费用、实验材料、试样、加工样品，论文采用的数据、照片、图表，借用过主要仪器、设备，帮助绘制插图、统计等协作单位和个人，可分别表示感谢。在致谢一节中对被感谢者可以直书其姓名，也可加上教授、高级工程师、研究员、博士等专业技术职务（职称），以示尊敬。

【拓展阅读】

附录具体来说是指那些编入文章主体会有损于编排的条理性和逻辑性，或有碍于文章结构的紧凑和突出主题思想的材料，将这些材料作为附录编排于全文的末尾，包括放入正文内过于冗长的公式推导、复杂的数据图表、论文使用的符号意义、单位缩写等。此项非必要。附录的序号用 A，B，C……系列，如附录 A，附录 B……。附录中的公式、图和表的编号分别用 A1，A2……系列；图 A1，图 A2……系列；表 A1，表 A2……系列。每个附录应有标题。

（五）参考文献

参考文献按照国家标准局 1987 年发布的《中华人民共和国国家标准 GB 7714—2005〈文后参考文献著录规则〉》，关于名词、术语一节所作的定义称：文后参考文献（简称“参考文献”）是指为撰写（或编辑）论著而引用的有关图书资料。学术论文需要列出参考文献，其主要目的是：一为反映出真实的科学依据，便于查阅原始资料中的有关内容；二是体现严肃的科学态度，分清是自己的观点或成果还是别人的观点或成果，以对前人的科学成果表示尊重；三是有利于缩短论文的篇幅，并表明论文的科学依据。

【拓展阅读】

参考文献格式要求：参考文献（即引文出处）的类型以单字母方式标识：M—专著，C—论文集，N—报纸文章，J—期刊文章，D—学位论文，R—报告，S—标准，P—专利；对于不属于上述的文献类型，采用字母“Z”标识。参考文献一律置于文末。

四、科技论文撰写的一般步骤

科技论文的撰写方法，不单是一般文章的写作技巧和语言修辞，而是研究方法和研究过程在文字上的一种科学的表述和再提高，是撰写者在实际过程中知识广度和综合能力的体现，也是科学自身发展的结晶。科技论文的撰写一般分为资料的准备、构思、拟定提纲、拟写草稿、修改等过程。

（一）文献检索

首先是围绕问题收集资料和研究资料，虽然在课题研究或观察之前，已对有关资料和学术动态进行了搜集和分析，但是在撰写科研论文时仍要查阅大量有关文献，以作为对已掌握的文献的补充、有人做过统计，国内外多数科学工作者查阅文献的时间约占整个科研工作的三分之一，如果没有这些最新的参考文献，要想使论文达到新颖和独创性是不可能的。由此可见，查阅搜集文献在整个科研和写作过程中的重要性及必要性。其次是对研究材料的准备工作，它包括对材料的取舍和整理，对实验观察数据资料的分析处理，合理选用适当的图、表和照片等。这部分工作有时在试验结果分析时已经完成。通过以上的准备工作，使理论和实践达到充分的统一，从而提高论文的水平。

【拓展阅读】

要完成一篇论文，收集与查阅资料是基础，是润色论文的重要手段，论文的好坏也由资料的真假、好坏、多寡所制约。如此看来要写成一篇出色的论文，定离不开资料的收集与查阅，论文的真实性、权威性也由资料所决定。一篇论文，不论是起笔之前还是写作之中又或是完成之后，都离不开资料的辅助，资料对论文的写作起着决定性的作用。

（二）构思选题

构思是对整个文章的布局、顺序、层次、段落、内容、观点、材料、怎样开头和结尾的思维，构思是写文章不可缺少的准备过程，构思时文章的主题中心要明确，用以表现的材料要充分、典型、新颖，结构上要严谨、环环相扣，只有潜心构思，才能思路流畅，写好提纲和文章。

（三）拟定提纲

撰写论文之前，应先拟定提纲作为全文的骨架，使其形成结构，疏通思路的作用。拟定提纲，一方面可帮助作者从全局着眼，明确层次和重点，文章才写得有条理，结构严谨。另一方面，通过提纲把作者的构思、观点用文字固定下来，做到目标明确，主次分明，随思路的进一步深化，会有新的问题、新的方法和新观点的发现，使原来的构思得到修改和补充完善。在实际的写作过程中作者应做到既有纲可循，但又不拘泥于提纲，尽可能地拓宽思路，才能写出好的论文。

（四）拟写草稿

拟写草稿就是根据提纲，把要写的内容依次连接起来，把实验数据和资料进行归类分析。它是对论文内容和形式的再创造过程，也是论文写作最重要的阶段。草稿的拟写方法有多种，实验研究论文的撰写多采用顺序写作法，即按照科技论文的规范体例或提纲顺序阐述自己的观点，分析实验数据。也可采用分段写作法，此种写作法多是作者对论文的中心论点已经明确，或提纲已形成，但对某一层次的内容没有把握或没有考虑成熟，而暂放一下，可先写好已经成熟的段落内容，待内容成熟或进一步实验后再写作。

【拓展阅读】

在科技论文的写作中，有一个重要的原则，就是简洁。因为科技论文的篇幅有限，不是长篇小说，不能自由发挥。它需要用尽可能少的语句，直截了当地表述研究结果。但是，简洁并不是简单，又需要清楚明了地表达作者的思想。

（五）修改完善

修改是论文写作中不可缺少的工作。无论是初写者还是经验丰富的作者，在初稿完成后都要经过一番审读、推敲、修改才能定稿。有人认为完成初稿只是完成写作的一半工作。作者把自己的科研成果以论文的形式表达出来，并不是一件容易的事情。搞科研费心事，写作费心事，修改更费心事。修改是对初稿内容的进一步深化和提高，对文字进一步加工和润色，对观点进一步订正。修改过程中应注意以下几个方面的内容，即文题是否相符；论点是否鲜明；论据是否充分；论证是否严密；布局是否合理；结论是否科学客观；用词是否符合专业术语；文稿是否符合科技论文写作规范或稿约要求；标点符号应用是否正确；有无错别字等。有时，由于作者自己的思路有一定的局限性，可能对文章的某些问题认识不足或对初稿的偏爱，一时难以对文稿恰当的增补和删减，为了保证质量，还要请内行专家修改或提出意见，这样才能使文章质量更高。

【拓展阅读】

修改论文，也是培养严谨的治学态度和良好学风的需要。写文章是给别人看的，会对社会产生一定的影响。因此，作者必须抱着对读者、对社会的高度负责精神认真修改论文。认真修改论文，严格把关，这是一种严谨的科学态度和治学态度。鲁迅说过："写完后至少看两遍，竭力将可有可无的字、句、段删去，毫不可惜。"他劝别人修改文章，他自己的文章也常常是反复修改的。他的著名散文《藤野先生》，修改的地方有160～170处，《〈坟〉的题记》全文只有1 000多字，改动也有百处之多。无产阶级的革命导师在修改他们的著作时，更是精益求精。马克思在《资本论》第一卷写完后，从头到尾做了修改。后来的德文第二版和法文译本，他又分别做了修改。他写《资本论》长达40年，中间经过多次修改，现在的前二卷的前一部分原稿，光保存下来的就有8种之多。保尔·拉法格在《忆马克思》一书中说："马克思绝不出版一本没有经过他仔细加工和认真琢磨的作品。他不能忍受他未完成的东西公之大众的这种思想。要把他没有做最后校正的手稿给别人看，对他是最痛苦的事情。有一天他对我说，他宁可把自己的手稿烧掉，也不愿半生不熟地遗留于身后。"这种对社会的高度负责精神，值得我们学习。我们可以从马克思这种高度负责的精神中汲取无穷的力量。

五、科技论文的收录

科技文献具有了传递性才能使它具有社会意义，才能产生促进科学发展的价值。在现代信息社会的条件下，科学上的继承和借鉴、交流和综合主要是通过文献检索来实现的。国际上有许多文献检索工具为科学技术的发展做出了重大贡献。文献检索工具的文献来源是世界上公开出版的期刊、图书、专利、学术会议文集等，各种文献检索工具所收录的论文来源期刊有不同的类别、层次和要求，因此就有论文是否被收录和被什么检索工具收录的问题，期刊也有是否被列为来源期刊和被什么检索工具列为来源期刊的问题。

【拓展阅读】

核心期刊是期刊中学术水平较高的刊物，是进行刊物评价而非具体学术评价的工具。相当一批教学科研单位申请高级职称、取得博士论文答辩资格、申报科研项目、科研机构或高等院校学术水平评估等，都需要在核心期刊上发表一篇或若干篇论文。由于核心期刊有着巨大的应用价值，随着文献计量学在我国的发展，为了适应不同领域及不同的需要，目前国内有 7 大核心期刊（或来源期刊）遴选体系：北京大学图书馆“中文核心期刊”；南京大学“中文社会科学引文索引（CSSCI）来源期刊”；中国科学技术信息研究所“中国科技论文统计源期刊”（又称“中国科技核心期刊”）；中国社会科学院文献信息中心“中国人文社会科学核心期刊”；中国科学院文献情报中心“中国科学引文数据库（CSCD）来源期刊”。

六、科技论文的引用

科技论文是科学研究活动的主要产出形式，也是科研工作者个人的学术思想和学术观点向社会传播，最终转化为社会科学财富的起始点。论文中对他人学术思想的继承、借鉴或批判通常都以参考文献的形式来反映，这种引证和被引证的关系（或称引用和被引用的关系）也即所谓的引文关系。论文的相互引用说明了知识的相互继承和作用，体现着人类科学是在前人研究的基础上不断发展的，因此，某一篇论文的被引用次数能从一个侧面客观地反映论文的学术水平和价值。引文关系是科学活动中存在的一种比较客观的关系，它是由科技论文的相互引证而形成的一种学术关系。与引文关系相关的概念有引文、来源文献、来源出版物。

如果文献 A 中提到或者引用了文献 B，并以参考文献的形式列出了文献 B 的出处，其目的在于指出信息的来源，那么文献 B 就是文献 A 的参考文献，也称文献 B 是文献 A 的引文（citation）；文献 A 提供了包括文献 B 在内的若干引文，文献 A 称为来源文献（source item 或者 source document），来源文献包括期刊论文、会议论文、评论、技术札记等。刊载来源文献的出版物，称为来源出版物。科技期刊论文引用中常见问题有以下几类：

（1）引用的参考文献不准确。作者采用了他人观点或者数据等资料，但在参考文献引用时不体现出来，这不仅是对前人所做工作的不尊重，更是科学研究的不严谨。而对于教科书或者比较广为人知的原理、公式或者真理，却将其作为参考文献引用了。这两种情况，一种是该引用的不引用，一种是不该引用的却引用了，都是引用不准确的表现。

（2）引用的参考文献数量过少。科技期刊论文虽然需要创新，但也需要在前人研究基础上创新，参考文献从一定程度上可以反映研究人员对某一研究领域了解的程度深浅。一般科技期刊对于引用的参考文献数量没有限制，引用的参考文献数量过少表明作者没有在该领域对前人的成果进行深入研究和了解。

（3）引用的参考文献范围较小。科技期刊论文的参考文献引用范围一般没有特别的限制，可以是书籍、期刊、会议论文、学位论文等，但是有些科技论文参考文献引用仅仅是对某一期刊论文的多次引用，这样的做法是不太恰当的。

（4）引用过多的英文参考文献。有的科技期刊论文通篇都引用英文文献，甚至对于国内在此领域早有报道的却不引用，片面认为这样可以体现其国际领先水平。引用参考文献应该本着实事求是的态度，参考了英文文献的就引用，没有参考的就不引用。

码 6－5－1
科技论文撰写的规范性与常见问题

《科技论文引用参考文献的基本要求及在引用中的常见问题》中提到：参考文献是科技论文的重要组成部分，是作者对研究工作的继续和扩展，引用的参考文献在一定程度上可以体现作者对某一学术领域认识的深度及对所研究领域总体概况掌握的程度。正确引用参考文献，可以提高论文乃至期刊的质量和水平。

【章节练习】

1. 创业计划书是创业者叩响投资者大门的"敲门砖"，一份优秀的创业计划书往往会使创业者达到事半功倍的效果。小王是一名天使投资人，近期想扶持一项大学生创业项目，你作为一名创业大学生，非常想获得小王的投资，请你结合自己感兴趣的创业方向，拟写一份完整的创业计划书。

2. 王小明同学是动医专业一名大二学生，最近对家兔的麻醉方法产生了兴趣，希望跟随相关专业老师对其进行进一步的研究和探索，因此想要申报大创项目，那么他应该选择哪种类别进行申报？为什么？

3. 大家都知道，我们最开始使用的鼠标是机械鼠标（通过球体移动时带动横向和纵向定位），后来出现光学鼠标。光学鼠标是在机械鼠标的基础上改进的，改变的是鼠标这种装置的总体功能的一部分，也就是鼠标定位方式的改变，其余不变，那么光学鼠标是发明还是实用新型？为什么？

4. 你的同学赵小虎同学是一名大四的学生，还有半年多的时间就要毕业了，看到自己手中毕业论文题目不知从何下手。你看到他愁眉苦脸的样子也为他感到着急，想起自己曾经上过《如何撰写科技论文》这门选修课，你是否你能告诉小虎同学本科毕业设计（论文）和学位论文、科技论文是什么关系？本科毕业设计（论文）的格式包括哪些要素？

【参考文献】

郑晓燕，2014. 大学生科技创新教育［M］. 成都：西南财经大学出版社：123－125.

戴鑫，周智皎，毛家兵，等，2017. 大学生科技竞赛参赛指南与案例点评［M］. 武汉：华中科技大学出版社：9－12.

杜侦，曹慧丽，魏琳华，等，2013. 依托科技创新竞赛培养应用型人才［J］. 教育研究（09）：153－159.

文江川，吴韶波，余星星，2015. 以能力提升为导向的大创项目过程管理探索与实践［J］. 山东高等教育，3（11）：24－28.

张赛男，沈成君，2016. 具有农业特色的大学生创新创业训练计划项目管理模式的探索与实践［J］. 黑龙江畜牧兽医（19）：273－275.

潘一，宋力，杨双春，等，2015. 关于大学生创新创业训练计划项目的几点思考［J］. 创新创业教育（06）：30－32.

韦秋逢，黄锁义，周愈林，等，2017. 试论基于大学生创新创业训练项目计划的大学生创新能力培养［J］. 微量元素与健康研究，34（06）：61－63.

杨杰，2014. 从专利创造性角度看发明专利申请文件撰写的误区和注意事项［J］. 中国发明与专利（10）：106－109.

鲜林，2014. 发明专利审查中创造性的评判标准分析［J］. 甘肃科技，27（19）：16－17.

刘士奎，2014. 从一个发明专利审查案例看重复授权的处理［J］. 中国发明与专利（03）：69－71.

陈黄祥，2008. 论大学生参与发明和申请专利［J］. 大众科技（01）：147－148.

庞旻，龚艳丽，吴慧，2012. 如何提高研究生的科技论文写作水平［J］. 研究生教育研究（06）：48－51.

任锦，2013. 研究生英文科技论文写作及投稿应注意的几个问题［J］. 研究生教育研究（06）：61－65.

王萍，贾晓青，陈青莲，2012. 科技论文写作应重视的问题及基本要求［J］. 江汉大学学报（自然科学版），40（04）：79－80.

武晖，2013. 科技论文撰写的规范性与常见问题［J］. 西安工程大学学报，27（02）：271－274.

谭丽，2011. 科技论文引用参考文献的基本要求及在引用中的常见问题［J］. 才智（28）：302－303.

第七章<<<

勤 工 助 学

【导读】勤工以明志，助学以致远。勤工助学是高校学生资助工作中的组成部分，在高校素质教育和与育人工作中发挥着重要作用。高校资助工作紧紧围绕着“奖、勤、补、助、贷、减”六位一体的模式，它不仅能解决家庭经济困难学生的经济问题，还能培养学生自立意识，提高综合素质。因此，勤工助学有利于新时期思想政治工作的开展，有利于培养大学生艰苦奋斗、勤俭节约、吃苦耐劳等中华民族的传统美德，有利于培养创造型人才。

第一节 勤工助学概述

一、勤工助学的定义

勤工助学是指学生在学校的组织下利用课余时间，通过劳动取得合法报酬用于改善学习和生活条件的社会实践活动。勤工助学是学校学生资助工作的重要组成部分，是提高学生综合素质和资助家庭经济困难学生的有效途径。

勤工助学活动必须坚持“立足校园、服务社会”的宗旨，按照学有余力、自愿申请、信息公开、扶困优先、竞争上岗、遵纪守法的原则，由学校在不影响正常教学秩序和学生正常学习的前提下有组织地开展。

在当代中国高校，勤工助学已不仅仅是贫困学生减轻家庭经济负担的一个方式，而且已经成为很多大学生提高素质、锻炼能力的舞台。勤工助学正在成为大学校园中很多大学生向往的必修课，教育部门也越来越重视勤工助学的开展，国家也要求高等学校把社会实践纳入学校教育教学总体规划和教学大纲。

二、勤工助学性质特点

当代大学生勤工助学与过去的勤工助学相比、与一般的就业相比，有其自身的特征。

（一）组织性

大学生勤工助学的组织性主要表现在学校对勤工助学工作的组织和指导。大学生在校期间，其首要身份是学生，因此大学生参加勤工助学工作是在学校教育管理部门的组织、指导下进行的，勤工助学只有在学校的有效组织下才能确保其健康发展，才能起到帮助学生解决经济困难、推动高校全面育人的作用。

（二）计划性

大学生参加勤工助学是统筹安排、计划有序的。对于参加勤工助学的学生来说，勤工助学要有科学、有效的计划。对于高校来说，勤工助学并不是一项临时性的工作，而是一项长期的、有计划的工作。高校正在建立长效机制，把勤工助学作为一项长期的工作，同学校内教学、行政、后勤管理、服务机制的转换等各项工作有机结合起来，共同建设。

（三）整体性

勤工助学与学校育人要联为一体，与社会资源要联为一体，与学生个人发展要联为一体。勤工助学遵循教育的规律和理念，有利于经济困难学生形成正确的人生观和价值观，有利于培养学生自立自强的精神，与校内自我管理性质的学生干部工作、公益性的志愿者活动有所区分又互为补充，形成层次分明的育人体系。

（四）多样性

参加勤工助学有很多具体的形式，表现为勤工助学的多样性。勤工助学的多样性是指学生可以根据自身的实际情况和外界条件，选择各种类型的勤工助学方式；另一方面，勤工助学的多样性还表现为随着社会和高等学校的发展而出现多样变化。

三、勤工助学类型

从工作时间的角度划分	从工作性质的角度划分	从工作地点的角度划分
固定岗位：指持续一个学期以上的长期性岗位和寒暑假期间的连续性岗位。 项目岗位：指在学校管理、服务中，将一些应由学校经费支付的专项工作岗位设置为勤工助学岗位。 临时岗位：指不具有长期性，通过一次或几次勤工助学活动即完成任务的工作岗位。	劳务型：即指参加校园清洁、会务等体力劳动。 专业型：即指利用课余时间进行软件开发、技术开发、工程设计、广告设计等与学生自身专业有关的劳动。 管理型：即学生利用课余时间参加校内外的一些有偿管理工作，如应聘担任社区管理员，担任学生宿舍楼、饭堂、图书馆、实验室等部门的管理员。 服务型：即利用课余时间担任家庭教师等服务性工作。	校内勤工助学：主要指高校管理机构通过整合校内资源、建立勤工助学基地等措施，在校园内部为学生提供的勤工助学岗位。例如：学生宿舍楼、饭堂、图书馆、实验室等部门的管理员等。 校外勤工助学：主要指大学生利用课余时间在校园以外的社会领域中从事勤工助学工作。例如：家教、餐饮店服务员、商品促销员、派发传单等。

第二节　高校勤工助学保障体系

一、高校勤工助学政策依据

勤工助学作为“教育经济”的行为，它的出现最初基于两个基本的事实：即教育的大众化和经济上的贫困。在漫长的时期里，勤工助学都是寒门学子辛苦求学的代名词，而真正意义上的勤工助学在我国的出现是在19世纪末20世纪初，当时以周恩来、邓小平为代表的一些有志青年们为了改变中国的现状，走上以勤工俭学方式“留学”欧洲的“勤工救国”之路。后来，受马克思的全面发展理论及毛泽东、邓小平理论的影响，中国的勤工助学获得不断地发展，期间中国的勤工助学政策也经历了几个发展阶段：

（一）计划经济体制下的勤工助学政策

从中华人民共和国成立初期到 20 世纪 70 年代末，勤工助学一直没有消失过，只是那时的勤工助学主要是参加社会主义劳动，并以无偿劳动和精神收获为目的。到了 80 年代，随着教育改革的推进，高等教育取消了助学金制度，全面设立奖学金制度，当时为了解决家庭经济困难学生的学习和生活问题，学校开始广泛地开展勤工助学活动。在 80 年代末，随着经济体制改革的进展和人们经商意识的觉醒，全国几十所高校也加入了勤工助学发展的热潮，但是由于当时学生对勤工助学认识不到位，担心耽误学业，曾一度在社会上引发“经商＝勤工助学”的大辩论。此时，为进一步规范勤工助学活动，当时国家教育委员会适时在《普通高等学校学生管理规定》中提出：学校提倡和支持学生开展勤工助学活动，同时对勤工助学的目的、内涵、范围、时间等作了相应的要求。至此，勤工助学开始从无序走向有序。

（二）市场经济体制下的勤工助学政策

从邓小平同志南方谈话到中共第十四次全国代表大会的召开，社会主义市场经济体制开始在我国确立，高等学校办学机制也作出了相应的变革。1993 年和 1994 年，国家教育委员会、财政部先后颁发了《关于进一步做好高等学校勤工助学工作的通知》和《关于在普通高等学校设立勤工助学基金的通知》，要求学校把勤工助学作为学生工作的重要内容和社会实践的重要方式来开展，同时对普通高等学校勤工助学基金、经费来源、经费使用和管理等也做出了明确规定。由此，勤工助学的内涵得以延伸和扩展，勤工助学不再只是为了增加经济收入，在鼓励学生通过参加校内外勤工助学活动来培养综合能力。

（三）新时期的勤工助学政策

自从我国的高等教育从“精英教育”发展到“大众教育”，高校贫困生的问题就变得日益突出。为了保障这部分学生的利益，2004 年，教育部、国家发展和改革委员会、财政部联合下发了《关于做好 2005 年高等学校收费工作有关问题的通知》，要求学校每年必须从学费收入中提取 10%的经费，专款专用，通过各种方式资助贫困学生，帮助贫困学生解决实际问题，确保其不因家庭经济困难影响入学或终止学业。这一规定在一定程度上保证了勤工助学的资金来源。同时，为明确高校勤工助学的工作方向，2005 年，共青团中央、教育部在《关于进一步做好大学勤工助学工作的意见》中明确指出，要挖掘校内勤工助学岗位、拓展校外勤工助学资源，强化管理体制、健全管理机构、完善管理办法，加大专项投入、维护学生权益、建立长效机制。

随着学生在勤工助学过程中劳动报酬无保证、劳动安全存隐患、工学时间有冲突等问题的不断出现，2007 年 6 月 26 日，教育部、财政部印发了《高等学校勤工助学管理办法》。2018 年 8 月 20 日，教育部、财政部对现行的《高等学校学生勤工助学管理办法》进行了修订，以适应当前学生勤工助学工作的新特点及新需要。《高等学校学生勤工助学管理办法（2018 年修订）》明确指出，要规范管理高等学校学生勤工助学工作，促进勤工助学活动健康、有序开展，保障学生合法权益，帮助学生顺利完成学业，发挥勤工助学育人功能，培养学生自立自强、创新创业精神，增强学生社会实践能力。这表明新时期高校勤工助学工作已经从简单的扶贫助困向助力学生成长成才方面发展，在学校人才培养中的地位也越来越重要，如何将勤工助学从“输血模式”逐步转向“造血模式”成为新时期高校资助育人工作的重要使命。同时，随着国家对勤工助学活动的关注，高校在学生勤工助学活动中的任务和职责也越来越明确。

二、高校勤工助学审批程序

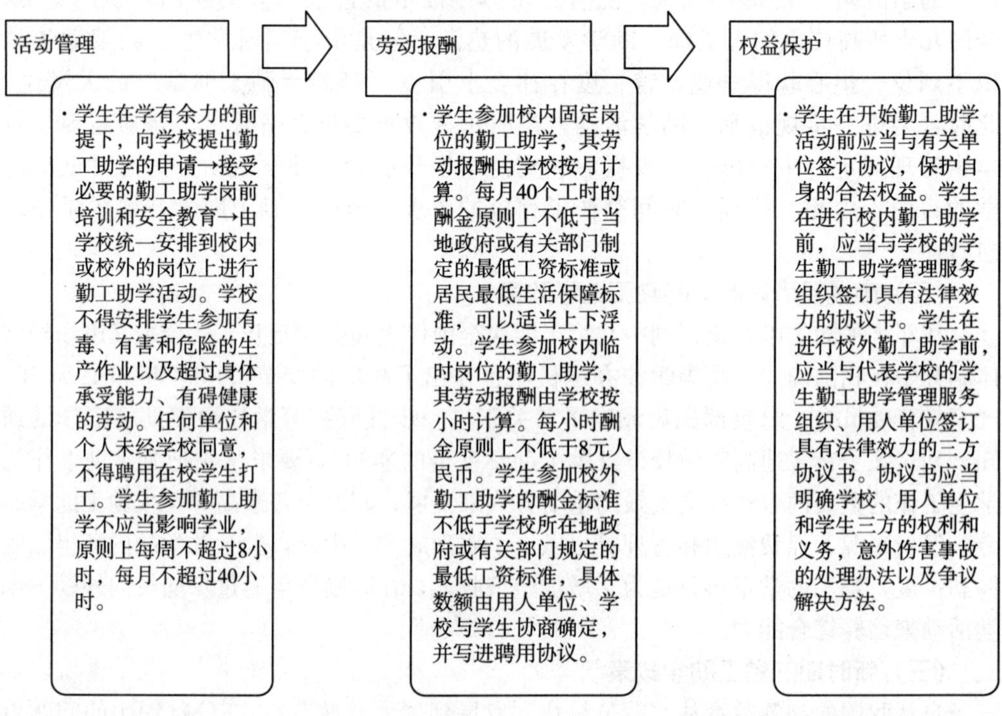

三、权利与义务

（一）高校的权利与义务

1. 高校在校外勤工助学管理中的职权权利　高校作为社会中间层主体根据法律的规定享有对大学生与校外用工方建立劳动关系或雇佣关系活动的一定经济干预权限，为二者提供服务，同时为政府对大学生与校外用工单位建立的劳动关系的干预行为提供服务并进行制衡。由于高校对校外勤工助学管理活动的干预具有正当性，因此其享有一定的经济干预权主要表现在以下几个方面：

（1）规章制定权。高校为了规范管理校外勤工助学活动，促进勤工助学活动健康、有序开展，保障学生的合法权益，帮助贫困生顺利完成学业，须制定一定的规章制度，保证其运作规范化和有序化，并对勤工助学大学生和校外用工方产生约束力。

（2）推荐权。勤工助学大学生并不是直接与用工方接触，而是必须先向学校勤工助学管理服务组织申请，再由其推荐适合用人单位工作。

（3）监管权。高校必须基于法律的规定或行政机关的授权来规制大学生和校外用工方的行为。校外用工方聘用学生勤工助学，须向高校学生勤工助学管理服务组织提出申请，提供法人资格证书副本和相关的证明文件，经审核同意，校外用工方才能在高校内进行招聘大学生的活动，任何单位或个人未经高校学生勤工助学管理服务组织同意，不得聘用在校学生打工。

（4）非法律惩罚权。高校应加强对勤工助学大学生的思想政治教育，帮助他们树立正确的劳动观，对在勤工助学活动中表现突出的学生予以表彰和奖励，对违反勤工助学协议的学生可按照协议停止其勤工助学活动，对在勤工助学活动中违反校纪校规的，按照学校管理规定进行教育和处理。

码 7－2－1
高等学校学生
勤工助学管理办法

2. 高校在校外勤工助学管理中的职责义务 高校在对校外勤工助学管理中除享有一定的干预权限外，还要承担一定的职责义务具体如下：

（1）审查义务。高校应对用工方及大学生的信息进行审查，对大学生的基本情况进行书面审查。此外，还应对校外用工方提供的岗位进行审查，以维护勤工助学学生的合法权益。

（2）积极开拓校外岗位，及时公布用工信息。高校勤工助学管理服务组织应积极开发校外勤工助学资源，收集校外勤工助学信息，开拓校外勤工助学渠道，增加校外勤工助学岗位。

（3）岗前培训义务。高校对录用到有关岗位的学生进行工作动员、岗前培训和安全教育，提出工作要求，提高大学生的业务能力，增强其责任心。加强对勤工助学学生的思想教育，培养学生热爱劳动、自强不息、创新创业的奋斗精神，增强学生综合素质，充分发挥勤工助学育人功能。

（4）合理使用专项经费。高校对勤工助学活动的专项资金应做到专款专用，不得挪作他用。根据国家有关规定，筹措经费，设立勤工助学专项资金，并制定资金使用与管理办法。

（二）学生的权利与义务

1. 勤工助学学生的权利

（1）参与权。学生有权参加勤工助学办公室组织或介绍的校内外勤工助学活动，有权拒绝参加高空作业、严重污染、辐射等极易对人体造成伤害和危险的高危和特种行业的劳动。

（2）知情权。学生有权了解用人单位的有关情况和工作性质，拒绝用人单位的协议外的要求。参加勤工助学活动时，依法享受劳动保护权，用工单位或个人应为学生提供健康、安全保障，不得损害或变相损害学生在劳动保护方面的合法权益。

（3）依法维护权。学生有权获得勤工助学的合法报酬，参加勤工助学活动，学校应保护学生诚实劳动所获得的合法劳动报酬，任何单位或个人不得克扣学生的劳动报酬，学生有权保障自身合法权益。

2. 勤工助学学生的义务

（1）学习为主，勤工为辅。学生参加勤工助学活动，应坚持以促进学习为主，以勤工助学为辅；以增长知识、培养能力为主，以获得经济补偿为辅的指导思想，注意把参加勤工助学活动与素质培养、全面成才结合起来。

(2) 合理安排时间。认真完成教学计划规定的学习任务，积极参加学校和院（系）组织的集体活动，在学有余力的课余时间参加勤工助学活动。学生参加勤工助学的时间原则上每周不超过 8 小时，每月不超过 40 小时。寒暑假勤工助学时间可根据学校的具体情况适当延长。

(3) 遵守相关规定。学生参加勤工助学活动，必须履行勤工助学活动有关协议的各项义务，遵守用工单位的工作制度；履行与用人单位达成的协议，认真完成工作任务；遵守社会公德，讲究职业道德，塑造良好的大学生形象，做到认真践约、工作负责、诚实守信、谦虚谨慎、文明礼貌。

第三节　高校勤工助学的功能和意义

一、高校勤工助学功能

(一) 明确的目标导向功能

高校勤工助学活动以“立足校园、服务社会”为宗旨，这在一定程度上说明高校勤工助学的目标不仅是帮助大学生掌握系统的理论知识，提高实践能力；同时重点在于利用勤工助学过程中带来的契机引导大学生全面成长成才，为将来的就业创业打下基础，为大学生群体成为富有责任感的栋梁之才作铺垫，为素质教育增添助力。

(二) 有效的信息传递功能

大学生责任感培育需要借助于一定的载体来全面运行，否则只是停留在理论层面的空谈，很难得到实际的成效。高校勤工助学可成为有效载体，传递着大学生责任感培育的功能。勤工助学的广泛参与会发挥无穷的感染力，像一只不断被放大的网，使大学生责任感培育的信息被传递。

(三) 积极的价值引导功能

参与高校勤工助学实质上也是大学生自我教育、自我提高、实现自我责任的过程。通过勤工助学，身处真实的工作情境，大学生能够真切体会到步入社会参与工作的状态，感受到工作即责任的意义，从而能够意识到在当下日趋激烈的社会竞争中，学历和文凭并非获取工作的唯一的通行证。能力的提高、素质的提升才是根本。在勤工助学的具体实践中能够促使大学生固有观念的改变，以及自身价值的肯定，能够使其明确自身的准确定位。

(四) 即时的实践检验功能

高校勤工助学在日常工作中传递着责任信息，让学生明确自身角色所应承担的责任，强化责任意识，使原本停留在理论层面的责任意识逐渐地变成学生自身的深层次的责任意识，从而指导责任行为，也在工作中检验责任感培育的成果，了解到学生责任意识改变的情况。这在很大程度上解决了责任教育脱离现实的问题，提升了大学生责任感培育的实效性。

（五）真实的主客体互动功能

高校的勤工助学相当于一个中介的角色，教育工作者通过勤工助学这一平台增强对大学生的指导，让大学生们在实际的工作实践中感悟责任、提升责任感；大学生们通过平时的工作，在为学校、为老师服务的同时培养出尽职尽责的精神，使自身不断完善。

（六）有序的组织保障功能

大学生涉世不深，也无社会经验，他们在现实中遇到困难时权益无法得到保障。高校勤工助学是学校相关部门统一安排给在校大学生的有偿实践活动。高校对于学生勤工助学岗位的安排主要都由勤工助学中心等组织进行审核后再加以推动。这种有序的组织保障性区别于学生自主参与的校外勤工助学，能够保证岗位提供的稳定性与安全性。

二、高校勤工助学的意义

（一）缓解在校大学生经济压力

高校勤工助学可以获得一定的报酬，这是勤工助学最直接的现实意义，也是对贫困学生最为有效的经济支持。虽然高校中勤工助学的收入要低于校外勤工助学的工资水平，但在校内工作一方面能够最大限度地保证自己的学业，另一方面也避免了在校外上当受骗的可能，对学生的工作性质、安全都有一定的保障，是许多贫困学生的首选。

（二）培养大学生的责任感

适应现实的需要，不断更新教育载体是责任感培育至关重要的一环。而高校勤工助学就是当下教育和实践最佳的结合点，加强大学生的责任感培育，不断地根据时代变化来创新责任教育载体，使学生走出思想与行动的狭隘空间，全面提高身心素质，实现全面发展。

（三）提高大学生自强自立能力

在勤工助学过程中，家庭经济困难学生学会自立、自强、自信，树立起积极乐观的心态，正确认识困境。另一方面，大学生通过高校勤工助学拓宽视野，在基层劳动、学习、服务等实践中走进社会、了解社会。

（四）促进高校健康和谐发展

高校勤工助学不仅要求大学生坚守诚信、友善等道德底线，还要遵守爱岗、敬业的职业道德。他们在勤工助学工作中学会做人与做事，真正理解劳动的意义和价值，培养脚踏实地、爱岗敬业、吃苦耐劳、服务他人的精神。大学生在实际工作中增强社会使命感和责任感，树立正确的世界观、人生观和价值观。

【拓展阅读】

刘强东——京东集团董事局主席兼首席执行官。1992 年，刘强东只身一人，背着床单被罩和 76 个鸡蛋来到中国人民大学，开始了他的大学生活。大学时他的生活是贫困的，而他的目标之一是“不向家里要一分钱”，因为这个信念，他勤工助学，不断努力，而这个过程为他在做生意方面积累了经验，加深了内心创业的想法，现在他获得了成功。

【章节练习】

1. 小明是一名大一新生，母亲常年卧床不起，无法自理，家里无法承担他上学的费用，请你结合他的实际情况，为他提出一份可行性建议。

2. 阿华同学是工程学院大三的一名学生，由于家中突发变故，经济条件下降，他非常想用自己的努力赚取生活费，不花家里一分钱，但是白天课程很多时间紧，请问他应该选择哪种类别兼职活动？为什么？

【参考文献】

刘超，顾锋，孙军，2016. 勤工助学在高校学生资助工作中的作用——以上海交通大学医学院为例［J］. 学园（01）.

刘严泽，2013. 高职院校学生勤工助学现状、问题及改革途径研究［D］. 苏州大学.

杜黔，艾志花，2009. 试论高校在校外勤工助学管理中的法律地位［J］. 西南农业大学学报（社会科学版）（03）.

骆佳圆，2015. 以高校勤工助学为载体的大学生责任感培育研究［D］. 江南大学.

第八章<<<

创 业 实 践

【导读】18 年前，靠一个宏伟设想（那时 PPT 还不知为何物），他融资 3 000 多万元开始创业；18 年前，他的团队被称为中国科技大学最聪明的一群人；代表着民族军团与国际军团的抗争；他夸下海口说：三五年之内挣个 1 亿、5 亿，不出几年公司上市。

残酷的现实是：有技术没市场，自己挣不到钱，合作伙伴挣不到钱，跟着的小弟小妹看不到前途；他一度成为大忽悠。“刘庆峰只知道蒙钱，蒙到了钱他那帮兄弟就瞎花，后来什么都做不起来。”

码 8-1-1
科大讯飞董事长——刘庆峰的人生逆转

如今，在人工智能新时代里，这位在二级市场被誉为中国人工智能第一股——科大讯飞的缔造者刘庆峰，豪气满天地宣称：“我坚信数年内科大讯飞一定是人工智能领域中国的 No. 1，毫无争议的 No. 1。”刘庆峰的人生经历了怎样的蜕变？

第一节　大学生创业概述

一、大学生创业概述

（一）创业内涵

总的来说，创业是一种行为，是一种劳动方式，是一种需要创业者运营、组织、运用服务、技术、器物作业的思考、推理和判断的行为。

概括地说，创业的内涵可分为狭义与广义。狭义的定义就是创建新企业；广义的定义把创业理解为开创新事业。综合众多学者的观点，本教材认为创业的内涵应该是最具包容性的，创业是能够发现和识别商机，整合资源，开创新事业实现企业潜在价值的，并获取竞争优势的过程。

码 8-1-2
外骨骼机器人帮患者独立行走

（二）创业类型

不同的研究对创业的类型有不同的界定，可分为基于创业动机的分类、基于创业主体的分类、基于新企业成立方式的分类、基于初始条件的分类、基于创业效果的分类。我们主要按照理论界的三个方面划分创业类型。

一是从创业目的的角度把创业分为“生存型创业”和“机会型创业”。生存型创业指由于没有其他更好的工作选择而从事创业的创业活动；机会型创业指为了追求一个商业机会而自动自发地开展创业的创业活动。

二是从创业的范围上把创业划分为“独立型”和“内创型”。独立型创业是创业者抓住商业机会，创办新企业，追求企业利润，并使企业更好地生存与发展；内创型创业是现存企业以相对独立的组织单元开创新的事业，以谋求企业的持续成长与发展。

三是从创业的形式上划分为"复制型创业""模仿型创业""演进型创业"和"创新型创业"。

对大学生创业类型的划分也主要有以下三个方面：

一是从创业目的与内容的角度进行划分。有的通过比较"机会型创业与生存型创业"与"知识型创业与非知识型创业"带动就业的效应，认为大学生具备成为"知识型兼机会型"创业者的优势；有的从区域产业转型升级的视角提出大学毕业生多数选择了机会型创业，并可分为"传统产业依托型""高新产业创新型""技术专利转化型"和"岗位创新型"四种类型。

二是从创业形式的角度进行划分。有的在分析大学生就业及自主创业的基础上把大学毕业生创业分为"创新思维创业""技术合作创业""电子商务创业"和"加盟代理创业"四种类型；有的按照组织形式将独立学院大学生创业分为"独立自创类型""产品加盟代理类型""创意类型"和"孵化器类型"四种类型；有的按实现创业的平台把高职生创业分为"网络创业型""加盟创业型"和"兼职创业型"三种类型，按创业主体分为"合伙创业型"和"自主创业型"两种类型。

三是从创业层级的角度进行划分。有学者把体育学院大学生创业分为"体育非相关形态"和"体育相关形态"，依照业务方向以及运作管理的复杂程度又把体育相关形态分为三个层次：初级形态的创业，即开办形式简单的运动技能培训班；中级形态的创业，即开设体育商店或体育俱乐部、体育公司；高级形态的创业，即以自身从事的体育领域为基本立足点，把业务范围向其他领域拓展，从而实现"范围经营"，或者把自身的业务作为资源与其他企业进行合作，实现"互动式经营"。

近年来随着公益事业越发受到重视和各种公益组织的不断涌现，"公益创业"得到了大众的关注。所谓的公益创业，就是社会组织、企业、非营利性组织等在经营过程中，将社会价值与经济价值创造性地融合，在保证组织不偏离公益性的同时，借助一些商业手段来实现公益组织的"造血"功能，让组织拥有更多资源和能力从事公益服务。

公益创业区别于商业创业，它不是简单的拿钱做生意，它对创业者的其社会使命和责任感是有要求的，这是一种为谋取公众社会利益的创业行为。社会公益创业是创业者在社会使命的激发下，追求创新、效率和社会效果，是一种面向社会需要、建立新的组织来向公众提供产品或服务的社会活动。公益创业强调创业的社会利益的兼顾以及非营利组织的创业。目前在国内已经有的公益创业，大致有以下几个类型：

（1）媒体派：如 CCTV－2《赢在中国》《爱心总动员》，上海东方卫视的《创智大赢家》。

（2）政府派：团中央的"中国青年年创业国际计划"，劳动和社会保障部在全国失业人群中开展的再就业公益培训和公益创业培训。

（3）民间派：此类主要是一些国外的基金会引进，如光华基金会的"大学生创业接力计划"，新富平学校针对弱势人群和民间组织的能力建设培训，上海 NPI 公益组织孵化器、北京惠泽人等。

（4）民间＋学术派：如上海慈善教育培训中心与光华基金会合作的培训项目，上海杨浦区知识创新区大学生创业指导中心的培训，上海交大的引进美国项目的培训，湖南众悦·滴水恩公益创业项目。

【拓展阅读】

创业英雄陈熠舟说：“我心怀教师梦想，执着追求，以研发智慧教育平台，让更多的孩子享受到优质教育资源为创业初衷，通过教育与精神的双重陪伴达到教育公益，让更多的孩子拥有更好的未来。”“学习＋创业＋公益”，让我的教育公益创业梦想走向现实。

码 8－1－3
陈熠舟：教育公益创业是教育与精神的双重陪伴

二、大学生创业过程

创业过程是创业者在创建自己的企业时通常要经历的基本步骤。在创业过程中所涉及的知识与技能与一般的管理职能并不完全相同。创业者必须能够发现、评估新的市场机会，并进一步将其发展为一个新创企业，在这一过程中确实有着许多对现存企业进行管理时所未予重视或不那么重要的知识与技能。创业过程一般包含五个阶段：产生创业动机、创业机会识别、整合资源及撰写商业计划书、管理新创企业、收获回报。

（一）产生创业动机

创业活动的主体是创业者，那么创业活动首先取决于个人是否想成为一名创业者。创业者的初衷是各不相同的，然而真正成为一名创业者还需要创业者进行自我评估，并寻找创业机会、了解创业环境、清楚个人特质、建立有保障的创业计划、坚定的创业初心。

（二）识别创业机会

保持对生活的敏锐性，对市场、对需求的洞察力，从周边的一切事物中发现机会，并进行评估，判断机会的价值。

（三）整合创业资源

具备强烈的创业动机，捕捉到难得的创业机会，就要大力度地整合资源。人力、财力、物力是任何生产经营单位都要具备的基本生产要素，创业也要如此。创业者、创业团队应尽可能开拓强大的社会网络关系，拥有丰富的社会资源的团队将会有更多的机会和支持。除此之外，创业还要做充分的战略思维层面的准备——撰写商业计划书。一份完整、规范、清晰的创业计划书是最有说服力的，它不仅是寻找投资的必备材料，也是创业者对自身现状及未来发展战略的全面思索和定位的过程。

（四）创办新企业

新企业的创建有众多的工作，如企业注册、制度的制定、经营地址的选择、确定进入市场的途径、运营推广，创业初期团队或迫于生存的压力、或对未来预测缺少可行性分析，往往不够注重此项工作，为企业的发展带来诸多问题。解决了创业初期的障碍，公司稳步运行，创业者需要考虑的是如何实现企业价值。价值的体现对创业初期的团队来说更主要体现在品牌定位、品牌价值与追求，更重要的是如何争取到客户，在与客户合作的过程中意味着要为客户创造比原来更多的价值。在此过程中，可能有收益，也可能会付出更多的成本，生存固然重要，可企业的成长也不容忽视，在激烈的竞争环境中，得到顾客的信赖，看到企业的成长、壮大，那便是新企业的蓬勃。

（五）管理运营企业

创办企业后主要是企业的运营与管理。大部分的创业是以营利为目的的，盈利与收益对创业者来说会是强大的动力，也有助于增强创业者对事业的信心。对创业者来说，创业是获取利益的手段和方式，但只是一种途径，并不一定是创业者的目标，创业初期的回报更应该最大限度上满足创业者的创业动机。而后期，创业者更应当具备大局意识和情怀，以社会价值为导向，注重企业的健康发展。

《关于深化高等学校创新创业教育改革的实施意见》和《关于大力推进大众创业万众创新若干政策措施的意见》等一系列政策的推动下，越来越多的创业机会、创业资源、创业政策、创业教育资源进入校园，服务学生，帮助更多的大学生了解创业、实现创业梦。但创业对于大学生来说，真正的目的是培养冷静客观、做事善于思考、勤于实践的创业精神。

三、大学生创业现状与前景

（一）大学生创业现状

2017 年《教育期刊》刊登的《当代大学生创业现状调查及教育引导对策研究》表示，通过对全国 16 个典型城市 4 935 位大学生创业者的调查发现，目前正在创业的大学生主体上是优秀学生；他们的创业能力处于中等偏上的水平；其创业企业规模较小，有一定盈利能力；大学生创业的就业促进效应较为显著；多数大学生创业者认为，目前大学生创业面临良好机遇，对目前的创业政策也有较高评价；但大多数创业者没有接受过系统的创业教育；他们面临诸多创业困境，主要包括个人创业经验能力不足、资金短缺以及团队合作不畅等。他们认为最好的创业教育形式是到企业实习实践、创业园实训和 KAB 教学或 ERP 沙盘教学等进行实践性教育。

2018 年由中国人民大学牵头，北京师范大学、上海交通大学等 30 余家高校、企业和社会组织联合跟踪调查的《2017 年中国大学生创业报告》发布，这份覆盖全国 52 所高校的报告表明，大学生创业意愿持续高涨，大学生创业层次也在不断提升，但大学生创业制约因素依旧明显，资金缺乏和经验不足仍然是最主要的障碍。报告显示，近 9 成大学生考虑过创业，26%的在校大学生有较强的创业意愿，与 2016 年相比，上升了 8 个百分点，其中有 3.8%的学生表示一定要创业。然而值得注意的是，对于创业驱动力，报告显示，“赚钱”其实并非大学生创业的首要驱动力，而是“自由的工作生活方式”。创新创业教育正在深度融入高校人才培养体系，与此同时，高校创新创业教育活动还从过去各高校的“单打独斗”向联盟化方向发展，并涌现出一批具有较大影响力的全国性创新创业教育合作组织，中国高校创新创业教育呈现出百花齐放的景象。

以黑龙江省为例，2017 年黑龙江省大学生创业人数已增至 16 111 人，同比增长 38.7%；注册企业增至 2 074 个，吸纳参与创业和带动就业 18 221 人，较上一年度翻了一番。为鼓励大学生创业，黑龙江省高校建立创新创业学分积累与转换制度，实施弹性学制，在校生休学创业学籍最多可保留 8 年，目前已有 223 名创业学生适用相关政策。此外，全省高校每年举办或支持举办创新创业类大赛 1 000 项以上，累计参与学生 17.5 万人次。省级财政累计投入资金 10.2 亿元，为大学生创新创业提供资金支持。省政府投入 2 亿元，成立全国首家大学生创业贷款担保公司，专门为大学生创业提供低费率担保服务，最高可贷款 10 万，目前已发放贷款 1 036 笔，累计额度 7 221 万元。设立黑龙江省大学生创新创业投资引导基金 1.5 亿元，目前已有 6 支子基金拟进行阶段性参股投资，投资规模可达到 9.21 亿元，对大学生双创企业（项目）投资额将不低于 3 亿元。

以河南省为例，河南省 2015 年 4 月便出台了《河南省教育厅关于贯彻落实大学生创业引领计划的实施意见》。其中明确：将“创业基础”作为面向全体高校学生开展创业教育的核心课程，纳入学校教学计划，不少于 32 学时、不低于 2 学分；并要求各高校设立大学生创业专项资金（基金），加大对创业工作及创业大学生的资金支持力度，积极搭建优秀大学生创业项目与社会资金直通车，同时积极组织符合条件的创业大学生申报创业扶持资金。目前，河南省有 43 所高校设立了创新创业奖学金，64 所高校出台了大学生休学创业的管理办法，为创新创业学生清障搭台。河南省还开展了创业服务进校园活动，通过该活动共为全省大学生提供创业贷款 3 332 笔，涉及贷款金额 3.14 亿元。

可见，大学生创业氛围已然浓厚。虽然国家、地方为创业提供了最大的便利与政策，然而大学生创业依然存在种种问题，经验不足、启动资金不够、人际网络有限、长远规划不够明确等，这些都成为阻滞大学生创业成功的因素。

（二）大学生创业前景

中国的经济正处在高速发展的时期，新技术与知识储备为大学生创业提供了保障，互联网时代又为每一个大学生创业者提供了广阔的发展空间。随着社会的发展，大学生创业将成为一种趋势，参与创业的学生将大有可为。但是大学生创业者也更要明白，创业不是凭一句话，一腔热血，创业者需要具备相应的技能，只有在创业前期，通过学习、交流、训练、实践等方式做好识别机会的准备，其前景才会在无数的机遇和挑战中走向更好的一面。

1. 创业优势

（1）大学生往往对未来充满希望，他们年轻、充满激情，具备“初生牛犊不怕虎”的精神，这些都是一个创业者应该具备的素质。

（2）具有理论性储备和技术理论优势。“用智力换资本”是大学生创业的特色和优势选择。一些风险投资家往往就因为看中了大学生所掌握的先进技术，而愿意对其创业计划进行投资。

（3）大学生有创新精神，有对传统观念和传统行业挑战的信心和欲望，而这种创新精神也往往造就了大学生创业的动力源泉，成为成功创业的精神基础。

（4）国家和地方政策的支持以及创新创业竞赛的支持，如，“互联网＋”全国大学生创新创业大赛、“创青春”全国大学生创业大赛等，为有志的大学生创业者提供了机遇与平台。

码 8-1-4
万龙：从创新创业大赛走出的龙江小伙儿

【拓展阅读】

作为“科技达人”，万龙曾先后获得第八届中国青少年科技创新奖、全国首批“小平科技创新团队”、第十三届“挑战杯”全国大学生学术科技作品竞赛特等奖等荣誉。从创新到创业，万龙带领着团队通过参与各类全国大赛，一步一个脚印地将理想化为现实。实际上，这几年黑龙江省涌现的优秀创业者都和万龙有相似的经历——通过参加各类创新创业大赛，得到关注、获得融资、成立企业，实现创业梦。

“要不是因为参与科技创新项目，参加创新创业大赛，我的人生可能是另一个样子。”万龙笑着对记者说。

码 8-1-5
“选错”专业的哈工大“90后”创业两年成千万富翁

2. 创业劣势

（1）由于大学生社会经验不足，没有充足的心理准备。对于创业中的挫折和失败，许多创业者感到十分痛苦茫然，甚至沮丧消沉。看到成功，也看到失败，这才是真正的市场，也只有这样，才能使年轻的创业者们变得更加理智。

（2）急于求成、缺乏市场意识及商业管理经验。大学生虽掌握了一定的书本知识，但对市场等缺乏足够的认识，缺乏必要的实践能力和经营管理经验，是其创业的主要劣势之一。

（3）传统观念和家庭的压力。传统观念认为毕业后找不到工作的人才会去创业，即所谓的“被创业”。大多数家庭不支持大学生创业。

【拓展阅读】

谷实集团，在业界听起来总觉得多少有些陌生。但是当你踏上黑龙江的土地，就会有意无意地听到关于谷实的消息。谷实集团由一个只有10多人、年销量1 000吨的小工厂，发展成为饲料行业集团企业，谷实集团的董事长殷学中是怎样行走在他的创业路程的？

第二节　大学生创业条件与素质

【导读】“人人都可创新，但并不是人人都可创业”，大学里不断涌起创业潮，许多大学生都想通过创业快速地实现自己的人生价值。然而任何的成功都不易，要以一颗平常心看待创业，有行动力却不急功近利；稳步前进却从不怠慢。

一、大学生创业条件

（一）社会条件

社会条件主要是指创业主体所处的社会环境，创业者充分利用这些条件，是创业者打开创业局面，顺利进入创业角色的基础。

1. 政策条件 党的十九大报告提出，创新是引领发展的第一动力，是建设现代化经济体系的战略支撑。以习近平总书记为核心的党中央全面实施创新驱动发展战略，出台了一系列大力扶持创新创业的政策，在全社会掀起创新创业潮。新业态、新模式不断涌现，新产品新服务快速成长，新旧动能加速转换，为大学生参与创业实践提供了良好机遇和广阔舞台。

2. 家庭条件 家庭是创业者早期接受启蒙教育和健康成长的摇篮。每个创业者的家庭条件都因人而异，对创业者来说都有可以利用的有利因素。

3. 关系网络条件 人具有社会属性和自然属性，其社会属性主要通过人的社会行为体现出来，具体表现在个体的人在衣食住行等方面都不可能脱离这个社会群体，总要直接或间接地与他人发生联系。这样，创业者总在自己的生活范围内逐步形成一个相对稳定的关系网络。这个网络对于创业者来说，是一笔不可多得的财富。创业者还要学会充分利用和调动这些有利因素，使其能最大限度地为创业活动提供援助。

（二）自然条件

自然条件主要包括创业者的生存环境条件和创业者自身条件。生存环境条件对创业者从事的行业往往影响较大，而创业者自身条件，在很大程度上决定着创业者的创业活动能否获得成功。

1. 生存环境条件 俗话说“靠山吃山，靠海吃海”。表明我们的祖先对自己赖以生存的自然条件的认识和分析比较全面，利用也较为合理。人的生存总是离不开一定的自然地域和社会空间。

2. 自身素质条件 创业者的自身素质条件决定了创业者的创业活动性质和经营范围，也决定了创业者最终能否获得成功。创业者的性格、人品和心理健康情况等，都很重要。

（三）其他条件

（1）拥有良好的心态。良好的心态是创业成功的关键，其中包括积极主动、自信坚持和自我激励等。

（2）树立明确的目标。目标是个人、部门或团队所期望的成果。大学生创业可以从兴趣爱好切入，但创业后应树立明确的目标。

（3）了解和掌握相应的知识。知识是创业的基础。大学生创业应了解和掌握的知识包括：技术生产中的专业知识、经济活动中的企业管理知识和创办企业的政策法规等知识。

（4）一支优秀的团队。一个优秀的团队不仅可以帮助你更好的实施计划，而且对于后期的团队扩建也很有帮助；合理的团队是成员间知识互补、能力互补。

（5）资金准备及融资。融资是一个企业或者创业团队筹集资金的行为与过程。它是企业或团队根据自身的生产经营及资金拥有状况，根据公司或团队未来经营发展需要，通过科学的预测和决策，采用一定的方式，从一定的渠道向公司或团队的投资者和债权人筹集资金的过程。

二、大学生创业素质

码 8-2-1 一个技校生的逆袭：海底捞张勇的传奇创业历程

【导读】第一家“海底捞火锅”的创始人张勇，初中毕业后，在父母的要求下，进入一所包分配的技工学校学电焊。18 岁，张勇技校毕业，分配到了他父亲当厨师的国营四川拖拉机厂。但在他眼里，父亲辛苦了一辈子，也没能改变贫穷的命运，工厂显然不是他施展抱负的地方。

1994 年，经历了几次“走捷径”失败后，张勇决定正正规规开家火锅店，就在他为取名而烦恼时，一旁打麻将的老婆，正好和了把“海底捞”，于是一家具有传奇色彩的火锅店诞生了……

如今，他管理 2 万多员工，公司年营业额达数十亿。

一个从技工逆袭来的企业家，如何实现公司年营业额数十亿？如何管理好手下的 2 万多名员工？他有什么值得借鉴的管理之道？

码 8-2-2 海底捞张勇创业访谈

创业是社会个体通过主动性和创造性开辟新的工作岗位、拓展新的职业活动范围、创造新的业绩的实践过程，这一活动是个体在后天成长过程中，基于对社会发展的一定认知和自我生涯的规划而进行的实践活动。创业素质是个体对创业活动表现出来的内禀特征。

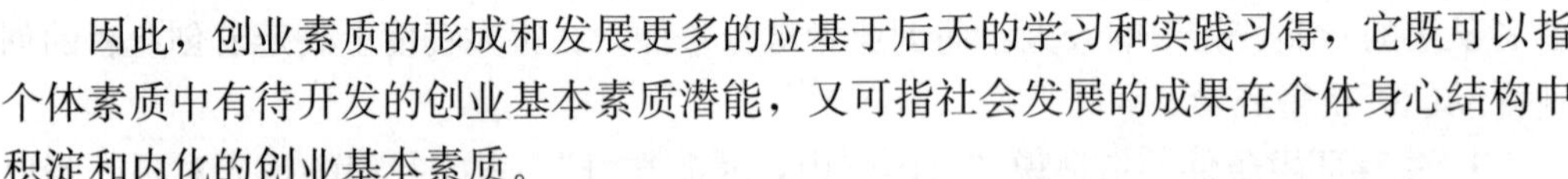

因此，创业素质的形成和发展更多的应基于后天的学习和实践习得，它既可以指个体素质中有待开发的创业基本素质潜能，又可指社会发展的成果在个体身心结构中积淀和内化的创业基本素质。

毕海德将创业者的品质特征归类为三大类：“一是创业倾向，二是适应性调整的能力，三是获取资源的能力”，这些品质特征可以说是创业素质和能力。具体而言，大学生创业素质与能力主要包括以下四方面：

（一）创业知识结构

创业知识结构是指在创业实践活动过程中个体应具有的知识系统及其构成。创业知识是个体在社会实践中积累起来的创业理论和创业经验，是个体创业素质的基础要素。创业知识主要涉及经营管理、法律、工商、税收、保险等知识以及其他社会综合知识。创业的过程本身就是一个学习的过程，创业知识结构的完善和丰富需要个体边实践、边学习、边提高，这一过程也是一个终身学习的过程。

（二）创业技能结构

创业技能结构包括培养工作中的创业态度，培养创造性和革新能力，把握机遇与创造机遇的能力，对承担风险进行计算，懂得公司经营理念，如生产力、成本以及自我谋职的技能等。根据这一界定，可将创业实践活动所需的技能分为组织管理能力、开拓创新能力、风险评估与承担能力。其中，开拓创新能力是在创业技能结构中最为重要的部分，也是创业素质构成的核心内容。

（三）创业意识结构

创业意识结构是指在创业实践活动中对个体启动力作用的个性心理倾向，包括创业需要、创业动机、创业兴趣、创业理想、创业信念等。其中，创业需要和创业动机是创业行为实践的内驱力，是进行创业的前提和基础。创业兴趣是对从事创业实践活动表现出来的积极情感和态度定向，创业理想是个体对创业活动未来奋斗目标的持久向往和追求。创业兴趣和创业理想是创业意识形成的中间环节。创业信念是个体在创业实践中表现出的一种对创业活动坚定不移、坚守到底、不畏艰难的心理倾向。创业信念的形成是创业者创业精神的集中体现，同时也是创业意识结构中最核心和最关键的要素。

（四）创业品质结构

创业品质结构是指个体在创业实践中，将对创业活动的坚定信念和执着精神，演化为其内在的相对稳定的价值观念，并凝聚为其内在的个性特征和道德品质。这种创业品质既包含对个体创业实践活动的心理和行为起调节作用的个性心理品质，也包括个体所彰显的以创业精神为核心内容的创业道德品质。当个体创业社会知识结构得到丰富，创业技能得到提升，创业意识有所提高时，个体创业素质也得到发展。美国百森商学院的杰弗里·蒂蒙斯认为，真正意义上的创业教育应当着眼于“为未来的几代人设定‘创业遗传密码’”，以造就最具革命性的创业一代作为其基本价值取向。这里所称的遗传密码，就是指以创业精神为内在表现的创业品质的传承问题，它也是评价创业素质教育成功与否的关键环节。

总的来说，创业素质与创业能力，是决定创业成败的关键因素。通过对自身创业素质的客观认知，从机会识别能力、资源整合利用能力、组织管理能力、关系能力五方面充分开发创业能力，对外部资源整合，经过创业者的转化，再通过机会搜索和风险承担，以竞争优势为导向，最终创造出新价值。

三、大学生创业意识培养

创业意识包括创业需要、动机、兴趣、理想、信念和世界观等心理成分。创业需要是创业活动的最初诱因，当创业需要上升为创业动机时创业活动就开始了。创业兴趣能够激发创业者的深厚感情和坚强意志。创业理想是对未来奋斗目标的向往和追求。为了实现创业理想，创业者奋力拼搏，在创业活动中艰苦磨炼并建立起创业的信念，使创业者的行为表现出坚实性。当创业者在创业道路上从成功走向更大成功时，其思想和心理境界也随之升华，形成了创业意识的最高层次——创业世界观，进而使创业者个性发展方向与社会义务感、社会责任感、社会使命感形成紧密联系。

（一）结合国情创业

“青年兴则国家兴，青年强则国家强。青年一代有理想、有本领、有担当，国家就有前途，民族就有希望。中国梦是历史的、现实的，也是未来的；是我们这一代的，更是青年一代的。”党的十九大报告中，寄予青年一代深厚的期望，党的十九大报告中的每一条都为大学生创业指明了方向。“创新驱动发展战略、供给侧结构性改革、乡村振兴战略、实施区域协调发展战略、生态文明建设”，青年大学生要以习近平新时代中国特色社会主义思想为指导，全面贯彻党的十九大和十九届二中、三中、四中、五中全会精神，坚持新发展理念，增强科技创新引领作用，推动形成线上线下结合、产学研用协同的创新创业格局。由此，大学生创业者，干事创业必须深刻认识国情，要与新时代同频共振，要敢为人先，做新时代、新领域、新事业的探索者，才能在创新创业的大潮中实现个人价值、勇立潮头，才能将个人理想与中华民族伟大复兴的中国梦紧密结合。

（二）结合区域发展创业

每个地域都有其独特的地缘优势、产业结构和地域文化，而每个省份、区域的创业者也都会根据本省、区域内的经济形势、产业结构和优势资源进行创业活动。以黑龙江省为例，具有区域供给优势的领域与其丰富的自然资源、人文资源和经济资源有关。

码 8-2-3
储亮：研发汽车零部件，走工业创新之路

一是黑龙江绿色有机农业产品。黑龙江省地处世界著名的种植黑土带和养殖黄金带，是绿色农产品产业发展的理想王国。

二是黑龙江冰雪文化和冰雪旅游。黑龙江省 2021 年国民经济和社会发展计划草案的报告中指出，要创新推动旅游业高质量发展。着力在旅游市场开发上取得新进展，重点在提升旅游首位度上取得新突破，加快文旅融合发展步伐，推动龙江智慧旅游在全省 4A 级景区实现全覆盖，打造以亚布力为代表的世界级滑雪旅游度假胜地，备战好全国第十四届冬运会和全运会，以筹备北京冬奥会为契机，扩大冰雪大省影响力，让冰雪旅游、冰雪运动引领全国走向世界，成为龙江最具魅力的名片；

三是黑龙江是我国与俄罗斯地缘关系最为密切的省份，对外辐射东北亚地区及欧洲，重点是俄罗斯及欧盟；对内辐射我国东北、华北、华东、华南地区，重点是环渤海、长三角、珠三角等地区，是国家“一带一路中蒙俄经济走廊”重要的阵地。

黑龙江省的创业大学生，应当主动适应国家创新驱动发展战略，抢抓乡村振兴战略机遇，把握黑龙江省多年积累的农业、林业、生态等资源优势和新技术、新业态、新商业模式带来的机会进行创业实践，才能增加创业成功的几率。

（三）结合学校优势去创业

大学生作为创业的主力军，具有独特的身份优势。现国家鼓励大学生创业，从政策到实际的支持力度非常大，许多地方政府也极其欢迎大学生创业，为他们广开绿灯。大学生创业还享受税收减免等政策，同时校内孵化园、创业基地等降低了大学生创业成本。

【拓展阅读】

储亮曾就读于合肥工业大学，大学里他积极参加一些创业者的讲座，聆听了不少优秀创业者的声音，创业者的创业激情深深地感染了他。他学习的是与汽车相关的专业，在参与设计一款新型汽车电子仪表之后，他产生了去创业的想法，选择的领域是与自己学科背景相关联的汽车零部件领域。

第三节　如何开展创业实践

一、提升创业能力

事实表明，创业者的先天素质是可以通过后天训练被塑造得更好的，某些态度、行为和能力通过学习、开发而被提炼。创业者的能力可以更加突出。

（一）责任心的培养

责任心是指个人对自己和他人、对家庭和集体、对国家和社会所负责任的认识、情感和信念，以及与之相应的遵守规范、承担责任和履行义务的自觉态度。它是一个人应该具备的基本素养，是健全人格的基础，是家庭和睦、社会安定的保障。对于创业者来说，勇于承担责任是第一要素。有了承诺，创业者可以坚定信念，克服未知的障碍与恐惧，来弥补其他的困难。有明确的目标、不食言，可以为创业者获得很多的追随者。长久的利益往来，有责任心的人往往会顾全大局，这样的创业者会成为忠诚的合作伙伴。

（二）视野的培养

视野也可以说是一个人的格局、高度。鼠目寸光者不会成大器，不善言语者未必不成未来的主宰，他可能外弱内强。有大视野的人，更懂得如何把握资源，也不会被眼前的石子所羁绊，更不会消极。因为他们看到的，想到的办法总是多于困难的。

如何培养自己的格局视野呢？①保持进取之心，利用所有能够学习与提升的机会，读万卷书，行万里路。②跳出思维的阻碍，离开舒适的圈子，换个想法看世界。③永葆好奇之心。

（三）控制力的培养

控制力是自我行为判断后进行的理性行为，这种理性的判断和执行就构成自我控制力。这是一种主动的掌握，而非被动的选择。动态市场总会有很多随机性。作为创业者就要具备“勇敢”与“胆怯”的结合。

创业者可从以下方面培养自控力：①讲究方法，做自己的主人。首先要明白企业的发展目标，敢想、敢做、勇于担当。居安思危，先敢而后怕，敢中有怕。②把握时间，做时间的主人。创业初期的人，是应当无所畏惧的，因为最大的本钱与价值就是自己。看到机会要先下手，把握机会与机遇，选择持久的获益。

（四）领导力的培养

领导力（Leadership）指在管辖的范围内，充分地利用人力和客观条件，在以最小的成本办成所需的事的前提下，提高整个团体的办事效率的能力，培养管理工作中让别人说“是”的能力——让否定、拒绝、抵抗、放弃变成认同、接纳、支持、执行；应用于领导、管理、沟通、团队、策划、营销等诸多领域。

领导力的培养可从以下方面着手：①理解情境，凝聚共识。在组织没有目标的时候，管理者要能够提炼概念，设定目标，为目标注入信心。②持续学习、打造专业。不懂行的人来为团队设定目标，是绝对不可行的。管理者要知道如何影响他人，管理他人，培训他人，还要做到与时俱进。③构建体系，平衡利益。对企业来说，企业文化格外重要。对上司，对平级，对下属要有均衡的利益分配和保障。权衡利弊，获得理解，才能赢得信任。④沉淀人品，赢得尊重。领导是一个职位，领导力更是一门艺术。领导者必须尽心竭力，以身作则，用领导力来支持胜利，用胜利证明领导力的正确。团队才有更高的发展。

二、识别创业机会

【导读】

金华佗CEO戴韵峰：戴韵峰经常感到遗憾，为什么大批中医资源闲置，没有像西医一样被充分利用呢？他找到的第一个答案是——标准缺失。他决定建立起中医与国际标准的对应关联，由此迈出了创业的第一步。

相比高楼大厦般的西医知识系统，中医则像一个小山丘，仍需重建。“互联网+”的风潮之下，移动医疗再次站在新一轮风口中，为了让中医搭上互联网的快车，他辞去了广东省中医院的在编职位，打造出一个领跑中医“互联网+”的医患平台。

机会指具有时间性的有利情况；也有关键，要害等意思。创业机会主要是指具有较强吸引力的、较为持久的有利于创业的商业机会，创业者据此可以为客户提供有价值的产品或服务，并同时使创业者自身获益。创业机会识别是创业企业产生可持续竞争优势的核心资源，是创业行为产生的先前条件。

创业机会识别是通过识别出一个好的创意，将其转化为商业概念（或对现有企业做相当程度的改进），从而增加顾客或社会价值，并且能够给创业者带来回报的能力。我们把创业机会识别分为创业机会识别的影响因素、创业机会识别的过程、创业机会识别的方法三个部分。

（一）机会识别影响因素

创业机会对创业者来说意义非凡，一些创业者有能力识别商业机会，这是创业过程的开端也是企业成长的基础。在学者提出的机会模型中，亚历山大和理查德的机会识别过程模型比较具有代表性（图 8-1）。

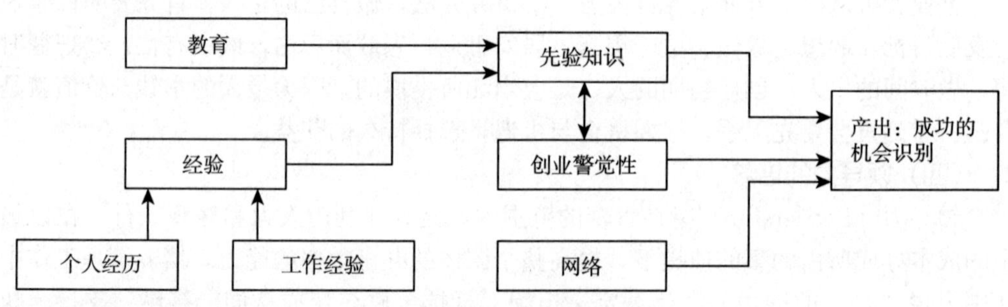

图 8-1 机会识别过程模型

从图中我们可以发现，创业机会识别发生前，有很多的影响因素，可以大致总结为：先前经验、创业警觉性、网络以及创新性。

1. 先前经验 充足的调查表明，大多数成功的创业者都有先前经验，在特定产业中的先前经验有助于创业者机会识别。一旦有创业前积累的各种工作经验、创业经验，创业者个体创业能力有所提升，创业成功率也有所提升。在创业研究领域，学者们认为经验学习是创业学习的关键。创业者通过对先前经验进行学习，改变创业知识、能力和绩效。先前经验对创业知识、创业能力以及创业绩效具有重要的影响。著名的“走廊原理”做过这样的描述，在某个产业工作，个体可能识别出未被满足的利基市场；另一方面，创业经验非常重要，一旦有过创业经验，创业者就很容易发现新的创业机会，创业者一旦创建企业，他就开启了一段旅程，在这段旅程中，通向创业机会的“走廊”变得清晰可见。不难想象，作为产业的“内行”人士，自然会比站在产业外观察的人更容易看到产业内的新机会。如果一个创业者在创业前担任过不同管理职位，有更高的行业相关经验，往往更能收获好的创业及企业发展成绩。同样，创新性较高的机会更容易被经验多样性高的创业者识别和开发。

2. 创业警觉性　创业警觉性是指创业者在不确定的情境中能够敏锐地识别并抓住创业机会的洞察力。然而，创业警觉性不是人人都具备的，但是绝大多创业者认为自己比别人更“警觉”，这种信心也更大程度上需要创业者具备一定的创业经历或者实践性的内隐性知识积累或拥有某个领域更多的知识。因此，创业警觉性既有知识、经验，也有对信息的加工以及鉴别的能力，创业者的警觉性是能够让他们发现别人错过的机会。创业者的创业警觉性越强，越容易判断各种信息的价值以及潜在的创业机会，但也存在异质性，即使同样拥有创业警觉性的人，在同样的机会面前选择也不尽相同。

3. 网络　我们把社会关系网络简称为网络，人不是独立存在的个体，关系网的建立对创业的影响是非常巨大的。个人社会关系网络的深度和影响力会影响着机会的识别。简单地说，建立了大量关系网络的人，比那些关系网络弱的人更容易获得机会与赏识。利用社会关系网络的程度越深，越容易整合到丰富的资源，因此创业者要善于利用不同类型的社会关系网络，按照关系的亲疏远近，把社会网络关系有明确的划分，亲近的强社会关系（如亲人关系、挚友的关系）可以为创业者带来坚定的情感支持，情感支持有时会在左右创业机会识别中发挥特殊的作用；而相对弱的社会关系（如同事、普通朋友的关系）可能会激发更多的全新创意。然而需要特别注意的是：商业性网络对创业者的影响是最大的，所以创业者在企业发展过程中应该更加注重商业性关系网络的构建，借助商业平台更加准确地收集和获取最新信息，整合资源，从而发现和利用更多的机会，有助于形成产业内协同合作的良好环境。

4. 创新性　创新是指以凭借现有的思维模式提出有别于常规或常人思路的见解为导向，利用现有的知识和物质，在特定的环境中本着理想化需要或为满足社会需求，而改进或创造新的事物、方法、元素、路径、环境，并能获得一定有益效果的行为。一个有创造力的创业者和企业是更容易被接纳的，从某种程度上来说，机会识别是一个创新的过程，是经过思维火花的碰撞，反复的斟酌思考的创新的过程。虽然创新是难以有具体的界定的，但是当把创新的思维转化为具体企业文化、企业实物的时候，创新就展现在了那里。那些具有警觉性思维的创业者是具有前瞻性思维的，也具备创新型的思维，而且也会潜移默化地把这种思维贯穿在企业的文化与发展之中。

（二）机会识别过程

His，Shrader 和 Lumpkin 提出以创造力为基础（creativity-based）的多维度机会识别过程模型，该模型将机会识别分为以下五个阶段。如果在某个阶段，创业者由于某种因素无法使创业机会识别过程继续下去，他的最佳选择就应当是回到准备阶段，调整战略，补充知识，以便更好的重新开始。

1. 准备阶段（preparation）　指知识和技能的准备，这些知识和技能可能来自于创业者的个人背景、工作或学习经历、爱好以及社会网络。

2. 沉思阶段（incubation）　指创业者的创新构思活动，这一过程并非有意识的解决问题或系统分析，而是对各种可能和选择的无意识考虑。

3. 洞察阶段（insight）　指创意从潜意识中迸发出来，或经他人提点，被创业者所意识，这类似于问题解决的领悟阶段，可以用“豁然开朗”来形容。

4. 评估阶段（evaluation） 即有意识的对创意的价值和可行性进行评定和判断，评估的方式包括初步的市场调查，与他人进行交流以及对商业前景的考察。

5. 经营阶段（elaboration） 是指对创意进一步细化和精确，使创意得以实现。Hansen，Lumpkin 和 Hills 重新验证了这一模型，发现这个五维模型是机会识别最好的拟合模型，并且其中的沉思和经营阶段与创造力显著相关。

（三）机会识别方法

码 8-3-1
创业英雄汇 90 后美女老板自主创业 VR 未来空间站

创业者在将想法付诸现实要进行充分的市场调研。

1. 系统分析 在调研的过程中，是要带着学习、分析和审视的态度去了解市场。通过系统的分析后，借助市场调研，从环境变化中发现机会，这是机会发现的一般规律。

2. 问题分析 找出个人或企业发展的需求和面临的问题，也就是我们常说的“痛点”。这个问题可能在明处，也可能暂时没有发现根源，但是问题的出发点是要一定的，那就是怎样才能做到最好。

3. 社会力量 企业的发展离不开社会的力量，用户的体验与反馈往往是企业发展中最能满足顾客需求的建议，作为旁观者和“直接”参与者会提出最直接的建议，“这样就会更方便一些了！”“那样的话我觉得就更完美了！”这种随意的感叹对企业来说就是隐藏的新机会，对企业而言，拒绝“闭门造车”是最有效的方法。

4. 创新需求 创新这个亘古不变的话题在创业者的市场上是最活跃的。它的初衷是明确的要充分满足市场需求，但是这种创新的风险也是巨大的，甚至是绝对化。虽然如此，这还是众多企业选择的识别机会的方式之一。

【拓展阅读】

扫描二维码：看一看 90 后女老板如何识别商业机会，为自主创业“VR 未来空间站”赢得投资；了解因为兴趣所以坚持的华农大二创业团队，聚焦项目估值超 2 000 万的 3D 打印。

三、组建创业团队

（一）团队与群体

团队是区别于群体的。虽然二者常常被混为一谈，根据卡特莱特和赞德的解释，群体就是互有关系、互相依赖到一定重要程度的人的集合；关于团队，威廉姆斯认为，它首先是一个群体，在此基础上，其成员具有高度的相互依赖性和共同性。简单地说群体中成员之间的工作在很大程度上是互换的，二者只是依赖却又是相互独立的；而团队，是互补的，相互依存的。国内研究学者认为：团队是由更具有自主性、思考性和合作性的个体组成的群体。由此可见，作为同是由个体组成的集体，群体所涵盖的范围更广，而团队则是建立在群体基础之上的子集。此外，团队能够以目标为导向、协作为基础、需要共同的规范和方法、在技术或技能上形成互补，它合理利用每一个成员的知识和技能协同工作，解决问题，达到共同的目标。

（二）创业团队组建

创业团队是团队中一种特别的存在。任何情况下，创业者都应把团队组建放在首要位置。他是一个群体，创业初期，一群有梦想、有目标、有激情的团队成员为了新企业的成立，集体创新、分享认知、同甘共苦、协作进取，在特殊的情感支持下，即使团队的个体成员不具备某些特质，依然创造出了“1＋1＞2”的绩效。一个狭义的创业团队就这样诞生了。我们把他们称为“初始合伙人团队”。然而企业是要发展的，这个时候风险投资家、专家顾问等创业过程的利益相关者也需要加入，这样广义的创业团队才真正的形成。创业初期，我们该怎样组建一只高效的团队呢？

1. 创业者的自我评估　“千里之行，始于足下”，选择合作伙伴的第一步就是要正确地评估自己。一个创业者只有对自己足够的了解，才知道自己拥有什么，需要从别人那里得到什么。然而，正确地认识自己是非常困难的，有些人往往需要以他人为镜子来了解自己。为了选择与自己知识、技能、情感方面具有互补特性的合作者，创业自我评估者可以从知识功底、专业技能、个人特点、创业动机、承诺五个方面来评估自己。

2. 团队成员的互补性和相似性　“人们往往愿意同在许多方面与自己相似的人交往，觉得相互之间更加了解，而且更容易自信地对彼此未来的反应和行为加以预测，从而更容易选择他们作为自己的合作伙伴。”相似者也会遵循“相似性导致喜欢”的规则，然而新企业的成功在很大程度上取决于他所获取的人力资源，以及最初的、早期的员工所带来的人力资源。所以选择优秀的创业伙伴并发展与他们的良好工作关系是一项复杂的工作，需要很多努力。由于创业团队中宽泛的知识、技术和经验有利于新企业，因此，从互补性而不是相似性的基础上选择合作创业者通常是一种更有用的策略。

3. 团队成员的评估　时代的飞速发展，知识早已成为发展不可缺少的因素，团队的成员要充分具备与创业有关的重要技能；同时，创业者的经历、经验也是同样重要的，有过创业经验的人不论成功失败都是团队中的又一优势，因为他们比初次接触创业的人要更为熟悉这种过程，在关键时刻提出中肯的建议，可以有效规避企业发展中的障碍；团队成员的关系也是创业者要考虑的因素之一，初创者应当善于开发人脉资源。若比肩者拥有足够的能力为团队发展带来竞争优势，这也绝对是团队创建初期的一大优势；创业者的能力评估也是决定企业初期建设难易程度的重大因素，相互互补的性格与能力往往能带来最大的灵感与创意。

【章节练习】

1. 马小腾是一名大一学生，最近他希望加入你的摄影创业团队，作为创业团队负责人的你将如何考核马小腾对大学生创业的理解，以及他的创业动机、专业能力和综合素质。

2. 刘小峰是一名职业投资人，近期想扶持一个大学生创业项目，如果你是刘小峰，请你结合自己对于本章内容的理解，拟写一份对该大学生创业项目的评估方案。

3. 请结合本章案例中人物创业经历，分析你本人目前的意识、能力和素质，是否适合进行创业，为什么？

【参考文献】

周志成，2017. 略论大学生创业类型［J］. 北京教育（高教）（01）：32－34.

宋菲，2017.2017 年黑龙江省大学生创业人数增至 16 111 人同比涨三成［N］. 黑龙江生活报，9－13.

王迎节，2016. 河南省力挺大学生创新创业 每年出资 1 个亿扶持［N］. 大河报，10－17.

李亚员，2017. 当代大学生创业现状调查及教育引导对策研究［J］. 教育研究（2）：65－72.

周冰，2014. 创业机会识别：概念和影响因素［J］. 知识经济（9）：17－18.

第九章<<< 国际交流

【导读】世界的未来属于年轻一代。全球青年有理想、有担当，人类就有希望，推进人类和平与发展的崇高事业就有源源不断的强大力量。希望各国青年用欣赏、互鉴、共享的观点看待世界，推动不同文明交流互鉴、和谐共生，积极为构建人类命运共同体添砖献瓦。

——习近平《在联合国教科文组织第九届青年论坛开幕式上的贺词》（《人民日报》2015 年 10 月 27 日 01 版）

第一节 大学生海外交流项目概述

随着经济的发展，高等教育水平不断提高，大学生社会实践发展如火如荼，对社会实践地点和项目的选择也日趋多元化，海外交流项目逐渐走进大众视野。在社会实践过程中大学生既能进行实践、锻炼自身能力，又能了解海外风土人情，使海外交流项目逐渐受到大学生的欢迎。本章将对大学生海外交流项目进行概述，为大学生选择海外社会实践提供帮助，通过参与国际各项交流项目与计划获得的宝贵经验，将有助于打造学生健全的人格和成熟的思想，造就将实际经验和书本知识融会贯通的、具有创新精神和实践能力的优秀人才。

一、大学生海外交流项目内容

大学生海外交流项目是由国家各部委、各高校、各社会公益组织设立的，旨在帮助青年学生开阔视野、了解风土人情、提高自身能力，以国际化、规范化的方式增进不同国家、地区人民间的相互理解、尊重，培养大国青年意识；同时，通过交换项目支持学生参与科学研究，着力提高学生的学习能力、实践能力和创新能力。

大学生海外交流项目分为留学交换类、志愿服务类、海外实习类、科技研讨类等。交流项目类型不同，所要进行的任务侧重点也不同，本章将列举各个类型中比较典型的项目，为当代大学生进行海外社会实践提供参考。

二、大学生海外交流项目意义

随着中国经济的蓬勃发展，对外开放日益加强，我国高等教育的国际化进程也逐渐加快。政府、国内各高校积极推进大学生海外交流项目，促进高校大学生个人发展，培养大学国际视野。

（一）大学生海外交流项目对学生的意义

1. 提升专业水平，扩展知识维度 学习知识是海外交流项目举办的初始目的。大学生海外交流项目大多以学术交流的方式开展，即学生赴海外对自己的专业进修深造。国外部分学科、专业拥有较好的教育资源、教学理念和课程设计，通过海外交流项目学生可取长补短，提升专业水平，扩展知识维度。

2. 增强综合能力，促进个人发展 在日趋激烈的竞争下，大学生应对各种局面、处理各种问题，脱离家庭和学校，独立处理各类事务，需培养环境适应能力、人际交往能力、抗压能力、团队合作能力、学习和实践能力、管理能力及创新能力，全面提升自身素质。

3. 培养世界眼光，中国情怀，大国观念 大学生海外交流项目除提升专业水平，扩展知识维度，增强综合能力，促进个人发展外，要讲好中国文化、中国道路、中国精神，培养世界眼光和中国情怀。

【拓展阅读】

美国阿肯色大学认为，实践教育是要“把研究和真实的生活、知识和经验结合起来”。该校规定，大学生必须参加不属于课堂的任何某个与学生的专业相关的学术环境，以锻炼才干。学生可以通过讲座、实验等认知实践运用其主修知识。其次，短期交流项目的学生也可以通过科研，长期交流项目的学习可通过社团、实习等途径对其主修知识进行应用。

（二）大学生海外交流项目对国家的意义

1. 丰富合作形式，消除文化隔膜，有助于“一带一路” 国之交在于民相亲，民相亲在于心相通。文化的影响力超越时空，超越国界，发挥文化交流的向导力、融合力、创造力、想象力、感染力，从而起到消除偏见、化解歧见、增进共识的效果。参加海外交流项目的大学生可作为国家文化的传播者，通过青年人视角传递国家文化，增强海外对中华文化的理解和认识，消除文化隔膜，推进“一带一路”倡议的发展。

2. 塑造大国形象，提升国际地位 知责任者，大丈夫之始也；行责任者，大丈夫之终也。责任和担当是家国情怀的精髓。2018 年“五四”青年节习近平总书记寄语青年“广大青年要在国家、民族、人类未来的大视野中认真思考、积极实践，努力做一个对国家、对人民有贡献的人，在波澜壮阔的社会主义现代化建设征程中书写自己的人生篇章。”大学生是对外文化传递的纽带，通过输出优秀高素质人才，展现我国高等教育发展成果，扭转部分外国人对我国公民形象的误解，塑造自信、自立、自强的中国新青年形象，展现大国魅力、大国风采。

第二节　大学生海外交流项目的类型与基本情况

【导读】在全球化日益明显的今天，大学生出国进行海外交流日益增多，大量学生走出校园、走出国门参加国际交流项目，本章主要介绍了大学生海外交流项目的具体分类，及每一个大类项目下面的具体特色项目，有国家官方组织，也有民间公益团体。本章对项目进行了简单介绍，旨在增强学生服海外交流项目的理解。

一、留学交换类项目

（一）国家留学基金委国际交流项目

1. 国家留学基金委优秀本科生国际交流项目

（1）项目简介。国家留学基金管理委员会（以下简称“国家留学基金委”）实施的“优秀本科生国际交流项目”，旨在促进国内高水平大学与世界知名大学和机构相互合作，鼓励国内高校优秀本科生参与国际交流，开阔视野，提升国际竞争力。该项目有助于减轻同学们在海外学习时面临的经济压力，提升同学们参与国际交流的积极性。近年来，国家留学基金委对本科生出国资助力度不断加大，其中优秀本科生国际交流项目是重点资助项目。为进一步推动国内高水平大学与世界知名大学和机构之间的本科生国际交流，基金委继续实施优秀本科生国际交流项目，资助优秀本科生赴国外一流院校（科研机构、实验室、企业）留学（形式包括课程学习、毕业设计、实习）3～12个月。

（2）费用情况。国家留学基金委对部分费用进行资助。资助内容一般为一次往返国际旅费和资助期限内的奖学金（包括伙食费、住宿费、注册费、交通费、电话费、书籍资料费、医疗保险费、交际费、一次性安置费、签证延长费、零用费和学术活动补助费等）。对部分人员可提供学费资助。

（3）申请条件。①热爱社会主义祖国，具有良好的思想品德和政治素质，无违法违纪记录。②具有良好专业基础和发展潜力，在工作、学习中表现突出，具有学成回国为祖国建设服务的事业心和责任感。③具有中华人民共和国国籍，不具有国外永久居留权。申请时应为高等学校、企事业单位、行政机关、科研机构的正式工作人员或在校学生，年满18周岁。④身体健康，心理健康。⑤符合国家留学基金资助出国留学外语条件及留学国家、留学单位的语言要求。⑥符合申请项目的其他具体要求。

（4）选拔方法。国家留学基金委将本年度留学计划指标和国外目标高校，下发各个高校，由各高校组织安排初级选拔，遵循“公开、公平、公正”的原则，采取“个人申请、单位推荐、专家评审、择优录取”的方式进行选拔。符合申请条件者，按规定程序和办法申请。国家留学基金委根据相关项目要求，组织专家评审，确定录取结果。申请人可登录国家公派留学管理信息平台查询录取结果。录取通知发至申请人所在单位。

（5）注意事项。①该项目一年选拔两批人员，分上半年、下半年。项目申请时间一般为前一年度11—12月。人选申报时间为：第一批4—5月申请，5月公布录取结果。第二批9月申请，10月公布录取地方和行业部门合作项目。②西部地区人才培养特别项目及地方合作项目：4月1—15日申请，7月公布录取结果。其中，国家留学基金委统一安排成班派出项目：1月5—15日申请，4月公布录取结果。③与行业部门合作项目按照相应项目规定施行。

国际区域问题研究及外语高层次人才培养项目：3月20—30日申请，5月公布录取结果。政府互换奖学金项目根据相应规定施行。艺术类人才培养特别项目：3月20日至4月5日申请，5月公布录取结果。[3]

【拓展阅读】

国家留学基金委自2012年起实施“优秀本科生国际交流项目”，每年约资助4 000余名学生出国交流，已经有几万学生受益，通过留学开阔视野，增长见识。该项目为普通家境同学提供了出国交流的机会，受到广大学子的认可。

2. 国家留学基金委公派研究生项目

（1）项目简介。为深入贯彻落实人才强国战略，推进高水平大学建设，增强为建设创新型国家服务的能力，国家在重点建设的高水平大学中实施“国家建设高水平大学公派研究生项目”。该项目每年将选派5 000名左右的一流的学生到国外一流的院校、专业，师从一流的导师留学学习。

国家建设高水平大学公派研究生项目由签约院校按照不超过协议规模的120%推荐人选，实际录取人数以签约规模为准。2014年教育部计划遴选7 000名研究生参加该计划。到2013年，签约高校已覆盖“211工程”院校、“985工程”院校和特色重点学科项目高校。经过国家有关部门的批准，国家留学基金管理委员会于2011年年底新增了74所“特色重点学科项目”建设高校。另外，尚未签约高校师生也可以通过相关部门申报该项目。

（2）费用情况。资助学费的对象是“国家建设高水平大学公派研究生项目”赴国外攻读博士学位或硕博连读的留学人员。资助学费的留学人员总额不超过“国家建设高水平大学公派研究生项目”选派计划的5%。学费的资助标准为：每名留学人员每学年最高不超过3万美元；如特殊选派需要资助标准高于3万美元的，须报教育部审批。学费资助期限：不超过留学人员的奖学金资助期限；如确需延长资助期限的，须报教育部审批。

（3）申请条件。选拔对象：申请攻读博士学位人员。

①国内高校或科研机构优秀在读硕士生（包括应届硕士毕业生）、应届本科毕业生。相关单位可根据学校实际情况推荐在读博士一年级学生申报。在读硕士生、博士生应具备一定的科研能力和科研成果，应届本科毕业生应达到校内免试直升研究生水平。申请时应已获拟留学单位出具的攻读博士学位或硕博连读（仅针对应届本科毕业生）入学通知书（邀请信）、免学费或获得学费资助证明。

②国外高校或科研机构正式注册的自费留学应届硕士毕业生（已毕业离校的学生除外）、攻读博士学位第一年的学生。申请时，应届硕士毕业生应已获得攻读博士学位入学通知书（邀请信）、免学费或获得学费资助证明；攻读博士学位第一年的学生须出具就读院校注册证明、免学费或获得学费资助证明。申请时为在外攻读博士学位第一年的学生，被录取后留学期限和资助期限从博士第二年开始计算。

③联合培养博士研究生：国内全日制优秀在读博士研究生（委托培养和定向生除外）。申请时应已获拟留学单位出具的正式邀请信及国内外导师共同制定的联合培养

计划。

④具有中国国籍，热爱社会主义祖国，具有良好的政治素质，无违法违纪记录，有学成回国为祖国建设服务的事业心和责任感。

⑤身心健康，具备扎实的专业基础，较强的学习、科研能力和交流能力，综合素质良好，学习成绩优异，工作业绩突出，具有较强的发展潜力。

⑥申请时年龄不超过 35 岁（以申请截止时间为准）。

⑦申请时外语水平须符合以下条件之一：

A. 外语专业本科（含）以上毕业（专业语种应与留学目的国使用语种一致）。

B. 近十年内曾在同一语种国家留学一学年（8～12 个月）或连续工作一年（含）以上。

C. 参加“全国外语水平考试”（WSK）并达到合格标准。

D. 曾在教育部指定出国留学培训部参加相关语种培训并获得结业证书（英语为高级班，其他语种为中级班）。

E. 参加雅思（学术类）、托福、德、法、意、西、日、韩语水平考试，成绩达到相关标准。

F. 通过国外拟留学单位组织的面试、考试等方式达到其语言要求（应在外方邀请信中注明或单独出具证明）。

⑧语言要求详见官方网址：http：//www. csc. edu. cn/。

⑨申请通过国家留学基金委与国外有关教育、科研机构合作协议派出者，还需满足协议要求的其他条件。

⑩申请学费资助者应具有较高的综合素质和发展潜力，并在各方面表现突出；核心课程应在优良以上。

（4）选拔办法

①以上报名及申请受理时间一般为 3 月 20 日至 4 月 5 日。申请人应在此期限内登录国家公派留学管理信息平台进行网上报名，按照《××××年国家建设高水平大学公派研究生项目申请材料及说明（国内申请人用）》或《××××年国家建设高水平大学公派研究生项目申请材料及说明（在外自费申请人用）》准备申请材料并提交所在单位审核。

②推选单位应对申请人进行审核（评审）后出具有针对性的单位推荐意见。推选单位在对申请材料进行认真审核后将申请材料统一提交至相关受理单位或国家留学基金委。

③国家留学基金委委托下属单位（以下简称受理单位）负责申请受理工作。

④国家留学基金委不直接受理个人申请。

⑤受理单位应在 4 月中旬前将书面公函及推荐人选名单提交至国家留学基金委，并通过信息平台提交申请人的电子材料。申请人的书面材料由受理单位留存，留存期限为 3 年。

⑥国家留学基金委负责组织评审及录取工作。对申请学费资助人员将另行组织面试。

⑦录取结果于当年 5 月公布。申请人可登录国家公派留学管理信息平台查询录取

结果。录取通知将及时发放至受理单位。

（5）派出与管理

①被录取人员的留学资格具有有效期。凡未按期派出者，其留学资格将自动取消。未经批准擅自放弃资格或不按期派出者，5 年内不得再申请国家公派出国留学。对留学人员的管理实行“签约派出、违约赔偿”的办法。留学人员派出前须在国内签订并公证《资助出国留学协议书》、交存保证金、办理《国际旅行健康检查证明书》，通过相关留学服务机构办理派出手续。

②在外自费留学申请人被录取者，须回国办理签订并公证《资助出国留学协议书》、交存保证金及派出手续，回国国际旅费由本人自理。自国内赴留学目的国的国际旅费由国家留学基金负担，由相关留学服务机构在办理派出手续时购买。

③留学人员派出前，推选单位应对其进行行前教育，并指导、协助其办理出国手续；同时，加强心理、精神和道德与诚信等方面的教育指导。

推选单位应合理安排留学人员工作/学业，保证按期派出，并于 12 月底前将本年度录取未派出人员名单及原因提交至国家留学基金委。

④留学人员派出后，应加强对其指导和检查，保持定期联系，协助国家留学基金委和驻外使（领）馆做好在外管理和按期回国的工作，并创造各种有利条件吸引优秀留学人员回国工作。

⑤按照《资助出国留学协议书》规定，留学人员自抵达留学所在国后十日内凭《国家留学基金资助出国留学资格证书》《国家公派留学人员报到证明》向中国驻留学所在国使（领）馆办理报到手续后方可享受国家留学基金资助。

⑥留学人员在国外留学期间，应遵守所在国法律法规、国家留学基金资助出国留学人员的有关规定及《资助出国留学协议书》的有关约定，自觉接受推选单位及驻外使（领）馆的管理，学成后应履行回国服务义务。

⑦国家留学基金委对攻读博士学位的公派研究生的学业进展进行年度审核。

⑧联合培养博士生每学期末须提交经国外导师签字认可的学习报告至国内学校及国内导师，同时通过国家公派留学管理信息平台报国家留学基金委和有关驻外使（领）馆。

⑨留学人员与获得资助有关的论文、研究项目或科研成果在成文、发表、公开时，应注明“本研究/成果/论文得到国家留学基金资助”。

（二）各高校交换留学项目

又称国际学生交流计划，主要目的是加强全球不同国家之间的交流，增进国家间的了解、文化沟通和交流，促进各国学生的友好往来，目前世界各地有 60 多个国家和地区学生参加此项目。该项目由各个高校自行与国外高校签订培养计划。

1. 项目简介 各高校与海外高校自行签署“互派交换学生协议”，每年选择若干在籍本科生及研究生到海外某高校以“交换留学生”的形式留学，留学时间一般为一学年。

2. 费用情况 对方大学免收学费、住宿费及入学相关手续费。国外生活费、保险费等自理。

3. 申请条件 ①思想品德良好；②课程成绩优秀；③过对方国家语言能力测试。

能够完成国内国外大学所开设课程的学习并获得学分。选派考核时，获国际考试证书者优先；相同条件下，通过外语考试择优选派。

4. 选拔办法 具备条件的学生应到国际交流处留学服务中心报名，报名时携带：①在校生证明；②历年学习成绩单；③英语水平考试成绩证明；④出国留学申请表；⑤智育成绩排名证明（各高校不同所需材料将略有差别）。国际交流处将秉着公平公正的原则综合学生申请条件择优录取，同等条件下，英语成绩较高者优先。

【拓展阅读】

各高校因为发展规划均和国外大学有合作，这样的方式为高考没有选择双向培养的学生提供了机会，例如东北农业大学每年均有我国台湾屏东科技大学交换生项目、韩国江原大学交换留学生项目、俄罗斯语言进修生项目、韩国建国大学交换留学生项目、日本鸟取大学交换留学生项目、芬兰赫尔辛基大学交换留学生项目等。为在校大学生提供了充足的机会。

（三）《中美人才培养计划》121 双学位项目

1. 项目简介 《中美人才培养计划》121 双学位项目是教育部所属中国教育国际交流协会（CEAIE）、中教国际教育交流中心（CCIEE）和美国州立大学与学院协会（AASCU）共同管理的新型中美高等教育双向交流与合作项目，项目旨在通过创新人才培养模式，培养国际创新型人才。2016 年 6 月，项目列入第七轮中美人文交流高层磋商成果清单。2017 年 9 月，项目成为首轮中美社会与人文对话行动计划的项目之一。

CCIEE 和 AASCU 选择中国和美国有条件的高等院校（公立）作为该计划的成员单位，具体承担教学任务，截至 2017 年 10 月，有 157 所中美大学参加项目（其中：中方大学 122 所，美方大学 35 所）。

2001—2017 年，有近 3 400 名大学本科和硕士一年级学生赴美方大学学习，2004—2017 年共有十四届本科生和研究生同时获得中美双方大学毕业证书和学士（硕士）学位。《中美人才培养计划》121 双学位项目分为两部分：本科生部分和硕士研究生部分。

（1）本科生部分。直接从参加该计划的中方大学中选拔本科一年级学生，到参加该计划的美方大学学习第二、三年课程，然后返回中方大学学习第四年课程，学生可在四年内同时获得中美大学本科毕业证书和学士学位。

（2）硕士研究生部分。直接从参加该计划的中方大学中选拔硕士研究生一年级学生，到参加该计划的美方大学学习 2～3 个学期课程，然后返回中方大学完成毕业论文，学生可在三年内同时获得中美大学研究生毕业证书和硕士学位。

121 双学位项目经过十多年的运行，许多新的合作项目从学生交流项目的最初模式中衍生出来。为了更好地为中美项目院校和学生服务，项目英文名称由原 Sino-American 1+2+1 Dual-Degree Program 变更为 Sino-American Cooperation on Higher Education and Professional Development（CHEPD），CHEPD 包括如下子项目：本科生交流项目（121本科生双学位项目）、研究生交流项目（121研究生双学位项目）、青年交流生项目、美国学生来华留学项目、访问学者项目、高校管理人员培训项目以及美中高等教育领导与创新中心等。

2.《中美人才培养计划》项目主办、成员单位

(1)《中美人才培养计划》项目主办单位。中国教育国际交流协会（CEAIE，网址：www. ceaie. edu. cn)、中教国际教育交流中心（CCIEE，网址：www. cciee. cn)、美国州立大学与学院协会（AASCU，网址：www. aascu. org)。

(2)《中美人才培养计划》项目成员单位。中方：由中教国际教育交流中心在中国选择122所高等院校作为中方参加该项计划的成员单位。美方：由美国州立大学与学院协会在美国选择35所公立高等院校作为美方参加该项计划的成员单位。

3.《中美人才培养计划》121双学位项目的特点及优势

(1) 政策优势。列入中美人文交流高层磋商成果清单，成为首轮中美社会与人文对话行动计划的项目之一。

(2) 平台优势。中美项目院校可在项目平台上进行多对多校际合作，中方学生可在项目平台上的35所美方高校中选择适合自己的学校和专业。

(3) 双学位优势。参加《中美人才培养计划》121双学位项目的本科生可用四年(硕士研究生三年）时间，同时获得中美两国大学毕业证书和学士（硕士）学位，所获得的文凭和学位均为中美两国政府及国际承认。

(4) 录取便捷。参加《中美人才培养计划》121双学位项目的合格学生，无须提供托福成绩即可申请、取得美方大学录取通知书和美国签证。

(5) 签证优势。项目学生统一办理签证，近5年来申请学生赴美签证率始终保持在99%以上。

(6) 保障优势。《中美人才培养计划》121双学位项目由中教国际教育交流中心和美国州立大学与学院协会主办和全程监管，同时所有中美项目院校均配备协调员老师对121项目学生进行全方位管理与服务。

(7) 就业及深造优势。由于学生同时拥有中美两国大学的文凭和学位以及良好的赴美出入境记录，学生毕业以后可到美国或其他国家继续深造并易于获得奖学金。学生在中美两国学习过程中，随着对两国社会、文化和科技更为全面与深入的了解，逐渐成长为熟练掌握英语，拥有专业知识，具备国际视野并通晓国际规则的国际化人才，这有利于毕业生就业竞争力的提升。项目主办单位对2016—2017年上百名毕业生去向进行了调查，多名毕业生被美国（世界）排名前100大学录取，其中一些毕业生前往美国排名前10的顶尖级大学学习。他们的成功之路证明了普通的中国大学生通过《中美人才培养计划》121双学位项目平台和自己的刻苦努力，完全可以进入世界一流大学。同时，根据对历年毕业生进行抽样调查，有多名毕业生进入花旗银行、汇丰银行、渣打银行、荷兰银行、德国梅赛德斯-奔驰有限公司、美国通用汽车公司、美国强生公司等世界500强企业工作。

(8) 节省费用。《中美人才培养计划》121双学位项目的学习方式比本科四年全部在美国学习的留学方式可以节省50%以上的费用。而且为了支持《中美人才培养计划》121双学位项目的开展，多数美方院校给121项目学生提供数额不等的奖学金

（1 000～10 000 美元）。

4.《中美人才培养计划》121 双学位项目学生申请条件

（1）《中美人才培养计划》121 双学位项目中方大学本科或研究生一年级学生均可申请，多数美方大学要求申请学生第一学期平均成绩达到 70 分以上，本科二年级学生经中方大学同意也可申请；研究生申请学生的大学本科阶段及研究生阶段成绩要求达到良好。

（2）申请学生英语成绩良好。

（3）身体健康，有良好的学习习惯，较强的独立生活及新环境适应能力，无不良嗜好。

（4）有一定的经济能力，愿意遵守项目的相关规定。

【拓展阅读】

《中美人才培养计划》121 双学位项目具体费用费用明细、申办程序、美方大学要求、美方大学费用、招生专业等详见 http：//www. cciee121. com/html/sb-who. html。

【拓展阅读】2017 年，我国出国留学人数首次突破 60 万大关，达 60.84 万人，同比增长 11.74%，持续保持世界最大留学生生源国地位。同年留学人员回国人数较上一年增长 11.19%，达到 48.09 万人，其中获得硕博研究生学历及博士后出站人员达到 22.74 万，同比增长 14.90%。2019 年度我国出国留学人员总数为 70.35 万人，较上一年度增加 4.14 万人，增长 6.25%；各类留学回国人员总数为 58.03 万人，较上一年度增加 6.09 万人，增长 11.73%。1978 至 2019 年度，各类出国留学人员累计达 656.06 万人，其中 165.62 万人正在国外进行相关阶段的学习或研究；490.44 万人已完成学业，423.17 万人在完成学业后选择回国发展，占已完成学业群体的 86.28%。

二、国际志愿者项目

（一）项目简介

国际志愿者项目，即 Volunteer Homestay Program，参与者以国际志愿者的身份进入非营利性机构或企业，与当地同事及国际学生并肩开展为期 4～12 周的职场学习与实践活动。实习之余，在当地旅游或参观大学，实地体验异国生活，了解当地文化及风土人情，项目全程入住寄宿家庭。

（二）项目理解

海外机构或企业出于文化交流的目的，积极接待来自全球不同国家的青年学生前来学习和实践。由于国际学生的语言能力以及工作经验的缺乏，导致难以胜任正式的工作岗位，所以机构或企业能够提供的岗位数量并不多，岗位因稀缺而更显珍贵。参与者应珍惜实习机会，充分利用实习期间，多看、多听、多学、多记。把实习当成是一次自我培训和提升的机会以及个人职业发展的平台。作为教育文化交流项目，国际志愿者实习项目能够让申请人深入观察、亲身体验并积极参与到组织的运行当中，申请人在提高英语沟通能力的同时，可以全面了解机构的运作机制及文化背景，极大丰富申请人的人生阅历，帮助确认未来发展方向。

码 9-2-1
高等院校国际多边合作计划大学生海外实习实践人才培养方案

项目不同于传统意义上的实习，一般情况下没有严格的实习计划，且工作节奏较慢，意味着大家的实习压力不会太大，参与者有更多可自由支配的时间。这个项目希望提供给学生不仅是一份工作，更多的是体验异国的多元文化，利用实习之余，更多地去与当地人交流，去认识世界，认识不同的新事物。

项目提供的多为基础性的工作岗位，虽然均为入门级工作，但由于语言环境、文化背景等差异，过程并不轻松，需要申请人保持乐观开放的心态，积极努力，认真负责，勇于克服困难并积极融入新环境。也正是这些基础性的岗位工作，在一定程度上也可以降低学生工作压力，让学生可以从更轻松更自由的角度去感受异国文化，最终能够取得最大收获。

项目时长：4 周、8 周、12 周；项目时间：寒暑假；实习地点：美国、澳大利亚。

实习方向：Community Development and Social Service Center，Museum/Exhibition/Library，Early Education Center/Preschool，Schools/Camp/ Youth Center/After School Programs，Medical/Health Center/Senior Care，Theater/Opera/Music and Dance，Radio/Media/Photography/ Design，Other non-profit organizations in human services and public，societal benefit。

（三）项目优势

（1）项目提供的是一个职业探索的平台，帮助学生更快确立职业目标。

（2）海外企业的实习机会，有助于学生提升就业竞争力。

（3）真实的职场环境，锻炼学生人际交往及沟通能力。

（4）全英文的语言环境，让学生有更多机会锻炼口语。

（5）寄宿家庭的住宿，一次结交国际友谊的机会。

（6）项目期间，可以考察大学，为留学做准备。

（7）海外项目经历，为留学深造增加砝码。

（8）住宿安排：寄宿家庭。

（9）餐食安排：寄宿家庭提供一日 2 餐或 3 餐。

（10）家庭住宿优势：良好的语言环境，有助于更快地提升英文水平；直接接触本土家庭，更快地融入当地生活；可以更全面地了解异国文化，体味原汁原味的生活；在异国他乡体验家的温暖，获得心灵上的慰藉。

三、海外实习类项目

（一）AIESEC Global Internship 计划

1. 项目简介 海外实习项目是由国际经济学商学学生联合会（AIESEC）主办，旨在为那些前瞻、独立、有商业头脑，并想培养其国际竞争力的高年级学生或毕业生，在他们谋求职业发展的过程中，提供可以承担更大工作责任、获得更多机遇与挑战的海外商业实战机会。

自2002年起，AIESEC中国大陆区共帮助3 000多名中国青年人去到80多个国家参与海外实习项目，这些海外实习生共为不同领域或不同规模的1 500多个海外企业发展带进去了直接的影响。同时，这些海外实习经历也帮助这些青年人朝具有国际竞争力的人才迈进。

海外实习项目按照实习时长，可分为中长期带薪实习项目、短期无薪创业家实习项目。

2. 费用情况　有实习工资，津贴补助，需缴纳3 500元项目费用，自行准备签证、机票（部分项目公司负责机票）、保险等。在实习生回国后，上交实习报告和相关材料，会退还一部分费用。

3. 申请条件

（1）语言要求。英文：雅思6.0或其他语言类证书同等水平（没有硬性的证书要求，水平达到即可）。小语种：日本：公司会因为实习项目的不同对日语的要求水平不同，但基本要达到N2及以上的水平适应当地的语言环境（管理类实习项目需要达到N2以上，技术类实习生对日语要求不高，但日语流利者会优先录取）。西欧：部分西欧国家会要求熟练的法语、德语、西班牙语等。教育类：从事非中文教育的项目，对所教语言的也有较高的要求。部分英语教育类项目要求达到native speaker的水平。

（2）年龄背景要求。海外实习生需要为在校生本科生、研究生或是毕业两年内的学生。日本实习仅对在校生（本科生研究生均可）开放。日本法律规定海外实习生从实习开始到结束必须保持是同一学校的学生身份。

4. 选拔办法　提交材料后需通过项目方面试。

5. 注意事项

（1）中长期带薪实习项目。中长期带薪海外实习项目，实习时长分为3～6个月的中期实习项目和1年或以上的长期实习项目。实习国家遍布全球各主要地区，公司提供能满足当地日常生活需求的薪水和福利。主要实习类型为市场管理类、语言教育类、工程技术类、科技IT类等。除部分欧洲国家、南美国家、日本要求掌握当地语言外，对语言要求是流利的英语。

(2) 短期无薪创业家实习项目。短期无薪创业家实习项目，实习时长为6～8周，公司并无提供薪水，但会有津贴并负责实习生的食宿。实习企业大多为当地初创企业或新兴产业。实习类型主要为市场营销类、IT技术类。主要分布在埃及、印度、中东欧、东南亚等地区。目前，AIESEC正与Career X合作，开展“全球青年创业计划”的项目。

(二) Projects Abroad

1. 项目简介 Projects Abroad在亚洲、非洲、东欧和拉丁美洲提供不同类型的国际志愿者和海外实习项目，类型包括有：教学、关爱、环境保护、医疗及保健、新闻、法律、商业项目等。Projects Abroad是全球领先国际组织，Projects Abroad在目的地国家致力于创造更多就业机会。在目的地国家直接聘用很多员工；为当地提供大量工作机会。在世界各地设立了不同职能的领导部门，在蒙古的乌兰巴托设立了会计部，在墨西哥设立了设计部等。

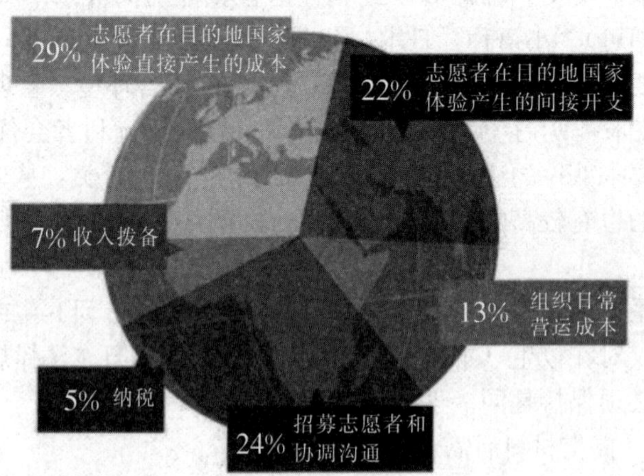

2. 费用情况 按项目不同，申请人需缴纳不同费用。

3. 申请条件 年满18周岁即可申请。

4. 选拔方法 递交志愿者申请的时候，要求提供一个推荐人（referee）的姓名和地址，这个推荐人应该是十分熟悉你的人物，比方说学校的老师或你的上司。之后，项目办会跟他们直接联系，证明你们之间是相熟的关系，而且提供足够的资料，证明你适合参与你所申请的海外志愿者项目。偶尔，会邀请想加入Projects Abroad的志愿者做一个非正式的面试，确保你完全符合项目的参加要求。此外，年满21岁的志愿者参与跟儿童有关的项目，申请期间必须提供无犯罪记录证明。参与玻利维亚、柬埔寨、哥斯达黎加、斐济和罗马尼亚项目的志愿者，年满18岁就要提供无犯罪记录证明。

【拓展阅读】

很多同学都渴望和羡慕一些同龄人在求职时，简历上赫然呈现着吸引眼球的履历：曾在某某国际组织实习，看上去感觉特别的高大上。的确，能够到相关的国际组织实习是一段十分不同寻常的经历，它不仅可以让你在求职时备受招聘方的青睐，也会很大程度上影响到你看问题、做事情的眼界和胸怀。当今世界是经济全球化的世界，机会不分国界，想到联合国、世界银行、世界教科文组织等机构实习并不是天方夜谭，只要你具备专业的优势，然后去争取，梦想就会变得触手可及。拟申请国际组织实习的学生须具备优秀的外语水平、了解自身工作职责、具备专业知识，以及抱有坚定的理想信念。业内人士也建议，到国际组织工作，要有大格局、大视野。获得国际组织实习机会一般分为两种：一是通过目标组织的专业考试，进入人才储备库，获取候补机会，如联合国的青年专业人才（YPP）项目；二是通过各方官网获取招聘信息自行申请，通过测试环节，获取实习机会。

四、科技研讨类——中日青少年科技交流计划

（一）项目简介

2014年中国科学技术部（MOST）国际合作司与日本科技振兴机构（JST）签署合作协议，正式启动中日青少年科技交流计划。该计划每年大约从中国邀请1 500名左右青少年赴日进行短期科技交流与访问。邀请对象为高中生、大学生、研究生以及40岁以下的博士后、研究人员等，邀请对象原则上为首次赴日。中日青少年科技交流计划基层对口项目共分三类：

第一类为科学技术交流活动（A类），由日方接收单位安排中方人员赴日开展短期交流考察，在日行程原则为7天，最长可延至10天，日方合作单位为教育或科研实体（如学校、研究院所、企业等）的团组人数不超过10人（不含领队），日方合作单位为非教育或科研实体（如独立行政法人、地方公共团体、财团法人或社团法人等）的团组人数不超过15人（不含领队）。

第二类为共同研究活动（B类），由日方接收单位安排中方研究人员赴日开展短期共同研究，在日行程最长不超过3周，团组人数不超过10人（不含领队）。

第三类为科学技术研修活动（C类），由日方接收单位安排中方人员赴日开展短期技能培训，在日行程原则为7天，最长可延至10天，团组人数不超过15人（不含领队）。

申报单位种类包含政府机关、事业单位及在中国大陆境内登记注册的科研院所、学校和企业等法人单位。

（二）费用情况

资助费用一般包含往返日本的国际旅费、在日期间的交通和住宿费用。具体内容由中日双方自行协商。

（三）申请条件

原则上要求首次赴日、年龄40周岁以下（领队可适当放宽）。理工科类或医学类青年教工、科研人员或学生。具体见各项目办具体通知。

（四）选拔方法

在网申提交截止日期前，各申请单位登录中日技术合作平台网 http://www.sino-jp.com/填写网申信息，并将国际处反馈的已获取推荐的“中日青少年科技交流计划中方派遣单位申请表”作为网申附件内容上传，完成网申。纸质申请材料由国际处统一递送科技部国际司。科技部审查后公布。

【拓展阅读】

2017 年度暑期高中生访日团由科技部国际合作司委托中国科学技术交流中心组织实施，访日团成员由中国科协青少年科技中心及相关地方科技厅（局）选拔推荐的优秀高中生组成，共 324 人。自 7 月 2 日起分四批赴日本东京、大阪、京都、福冈、北海道等地开展科技交流活动，日程主要包括：与日本学生交流互动、聆听诺贝尔奖获得者演讲、观摩科学实验室、参观知名大学、考察科研机构等。代表团成员纷纷表示，通过参加中日青少年科技交流计划，不仅开拓了国际视野、接触到异国前沿科技、体验了异国文化，而且通过亲身感受中日两国科技发展的现状，增强了投身科研事业的理想信念。JST 中国综合研究交流中心负责人表示，中国青少年在日期间积极参与各类活动，他们的朝气蓬勃以及青春活力给日方机构留下了深刻印象，同时交流活动激发了日本青少年的进取心，为中日两国青少年的交流奠定了良好基础。

【章后练习】

请根据以上项目，3～7 人形成一组，做一个调研，调研大学生对海外交流项目认可度、参与积极度，并形成调研报告。要求：①字数 5 000 字以上；②格式参照正规社会实践报告格式；③建议发放问卷，进行数据采集，制作图表；④感兴趣同学可在现已有项目基础上，查找更多有意义的大学生海外交流项目，在在校学生中普及，增进大学生对海外交流项目的理解和支持。

【参考文献】

杨蕾，2015. 大学生参与国际志愿服务的动机与引导策略研究［J］. 中国校外教育（35）：16 - 17.

杨蕾，马立民，王丽君，2016. 三位一体的国际志愿服务实践教育模式研究［J］. 北京教育（高教）（01）：61 - 63.

http://apply.csc.edu.cn　2018 年国家留学基金资助出国留学人员选拔简章.

http://www.cciee121.com/html/2013 - 12/1529.html　《中美人才培养计划》121 双学位项目 2018 年招生简章最新发布.

http://www.most.gov.cn/　关于申报 2015 年度中日青少年科技交流计划项目的通知.

第十章<<< 实习见习

【导读】 实习是每一个大学生必须拥有的一段经历，它使我们在实践中了解社会、在实践中巩固知识；实习又是对每一位大学生专业知识的一种检验。实习见习是一门主要实践性课程，是我们将理论知识同生产实践相结合的有效途径，是增强建设有中国特色社会主义事业的责任心和使命感的过程。

第一节 大学生实习见习概述

【导读】 实习、见习是帮助青年学生实现“四个正确认识”的重要渠道和路径，我们要认真聚焦社会实践存在的现实问题，认识和把握社会实践的发展趋向，推动这项工作沿着科学化的轨道健康发展，真正投入到社会实践中去。本章通过对大学生见习、实习的意义、基本要求、发展趋势、解决途径、类型及内容等方面的介绍，并结合国家机关实习、企业单位实习等实际案例较为全面地介绍了大学生社会实践实习见习的基本理论知识及开展实习见习的必要性。

一、大学生实习见习的内涵及模式

（一）大学生实习见习的内涵

实习是指在校学生有计划，有组织地到校外接触社会，了解社会。在实践中学习，是大学生了解社会，接触社会的一种实践，是大学生社会实践的一项内容，也是大学生对未来职业的一种体验，包括认知实习、体验式实习、见习、顶岗实习等。

见习是初到工作岗位的人在现场实习，其形式包括职业见习计划等。职业见习计划是一项包括政府、见习单位、高校、人才中介机构以及毕业生在内五方受益的活动，职业见习岗位是为破解大学生就业难而设立的，未就业毕业生到企业参加不超过一年的职业见习。另一种见习形式是专指教师、医生等专业的见习，是观摩学习的过程。

专业实习是高校教育教学环节中的重要组成部分，实习的质量直接关系到高技能、高素质、应用型人才的培养，以及教育质量、就业等一系列社会问题。教育部《全面提高高等教育质量的若干意见》特别强调要强化实践育人环节，结合专业特点和人才培养要求，分类制定实践教学标准，增加实践教学比重，确保各类专业实践教学必要的学分。

实习见习是高校培养学生实践动手能力和创新精神、保证培养目标实现的不可缺少的教学环节，同时也是学生提高就业能力和增强对社会适应能力的重要手段。习近平总书记2018年9月在全国教育大会上强调，要在增强综合素质上下功夫，教育引导学生培养综合能力，培养创新思维。近几年来随着国家经济社会的发展，我国高校学生实习形式出现了一些新的发展，越来越多的学生自费参加企业实训、海外实习，参加实力较强的企业“实习生计划”等。

（二）大学生社会实践的模式

1. 统筹集中式模式 统筹集中式模式是高校普遍采用的一种实习模式。是指学校与企业共同建设实习基地，统一安排实习单位，统一分配实习岗位、统一管理与指导，在毕业前集中6个月左右的时间开展实习教学。采用这种实习模式要求学生迅速进入工作角色，与就业工作相对接，实行实习就业一体化。这种模式的主要特点是学生以员工角色进入企业实习，与企业员工承担相同的岗位职责和义务，获得一定的经济报酬。这种模式具备较强的优势：对高校而言，一定规模的学生在管理和实习指导方面占有一定的优势，同时便于与合作企业开展员工培训、科技服务、师资培养等多种形式的合作；对学生而言，强调学生从“企业实习”到“社会就业”的快速适应，可以较快提高学生的综合素质；对合作企业而言，能够获得稳定的人力资源，有效降低经营成本。当然，其不足也比较明显：一是忽视了学生从“课堂学习”到“企业实习”的心理过渡问题，管理过程中的人文关怀不足，容易造成较大的心理压力，影响实习效果；二是企业追求经济效益，容易忽视学生技能培养；三是企业出于经营成本压力，培训指导不足，学生轮岗困难。

2. 订单式模式 订单式模式是指学校与企业建立校企合作机制，双方共同制定人才培养方案，共同参与课程教学，共同培养企业所需要的人才。一般由企业提供一定的助学金，承担实践教学任务，提供实训基地和就业安排。这种方式的主要特点是学校根据企业用人标准来培养学生，企业参与人才培养的全过程。这种模式的优势体现在：学校的人才培养标准与企业的用人需求无缝接合；定制化课程比例较高，有利于迅速适应企业工作环境；学生学习标准明确，就业有保障，更容易提前进入学习和工作状态，能够有效提高实习效果。但是由于提前定位了学生今后的工作岗位和工作状态，在某种程度可能会限制学生的个性化发展。

3. 顶岗式模式 顶岗式模式是指学生以员工的角色进入企业，履行完全的岗位职责和义务。顶岗实习是提升操作技能、学习企业管理、提高综合素质的综合性实践教学活动。其主要特点：一是顶岗操作，学生在实习过程中以正式员工的身份独立完成工作任务；二是学生拥有双重身份，接受双重管理；三是实习效果突出，开展顶岗实习的企业一般由学校精心选择确定，这是“顶岗式”实习达到预期效果的重要保障。顶岗实习模式的不足主要体现在：一是实习时间长，实习过程管理困难；二是实习效果评价困难，实习激励机制不足。

二、大学生实习见习的意义

实习是降低招聘风险和遴选优秀人才的重要人力资源管理策略，企业和高校要大力组织以促进就业为目的的实习实训，确保高校毕业生在离校前都能参加实习活动，以便提升高校毕业生的就业能力。教育部《关于加强和规范普通本科高校实习管理工作的意见》(教高函〔2019〕12号)提出，要充分认识实习的意义。实习是人才培养的重要组成部分，是深化课堂教学的重要环节，是学生了解社会、接触生产实际，获取、掌握生产现场相关知识的重要途径，在培养学生实践能力、创新精神，树立事业心、责任感等方面有着重要作用。实习作为一个大学生适应工作的重要预期社会化阶段，是促进大学生就业以及适应从“学生”到“雇员”角色转变的重要桥梁。实习可以帮助大学生了解企业实际情况，为大学生择业提供有效参考信息，并帮助他们建立良好的职业发展规划；另外实习经历也是大学生提高就业竞争力的重要方法。

(一) 有助于提高工作适应效果

实习帮助大学生降低“现实冲击”，可使其更快适应正式工作。恐怕没有哪一个阶段会比刚刚就业的时期对员工的心理影响更大。现实冲击是指新员工在加入新企业的初期，因预期与现实的不一致，或有不曾预料的情况发生而导致的心理矛盾和痛苦的现象，简单地说就是现实与期望之间出现差距而导致的心理冲击。大学毕业生的第一次就业，现实冲击尤其强烈，他们第一次接受真正意义上的工作任务，会发现很多工作的标准和程序与在学习中获得的知识并不符合。现实冲击会使新入职的员工失去自信、工作紧张，从而导致其工作满意度低、工作绩效不高、离职倾向较高的结果。研究发现实习可以帮助降低现实冲击的程度，这是因为大学生在实习期间就会提早遇到这种冲击，等到他们真正成为正式员工的时候，他们对工作的期望已经做了些调整、从而拉近了现实与期望之间的差距。

(二) 有助于提高职业发展效果

实习可以帮助大学生建立自我职业概念，明确职业能力、兴趣和工作价值观。研究发现，通过实习大学生可以获得与工作相关的技能，实习也会增加他们的职业自我效能以及加强其职业自我概念的形成。职业自我概念是指个体对职业与自身关系的认识和定型。当前大学生的职业自我概念还不够成熟，一方面大学生的自我认知和评价能力还不够成熟，从而他们对自己的认识缺乏客观性和全面性；另一方面大学生由于实践经验不足，对社会和职业相关信息所知甚少，主要是通过职业指导课程和相关媒体等间接渠道获得职业信息，缺乏从事职业活动的亲身体验，因而对职业难以获得深刻的理解。正是由于大学生的自我职业概念不够成熟，导致他们在职业选择的过程中出现很多问题，不能进行正确的职业选择。实习是让大学生了解社会需求和参与实际工作的机会，实习可以让大学生了解个人的工作价值观、能力、特长、专业与职业爱好，获得一些职业实践活动的切身体验，通过这一体验可以让他们对大学前三年的学习和工作进行总结，检验已确立的职业目标是否适当，为将来的择业做好准备。

(三) 有助于提高择业就业效果

实习吸引大学生的一个非常重要的原因是它使大学生在人才市场上更有竞争力。经研究发现，与没有实习经历的学生相比，参加过实习的大学生更有机会得到具有职业发展潜力的工作机会。大学生缺乏工作经验，而实习是一个增加工作经验的机会，可以帮助大学生提高实际操作能力，培养良好的职业素养。对企业来说，有实习经历的毕业生，能够更快地融入工作氛围，更快进入角色，所以实习经历是企业所看重的。另外，实习还可以帮助大学生建立社会关系网络，从而获取更多工作机会的信息。

大力组织以促进就业为目的的实习实践，确保高校毕业生在离校前都能参加实习实践活动。

——《关于加强普通高等学校毕业生就业工作的通知》

也要求未来的大学毕业生具有更高、更强的实践能力。要让大学生具有良好的实践能力，必须有健全的实习机制。

——《中国制造 2025》行动纲领

三、大学生实习见习类型

（一）校企结合型

校企合作教育作为一种以市场和社会需求为导向的运行机制，是学校和企业双方共同参与人才培养过程。利用学校和企业两种不同的教育环境和教育资源，采用课堂教学与学生参加实际工作有机结合，以培养学生的全面素质、综合能力和就业竞争力为重点的教学模式。基于校企合作模式的创新人才培养已成为时代发展的需要，也是高校实现人才培养目标和解决我国大学生就业难的重要途径之一。为了加强与企业的合作，促进产学研的相互结合，提高办学质量，更好地为社会经济发展服务，校企合作教育模式从出现到今天，已产生了许多合作形式：

1. 校企合作联合办学模式　企业人才是高校培养的方向，企业技术是高校开发的内容，通过与企业合作联合办学，搭建创新人才培养平台。在校企合作联合办学发展过程中，出现股份制、冠名式的人才培养实体，内涵十分丰富，具体形式也多种多样，有3＋1式、3.5＋0.5式、2＋1＋1式、提前招聘等联合培养模式，许多高校已经取得一定的办学效果，并处于进一步的推广中。

2. 实习基地模式　实习基地是培养学生实践能力的综合环境，学生可以利用课外时间到这些基地去实习，将课堂上所学的知识用于生产实践，在实践中逐步完善理论知识，从而达到理论与实践的有机结合。由于社会需求强烈、人才培养需求迫切，所以共建实习基地是当前校企合作的重要内容。河海大学商学院与金蝶集团等多家企业共建校内、校外实习基地，为创新人才培养创造了良好的硬件、软件环境。

3. 科研项目合作模式　校企之间以科研项目为纽带的互惠互利合作，以科研项目为载体的培养模式，是多年来校企合作的主要模式之一，也是发展最成熟的校企合作形式。紧密结合企业的生产实际和科学技术的前沿问题进行科技攻关，以达到提高学生实践能力和创新能力的培养目标。企业要想在激烈的市场竞争中取得成功，必须加强产品创新和先进技术的开发，而高校拥有丰富的人力资源。因此，高校与企业合作，科研结合生产，更容易出成果，成果也更便于用于生产实践，从而尽快产生效益。

4. 共同组建师资队伍模式　在培养创新型人才的过程中，教师起着重要的作用。学校采取校企教师的双向流动机制，即企业可以定期选派有丰富实践经验的科技人员为学生授课，学校教师可以定期参加企业举办的培训。这样不但可以实现知识和设备共享，在较大程度上提高了年轻教师解决实际问题的能力，也可以促进学校与企业在各个层次上的沟通与交流，实现产学研一体化，提高教学质量。

【拓展阅读】

校企合作是一种以市场和社会需求为导向的运行机制，是学校和用人单位双方共同参与人才培养过程，以培养学生的全面素质、综合能力和就业竞争力为重点，利用学校和用人单位两种不同的教育环境和教育资源，采用课堂教学与学生参加实际工作有机结合，来培养适合不同用人单位需要的应用型人才的教学模式。

——郭小林《完善高校与用人单位学生实习合作平台的思考》

（二）校府结合型

校府合作人才培养模式的运行前提是学校与部分政府机关相关部门达成基本的合作意向，政府机关同意接收学生实习。学生自主选择政府机关实习与校方根据学生愿望安排政府机关实习相结合。“校府结合”具有以下几种合作形式：

1. 校府联合办学 高校作为人才培养单位，政府作为潜在的用人单位，供求双方通过学生社会实践，既可缓解政府机关的人力紧张矛盾，也使学生获得了社会实践知识，对双方都有利无弊。校府联合办学有利于帮政府培养实用人才，从而实现直接的人才对接。

2. 建立政府人员师资队伍 采取“请进来”的方式，聘请有丰富务实经验的政府工作人员来学校进行专题指导、案例教学、情景模拟，使学生掌握专业知识在具体的实践过程中必要的工作操作技能。教育部门应本着推进政府工作和促进学科发展的目的将高校与政府的合作向前推进，充分发挥信息中介作用，将高校实习人才供给与政府人才需求合理统筹，将高校理论教学与政府实践平台统筹，为促进高校公共管理专业发展，促进我国知识型、服务型政府机关建设做出应有的贡献。

3. 建立实习基地 通过到政府相关部门的参观学习，了解本专业在社会生产中的作用和需求。建立学生在政府机关的社会实践基地，使学生能够将课堂上所学的理论知识与政府行政管理实践相结合，提升了专业学生的专业素养与社会实践能力。

【拓展阅读】

在京津冀协同发展不断深入推进的背景下，京津冀高等教育协同发展是京津冀协同发展的重要内容，是推动京津冀区域经济创新协调发展的重要驱动力。目前京津冀高等教育协同发展的模式较多，有政府之间合作办学、高校联合办学等，其中“校府合作”模式是京津冀高等教育协同发展的新趋势。“校府合作”是指高校与地方政府之间在高等教育方面的合作，高校通过在地方设置分校，独立学院，创办科技园区、设置研究院、与地方企业合作等形式，发挥各自优势，共享资源，达到共同发展的目的。“校府合作”对京津冀协同发展具有重要意义。

【拓展阅读】

在校府合作育人的这项事业中，社会责任成为推动此项工作向前发展的不竭动力。具体来讲，这种社会责任一方面表现为党政机关站在国家建设与社会发展的人才储备高度来看待接收实习学生这项工作，而非“添麻烦”“应付了事”；另一方面，高校工作者竭尽全力为学生创造演练理论知识、提高综合素质的机会。地方建设需要大批优秀人才，地方高校也需要为其所培养的人才找到合适的社会位置。可以说，学校和政府身上的这份社会责任确实不轻。只有站在这样的高度和角度来认识实习工作，才能真正实现校府合作育人工作的可持续发展。

——《公共管理类专业实习府校合作模式探析》

（三）自主学习型

学生自主教育实习也称自行联系教育实习或分散实习，是由学生自己联系确定实习学校，单独进行实习的模式。其工作程序包括：学生提出实习申请，自行联系实习学校，院系审核批准并签订《教育实习责任书》，实习动员，进校实习，总结验收。

【拓展阅读】

将职业学校学生实习分为认识实习、跟岗实习和顶岗实习三类，并对这三类实习生进行分类管理和保护。因此，对学生自主选择实习的实习生也可以参照该管理规定，可探索建立实习生分类保护制度，如根据实习生的实习阶段的不同可将实习生区分为岗前实习和普通实习。岗前实习是学生即将毕业，确定毕业后与本单位签订劳动合同，正式入职之前的实习阶段；普通实习是仅仅在实习单位进行短期的学习实践活动，不会与实习单位形成长期的劳动关系。

——教育部《职业学校学生实习管理规定》（2016 年 4 月 11 日）

第二节　大学生实习见习的问题及解决途径

【导读】小邹毕业后经学校推荐，签署了一份职业见习申请表，申请参加上海市青年职业见习计划。之后小邹进入 SN 公司见习，双方约定：会司为小邹提供见习岗位，双方不建立劳动关系，见习期为半年。小邹见习结束，自行通过劳动力市场寻找就业岗位。由于表现较好，在见习 5 个月后，公司向小邹出具了一份签约通知书，表示决定录用他，并明确将与小邹签订为期 3 年的劳动合同，试用期为 6 个月。可几天后，小邹在上班途中不幸发生交通事故，受伤住院。小邹认为，既然公司已经通知录用他了，说明他与公司已构成劳动关系，要求认定工伤，而公司则不同意认定。案件经劳动人事争议仲裁、一审和二审后，最终认定小邹与公司之间为“职业见习关系”，不能认定为工伤，法院驳回了小邹的请求。

一、大学生实习见习的问题

实习既是大学生的一项重要权利，也是大学生提升就业能力的有效途径。然而，我国大学生当前的实习状况不容乐观，存在组织管理松散、专业相关度不高、实习效果欠佳、侵权较为普遍等问题。

（一）实习过程的法律保障问题

我国目前还未建立起较为完善的大学生实习问题相关法律法规，关于大学生实习的相应制度也不够完善，更没有专门针对大学生实习的专门立法。我国每年都会有无数的大学生到用工单位进行实习，但缺乏完善的法律制度，加之大学生缺乏社会经验，大部分学生的法律意识相对薄弱，权益易受到侵害。当大学生权益受到侵害时，他们该如何解决，如何使自己的利益不受侵犯，以及受到侵害时该向谁求助等问题，这些都在迫切的告诉我们实习过程法律保障问题的重要性。面对这一特殊群体，如何使其实习期间的权益得到保障已成为不可回避并亟待解决的问题。

（二）实习过程的任务设计问题

1. 实习安排的计划性问题 在实习开始之前或初期，学生制定相应计划，确立目标，企业同时也应该为实习生制定相应计划，以使实习生可以更好地完成实习任务。学习安排的计划性需要做到双向计划，学生与企业同时自主地制定好相应的计划，可以在一定程度上使任务完成得更好。

2. 实习任务的挑战性 大多数实习生是抱着提高工作技能的心态而来，实习任务应当有价值，有意义，难度性适中，任务太简单，学生得不到太多锻炼，任务太难，部分学生会丧失积极性。企业要理解实习生对待任务的心态，不同程度的实习生不同分配，不可随意分配。

3. 实习任务范围的针对性与全面性 大学生在选择实习时，大多数是希望可以使自己不同方面的能力得到提升与拓展，某项实习任务范围如果太狭窄，学生了解不多，能力也得不到更好的展现，某项实习任务范围如果太全面，则会让学生应接不暇。因此实习过程中企业要注意实习任务的针对性与全面性。

（三）实习成本的快速增长问题

大学生实习薪酬低是在所难免的，能力与经验不足，经费标准自然不高，但是随着物价水平在不断增长，相比之下，实习薪酬标准增长则过缓。而对于大学生来说，一方面是实习经费增长过快，一方面是实习薪酬标准增长过缓，大学生的压力可想而知。在面对这一压力，大学生在实习过程中会不可避免地影响实习生的实习过程。实习过程中经费标准增长过缓问题，也是阻碍大学生实习进行的影响因素之一。

【拓展阅读】

“教育与生产劳动结合是培养全面发展的人才的重要途径，社会各方面要为学校开展生产劳动、科技活动和其他社会实践活动提供必要条件。”可见，参与培养高质量的人才、接受大学生实习是全社会，包括企业在内的所有用人单位义不容辞的责任和义务。

——《全面推进素质教育的决定》

【拓展阅读】

在我国，正如教育部原副部长周远清所说："实践教学比理论教学更重要，而它目前却是一个薄弱环节。"要将大学生的实践教学提到应有的高度，不仅需要高等院校和大学生的积极探索，社会更是责无旁贷，必须施以关注和支持。

虽然还有宝洁、诺基亚、西门子、微软等国际知名企业都在国内设立了特定的实习培养计划，为在校大学生提供实习岗位，但实际情况是，愈来愈多的企业逐渐淡出教育实习活动。*Time* 杂志对国内企业的一项调查表明：超过 70% 的企业已经开始不愿意接收实习生，认为实习生不方便企业管理的有 63%，有 81%的企业不会为实习生安排补贴。面对这样的尴尬境地，虽然可以通过学生自己的积极努力，变高校集体实习为分散实习来解决部分问题，但学生以个体身份在校外实习所带来的种种负面效应，使得人们必须尝试"寻找一种中间的解决办法"。

——张晓霞《当前大学生实习状况及发展趋势》

二、大学生实习见习的解决途径

（一）完善相关法律保障

完善大学生立法并明确其法律身份。借鉴地方立法，尽快出台全国性的有关大学生实习权益保护法规，或将大学生纳入《中华人民共和国劳动法》和《中华人民共和国劳动合同法》调整范围等。完善立法，针对大学生实习这一特殊问题，明确其法律身份，使大学生在实习过程中有完善的法律作支撑，保障他们的权益。

将符合条件的实习生纳入工商保险范围。我国根据自己实际情况，适当借鉴国外值得学习的相应制度，应当通过立法将实习生纳入工伤保险的范围，使实习权益得到应有的保障。

明确实习各方主体的责任。第一，规范学校实习管理和服务。相关部门出台相应政策，规范学校实习管理和服务，不可采取"放养"态度。第二，明确实习单位的责任。实习单位不可侵害实习生的权益，完善相应法律法规，说明实习单位的责任。第三，明确实习双方的义务等。在实习过程中不仅学生应遵守相应制度，企业也应该明确自身责任，强化企业参与实习的社会义务。

（二）构建合力育人体系

在解决大学生实习问题的过程中，学生、学校、企业以及政府之间应该加强互动，改善大学生实习问题。改善问题并不是一方努力就可以，一方努力改善作用并不大，要学生、学校、企业以及政府四位一体，在做好自身工作的同时，加强互动，促进大学生实习。

1. 学生 首先，信息搜索。加深对职业与行业的了解，确认喜欢或擅长的职业。其次，关系构建。从学生向职场人士转变做准备，学校与职场、学习与工作、学生与员工之间存在着巨大的差异。在角色的转化过程中，人们的观点、行为方式、心理等方面都要做适当的调整。同时，自我管理。专业知识基础打牢。专业知识首先是不可或缺的，虽说实践是最好的老师，但是没有一定的理论知识做储备，做事可能会事倍功半。补充电脑知识。在这个互联网高速发展的时代，没有一定的电脑方面知识必然不行，因此会一些基本知识及熟练运用办公常用软件是必需的。

2. 学校 首先，为学生建立安全的信息平台，使学生及时了解实习信息。学生在了解实习信息时，可能会因为信息不对称遭受损失，建立安全的信息平台是应该实施的。其次，帮助学生寻求正确的实习方式，完善大学生实习的教育制度安排，指导学生对实习的态度、工作的方式、经验的积累等。大学生缺乏经验，实习之前需要有人帮助寻求正确的实习方式。同时，加强学生专业知识的培养。理论知识是实践的基础，有理论知识做基础，实习过程也能更顺利地进行。学校应积极开展相应实习教育课程，帮助学生更好地为实习做前期准备；建立导师制度，学生自己的导师在学生实习时，要不定期地与学生谈话，帮助解决学生实习过程中遇到的问题，学生实习过程的开展，也可作为导师工作审核的标准。

3. 企业 首先，给大学生实习提供一个较好的学习环境。让他们在实习过程可以学到更多经验，结合理论知识，更好的体验实习。其次，转变观念。正确认识学生舒适性问题，从战略人力资源的角度建立人才储备观。企业应当做到：第一，实习安排的计划性。给大学生制定相应计划表，时间安排以及任务时间计划等，合理规范的设计，帮助实习生更好的实习。第二，合理设计实习任务，尽量使实习生在完成的同时，保持工作积极性，提高工作效率。

4. 政府 首先，加强网络等途径宣传实习信息的监管，确保其安全性。其次，出台鼓励企业和事业单位接收大学生实习的政策。同时，制定相应法律保障学生实习的合法权益，完善大学生相应实习制度法律法规等。从政府入手建立大学生实习制度完全可行，可要求各级政府拨付专项经费，提供岗位；由政府给见习学员发放适当生活补贴；减免见习企业等基地行政事业性收费，给予税收优惠政策等。

【拓展阅读】

“能工巧匠的培养是一个系统工程，需要政府牵头，各部门、行业企业、职业院校、社会培训机构明确职责、明晰事权、通力合作，构建高效、规范、长期的多元化、市场化培养体系。”面对社会专门人才培养的种种症结，沈琪芳开出良方。

沈琪芳建议，搭建能工巧匠培养院校与企业对接平台，探索校企合作网络办事机制，简化企业获得政府校企合作奖励经费和税收优惠政策；推进校企股份合作模式，共建产学合作机构、培训专业、课程、实践基地等；推进“职业技术培训园区＋科技园区”的建设，形成具有产学研特点的职业技术培训园区化发展态势。鼓励职业院校根据专业特点兴办校办企业。

——摘自中国教育报 2017 年 3 月 15 日版《“中国工匠”从哪里来》

第三节　大学生实习见习案例分析

案例1　实习陷阱——就业需当心

C同学是在2014年11月找到一份实习工作，这份工作是通过网上信息找到的，网页上的描述很少，看起来待遇还很优厚。当时C同学什么也不懂，接洽了一下就留下了。到公司了解情况后，知道了工作的内容，就是根据图纸装配大型机械。老板是一个项目负责人。当时C同学属于小白，什么书面协议都没签，就开始工作了。老板说的待遇是：工作时间8小时，基本工资2 000元，包食宿，平时偶尔加加班。相对于实习期来说，感觉待遇还过得去。刚开始的几天，工作时间还行，8～10个小时。第二周开始，加班时间加长，每天十来个小时。一般加班费都是1.5倍，所以实习累点就累点，无所谓。

又过了半个月，项目负责人说没有加班费。每天加班四五个小时不给加班费，C同学当时打算辞职走人。项目负责人说明天他找老板问问。第二天负责人找到C同学，说可以给加班费，要好好干。就这样，C同学继续留下来了。但是做满1个月后，过了两三天也没有发工资，公司说要押一个月的工资，第二个月才能拿到第一个月的工资。由于C同学没签什么书面协议，所以没办法，只能这样了。

第二个月开始，C同学感觉到了工作的艰辛。一天工作十三四个小时是常有的事，经常被要求加班到深夜。这样工作了一段时间，C同学受不了了，又找负责人提出了辞职的想法。这时负责人说辞职要提前一个月说才行，不然的话要扣工资，而如果现在走的话，第一个月的工资连一半都拿不到。这样一说，C同学肯定接受不了，就和负责人交涉。第二天，才谈妥，说把这个月做完再走的话不扣工资，并且加班时间适当减少。然后C同学继续坚持下去了。

这样过了5天，加班时间的确有适当的减少，并且晚餐也不是在加班到半夜后再吃的，而是在18点左右叫的外卖，这样的确比之前强多了，坚持最后半个月也没关系。可是两天一过，负责人又开始变卦了，又开始无限制地加班，有时接近凌晨才下班。这时C同学算是彻底要走了，做满2个月走人。项目负责人发了第一个月的工资，有加班费，一分不少。在他发了第一个月的工资后，C同学提出了辞职。按照他说的，压一个月的工资，所以第二个月的工资没打算现在就发，C同学就让他把第二个月的工资先结算下。1个小时过后，他拿着2 200块钱对C同学说："就这么多，没有加班费。"C同学找他交涉了半天，还是拿不到加班费，只有谈话录音，并且得到了一句："不服你去告我去!"

C同学向有关人士咨询，得到的答复是：实习期可以没有加班费，并且实习期都构不成劳动关系，只能算是劳务关系。而C同学连一份书面协议都没有，所以这个情况比较难办。就这样，C同学在参考了一些资料后，确定了申诉成功可能性非常小的情况下，这件事只能告一段落了。虽然这次的实习感觉上像是失败的，但是也有很多的收获。首先，C同学认识了自身，看到了自己擅长的一面，不再迷茫了。相信这是很多毕业生实习时都能收获到的，C同学认为这就是最大的收获，就是成功的。至于加班费没有拿到，这次是吸取了教训，自身的法律意识得到增强。再者，也学会了一些技能，都是收获的一部分。

案例分析

1. 大学生实习权益得不到很好的保障，导致了大学生实习期间权益受到侵害的情况普遍存在。所以，完善实习相关政策法规是非常有必要的。接着，没有纸质的书面协议。我们从中可以看到，有好多口头协议最后都没有遵守，甚至直接否认。口头合同在发生纠纷时，难以举证和分清责任。所以一份书面合同是非常有必要的。

2. 学生在实习前后过程遇到过不少意料之外的问题，有些甚至是对以往知识经验的颠覆。从教育的视角看，大学生毕业实习应是学业的一部分。既是学业，也是教育过程中的一环，其中学生仍是教育主体之一，而不是唯一主体，仍需要学生在更大程度上发挥主观能动性。企业单位作为此教育过程中课程参与者，并没有充分意识到自己的教育责任，甚至企业的有些活动的合法性都是值得质疑的，当然谈不上该过程中“实习课程”的计划性、教育实效性。企业不应将教育人、培养人的实习变为用工或剥削的契机。

3. 更多的部门与个人关注大学生毕业实习过程。学校加强对毕业班学生的实习指导，教育管理部门能够更有效地协调校企关系，让大学生实现过程不失其教育性，包括其作为课程的目的性、计划性、实效性。大学生毕业实习条件需要家庭、学校、教育管理部门、社会单位等多方联合共建，以利于大学教育过程更加有实效，乃至趋于完美。

案例2 学以致用——劳务小岗位也能发挥大能量

如今大学生勤工助学的现象越来越普遍。与大多数学生仅仅是为了得报酬的简单目的不同，小李开展勤工助学的目的不单单是为了赚钱，更是为了积累经验阅历、提高综合素质，为未来就业做准备。

2013年春节前，北京的劳务人员短缺。学会计专业的小李放假后，来到自家附近的大卖场做收银员。收银员的工作时时刻刻在与现金打交道，小李认为自己认真谨慎，完全可以胜任。每天领取清点备用金并签字确认后，她便开始忙碌工作了。刚刚开始小李还不适应收银工作的快节奏，但在师傅的带领下，几天后她就可以独立熟练地操作了。她还很快练就了速找零钱、认假钞等本领。由于小李工作期间没有出现任何差错的优异表现，离职时主管经理对她赞不绝口，还热情邀请她以后有机会再到大卖场从事相关的财务工作。

案例分析

1. 实习工作主要是让学生能深入到会计现实事务实践过程中去，把所学知识运用到实际工作中，能主动地将理论与实践相结合，培养动手操作能力和专业所需的基本技能及操作规范，在实践中实现各门专业学科知识的整合与基本专业技能的训练。同时，通过上岗实习工作、生活，磨炼思想意志和提高思想品德，树立事业责任感和劳动观念，为日后走向社会打下良好的基础。

2. 实习生进入事业单位实习就会发现：事业单位的工作要繁忙很多，这与印象中的行政事业单位的工作是比较清闲简单的观念大相径庭。所以要用充足的精力去做好的每一件事，这样才能把自己从事的事业做好。

3. “三人行，必有我师”，深知每一位正式职工都是今后学习的对象，在工作中实习生要真正把实习工作当做自己的工作。特别是在工作上认真负责的态度，必须尤其注意。

案例3 海外实习——工作热情比兴趣及专业更重要

面临毕业的陈雯在这个暑假选择了海外实习，而此次实习的企业与自己的兴趣及专业几乎毫无关系。与之前曾参与过的国内外企 HR、咨询、公关类的实习相比，“含金量也不高”，但陈雯仍然觉得收获颇丰，因为可以对印度的文化有比较深入的了解，而且这段经历直接影响到了她对未来学业和生活的规划。暑假期间，陈雯与两个北大同学一起来到印度的加尔各答市，在一家企业开始实习。这家企业是一个社会企业，带有公益性质，主要为印度的手工艺人提供商业化的培训，帮助其更好地推广自己的产品获得市场。

常规工作之外，陈雯还参与了预防艾滋病的宣传工作，曾到当地的一些软件公司做讲演和宣传。与陈雯同时参与实习的还有来自日本、美国名校的实习生。但临近实习结束时，公司老板对陈雯的评价非常高，认为她的才华和沟通技巧是令人惊叹的。“其实有时候越是条件艰苦，困难多，越能学到东西。”回忆在印度的实习经历时，陈雯十分感慨。目前，陈雯正在准备申请留学英国，专业是政治学和公共管理。之所以选择这个专业，正是由于在印度的实习经历。“我在印度的老板曾在英美留学且工作过十几年，之所以创办这个企业就是要回馈祖国，这对我触动很大，因为我一直也十分希望做一些有益于社会的事情。回国后，我在学校和其他的实习经历中也有意识地更深入接触这方面的东西，同时还在一些 NGO 工作。目前我想申请的几个项目，基本都和公民社会的概念有关，想踏踏实实做一些事情，先积累自己的知识和经验。”

案例分析

1. 技能服务型勤工助学涵盖类型多样，与短期实习的概念在一定程度上相近。例如，家教辅导、文体教练、调查研究、行政助理、资料整理文献翻译，这是专业技术性要求相对低的一类实习工作，与自身的专业学习和职业发展结合不是很紧密，对学生全面发展很有作用。

2. 在从事实践活动和实习工作的过程中，要注意以下问题：一是所从事的劳务工作要遵守国家法律政策，符合学校和工商行政管理的规定；二是要注意自身权益的保护，确保安全；三是要协调好勤工助学与在校学习之间时间安排与投入精力的关系。

3. 挂职锻炼与预就业实习是大学生为提升就业综合素质，在校期间前往用人单位开展的模拟就业实习活动。与学校组织的专业实习或生产实习不同，挂职锻炼与预就业实习活动基于学生的就业兴趣自主选择，是提升职业能力、获取就业信息的一个重要途径。这类实习活动可以分为挂职锻炼和预就业实习两个类型。

案例 4 合理运用所学为社会服务

大专院校学生特别是理工科院校学生对于运用自己所学知识进行科技攻关和科技咨询活动有着浓厚的兴趣。这些活动可以使他们运用自己学到的知识为人民服务，开阔视野，检验学习成果，因此容易为同学们所喜爱，受社会欢迎。

兰州石油化工厂作为共和国石油化工的长子，中国石油化工的摇篮，在我国石油化工发展史上书写过辉煌的篇章，做出过不可磨灭的历史贡献。虽然这个拥有各类职工 21 900 多人的大企业，各类技术人员仅有 1 223 人，技术力量十分薄弱。

兰州大学在该厂建立社会实践基地以后，学校团委将在工厂调查到的生产技术难题和科研项目进行归类，在校内张榜公布，学生根据自己的研究方向、知识基础和兴趣爱好，揭榜承担科研攻关任务。先后两次公布二十个题目，有十二个被同学揭走。揭榜后，同学们自愿组成科研小组，请教老师、查找资料、走访专家、深入工厂进行实地考察。在短短的时间里，就完成了“胶乳及特种橡胶化验”“石油树脂制作”“农膜农药及副产品深加工”“有机助剂检验”等四个科研项目，并在生产中实际应用。

兰州工业高等专科学校在兰州市自来水公司水厂建立实践基地，主动承担了一项排除废水工程的全部设计工作。实践队员利用休息时间进行勘察测量，设计方案，仅仅用了两周时间，完成了工程的全部设计工作，为水厂节约了上万元设计费用。为了向人民宣传科学技术知识，甘肃中医学院六十多名学生在教师的大力支持下，组成了“便民义务咨询服务队”，前往永昌县河西堡镇、新城子乡为当地群众义务检查身体、发放同学们捐助的药物和科普宣传手册，解答老百姓提出的各种疑难问题。

案例分析

1. 社会实践给人们提供了一个心理暴露的机会，让人们重新体察自己与周围的事物，从而不断调整，社会实践必然要求人们与外界进行交流，传递信息与情感，在这个过程中，心理脆弱者是根本不能适应千变万化的社会的需要，经过一次次失败，压抑，痛定思痛之后，智者就会主动地进行心态上的调整，在实践中锻炼、积累、总结，这个过程也正是对心理素质的一种积极的培养，故在这一点上社会实践是调动主观能动性提高心理素质的药引。

2. 心理素质的发展与一个人的知识、阅历的多少，眼界的宽窄有着微妙的关系，而社会实践则是一个极好的拓宽眼界的机会，在一次次的实践交流中，别人好的处事作人的方式方法会潜移默化地影响自身并作用于自身的言行，在这个积累经验，增智开眼的过程中，心理会变得更加坚强而有韧性。

案例 5 社区服务站的实习工作——精神火炬的传承

服务站与受助群众是一家，群众哪里有需要，哪里就有服务工作。在民生社区，社区服务活动蓬勃开展，一个社区服务者就是一个精神文明建设的火种，传递着人与人之间的温暖，也弘扬着社会新风。

马玉文带领的文体社区服务队，以丰富居民文化生活为己任，成立了夕阳红老年舞蹈队、健身舞队、合唱队、太极拳队、模特队、乐器队等多支文体队伍，既丰富了居民的文化生活，愉悦了身心，还宣传了先进文化。文体社区服务者走到哪里，就把欢声笑语带到哪里。由党员干部王月梅带领的矛盾纠纷调解志愿服务队，登门调解邻里纠纷和家庭纠纷。她们把自家电话当成了“调解热线”，不嫌麻烦，不限时间，不管难易，不管寒暑，遇到邻里吵架、夫妻拌嘴，就登门造访，主动介入，控制“事态”。

马玉文被誉为“热心老太”，特别喜欢帮助人，而且从不怕麻烦，是社区“五老”成员。退休后她主动承担起了辖区青少年和幼儿心理教育工作，辖区内大小幼儿园，学校都经常能看到她的身影，为孩子们讲解饮食、心理等方面的健康常识，并向辖区青少年发出了“做学校和社区联络的小天使，帮助家务劳动的小帮手，维护地区安全的小哨兵，遵纪守法的小模范，助人为乐的好少年”的倡议。临近毕业的大学生们也广泛响应，主动参加到社区服务的实习工作去。

案例分析

1. 现阶段“学雷锋志愿者服务站”存在的主要问题。我办事处实习服务队伍及人员数量相对数量仍然较少，人员结构相对单一；实习生队伍及部分组织人员的技能水平相对较低；社区服务对当中部分实习工作者服务意识不强；社区服务缺乏相应的资金保障，缺乏制度保障。

2. 民生社区服务站今后的运行方法。针对以上存在问题，为加强实习生队伍建设提出以下几点建议：①建立健全实习生队伍建设的培训制度，为加强实习生队伍建设提供人力基础，提高专业化水平。②建立健全社区建设的服务制度，为加大学生队伍建设提供理念导向。③建立健全社区服务的激励制度，为加强大学生队伍建设提供动力机制，即自我价值激励、自我成就激励、自我提升激励、自我快乐激励。

【章节练习】

1. 想要做好实习工作，只有科学技术是不够的，还需要我们掌握沟通交流所必备的社会技能。小赵是应届毕业生，很幸运的面试到了一份实习工作。但繁重的压力并不是来自于他擅长的工作，而是人际交往，他对此也十分困惑。你能想出一个办法帮助他改善实习过程中的人际交往吗？

2. “校企合作”式实习基地，对于人才选拔培养各有优势。这些不同的大学生社会实践的实习模式给不同的企业更多的选择。那么大学生社会实践的实习模式对于公司人才吸纳有什么可取之处？

3. 小孙想要找一份能锻炼自己的社会实践活动，根据自己的实际情况发现，实习工作很适合自己。但他并不了解挂职锻炼与预就业实习的关系和区别，你能给他讲讲吗？

4. 大学生应聘实习公司有机遇也有风险。小张初涉社会，对于大学生实习的相关政策和条文并不清楚，在第一家实习公司就吃了大亏。他想让你帮忙讲解，大学生如何更好地在实习中维护自己的权益。

【参考文献】

娄成武，魏淑艳，曹丁，2009. “校府合作”：公共管理专业人才培养模式的新探索［A］. 沈阳：东北大学.

王跃光，2008. 高师院校教育实习模式研究［A］. 浙江：浙江师范大学.
吕希奎，周小平，刘博航，2010. 校企合作模式下的创新人才培养研究［J］. 石家庄：石家庄铁道学院交通工程分院.
柯新华，2015. 大学生实习现状分析与对策探讨［A］. 九江：江西财经职业学院.
黄河，2009. 大学生实习效果及其影响因素——组织社会化的视角［J］. 高教探索.
王后丽，2016. 我国大学生实习存在的问题及对策研究［A］. 安徽：安徽财经大学.
王跃光，2010. 基于档案袋的大学生自主实习的管理与评价［J］. 浙江：浙江师范大学.

第十一章<<<

大学生社会实践注意事项

第一节　社会实践安全知识

【导读】大学生开展社会实践，对于很多学生来说，可能是第一次真正意义上的“独立生活”，应本着“安全第一，有备无患”原则，提前准备，加强安全措施，努力将问题解决在萌芽状态，做到实践教育说在嘴上，安全制度落在纸上，安全意识记在心上，安全责任担在肩上。

一、社会实践安全教育与管理

（一）实践团队的安全组织管理

大学生社会实践主要采用团队形式开展，通过一定方式组成搭配合理、分工明确、协调配合的实践团队，是顺利安全开展社会实践的前提和基础。若缺少必要的团队管理与建设，实践队伍如一盘散沙，实践活动很难保质保量完成。

1. 成员构成　一个实践项目往往需要多个专业的知识来指导展开，因此，实践团队的成员构成也应该体现这种互补性。成员根据自身的专业、学识、特长、能力等承担相应的实践任务，这样可以使活动内容更加丰富，团队知识储备更加科学合理。实践团队往往还需要指导教师或带队教师，为实践团队提供相应的技术、政策、学科指导。实践团队成员的人数控制，需要根据活动的具体内容、具体要求而确定，一般团队成员控制在4～8人组队比较适宜。团队成员在性别上最好也有区分，不要全部都是男生队员或女生队员，这样既不利于具体工作的安排，又不能充分发挥性别优势展开实践活动。实践成员的招募途径一般包括班级组团、寝室组团、学生组织组团、同乡组团、公开招募等。

【拓展阅读】

选择团队成员的三个原则

一、激情原则。激情是衡量一个人能否成功的基础标准，团队一定要选择对社会实践项目有高度热情的人加入。

二、团队原则。成败是整体而非个人，成员能够同甘共苦、一起努力、合理分享成果，团队就会形成坚强的凝聚力与一体感。

三、互补原则。合理的社会实践团队，成员之间通常能形成良好的互补，发挥各自优势开展实践活动，强化团队成员之间彼此的合作，以达到时间和人力资源的最大利用。

2. 分工明确 实践团队组队成功后，要对全体成员进行明确分工（图 11-1）。人数规模较大的团队，一般可包括团队负责人、安全委员、后勤委员、财务委员、联络委员、宣传委员和普通成员；普通规模团队至少包括团队负责人、安全委员和普通成员。团队负责人为实践团队的核心，要带领实践团队其他成员按照计划开展活动，要对所开展社会实践的选题方向、活动目的、实践方法和预期成果有比较深刻的认识，负责实践活动的筹备、实施、总结等各阶段的工作和任务，思考和解决问题的能力强，能够协调好实践团队成员之间关系。安全委员是实践活动的具体安全负责人，一般由男同学担任。在实践前要对实践活动作出合理的安全预案，要具备一定的安全知识和技能，准备必要的药品，遇到突发事故能够做到冷静并及时处理。安全员有权否决可能存在安全隐患的行动计划。其他委员配合实践团队分担相应工作。

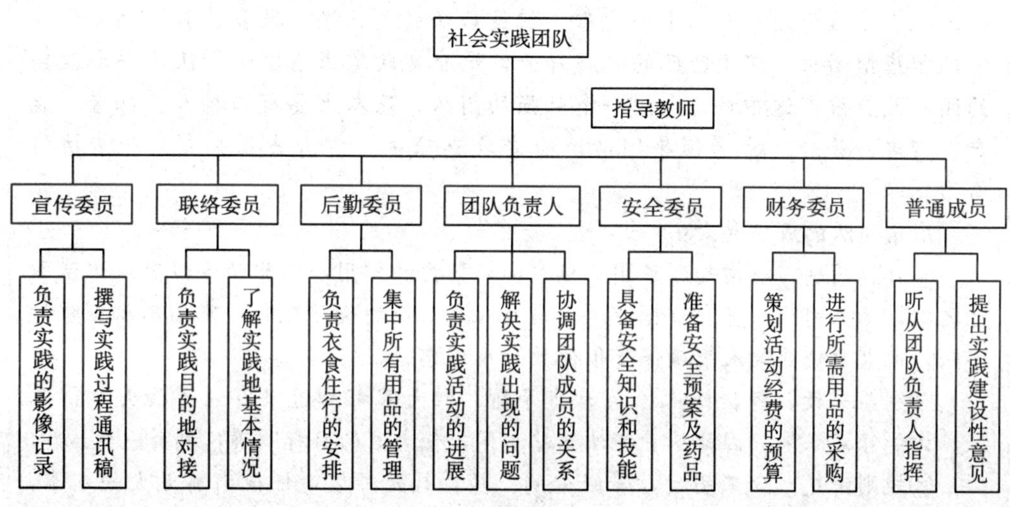

图 11-1 社会实践团队分工图

注：1. 结构图中加黑部分为普通规模实践团队组成要素；

2. 有指导教师或带队教师的实践团队，教师负责督促团队队长及安全员妥善安排活动期间的饮食、住宿等问题，加强团队成员的日常管理，认真落实各项安全措施。

【拓展阅读】

在非洲的草原上如果见到羚羊在奔逃，那一定是狮子来了；如果见到狮子在躲避，那就是象群发怒了；如果见到成百上千的狮子和大象集体逃命的壮观景象，那是什么来了？——蚂蚁军团！蚂蚁是何等的渺小微弱，任何人都可以随意处置它，但它的团队，就连兽中之王也要退避三舍。

3. 协调一致 实践团队统一思想、目标明确、上下一心、步调一致地开展活动，是成功开展社会实践的基本保障和解决实践难题的根本动力。统一思想，一方面需要团队负责人统揽全局，通过召开实践协调会、动员会等，使所有实践成员总体上了解活动的指导思想、基本内容、具体要求；另一方面要求实践队员积极学习，对一些存在异议的看法、意见，要及时沟通说明，尽早解决，不要带着问题上路，确保活动开始后“一切行动听指挥”，而非“各自搞一套，各唱各的调”。实践团队还可以根据需要建立一系列制度，包括定期会议商讨制度、财物管理制度、安全管理制度、团队纪律制度等，以确保实践团队的有效开展，协调一致。

【拓展阅读】

《西游记》中的唐僧团队，虽然是虚拟的，但是师徒历经百险求取真经的故事，不仅家喻户晓，而且是中国传统文化的集中代表。这个团队最大的好处就是互补性，领导有权威、有目标，但能力差点；员工有能力，但是自我约束力差，目标不够明确，有时还会开小差。但是总的来看，这个团队是个非常成功的团队，虽然历经九九八十一磨难，但最后修成了正果。很多总裁、领导都非常欣赏唐僧团队，阿里巴巴的总裁马云，就非常欣赏唐僧团队，认为一个理想的团队就应该有这四种角色。一个坚强的团队，基本上要有四种人：德者、能者、智者、劳者。德者领导团队，能者攻克难关，智者出谋划策，劳者执行有力。

唐僧团队的成功要素：

①目标明确。唐僧起到了团队核心和凝聚力的作用，依靠领导位置和虔诚取经之心，确保团队一直向目标迈进。当有人危及他的价值观时，哪怕不取经解散团队，他也要惩罚此人来确保贯彻他的个人意志。

②利益一致。师徒四人，虽时有矛盾，但大家都知道只有到得西天取得真经，方能修成正果。因此尽管想法思路不同，但大家的目标明确，利益一致。

③规则清楚。分工明确，等级分明。师傅就是师傅，任徒弟有天大的本事，也不能超越法规，不能以下犯上。

④结构合理。像唐僧的能力和水平正适合领导这样一个团队。人再多，他就当不成师傅了；像悟空这样能干的人不能太多，否则，唐僧就不能驾驭和控制住局面了；像八戒这样喜欢溜须拍马的人就更不能多；而像沙僧和小白龙这样的人多些倒无妨，既有些本事，又默默奉献。

⑤素质尚可。唐僧师徒四人皆因怀才不遇或犯点小错误被罚，整个团队素质较高，人才结构也合理。尽管有种种矛盾和冲突，但团队总体上还是能形成合力的。

⑥上级支持。唐僧之所以能当这个团队的头，与“上级各级领导”的关系支持是分不开的。每当这个团队即将分崩离析时，“上级领导部门”就会派人来调解。

（二）社会实践的安全教育培训

1. 安全教育培训　加强对实践团队的安全教育培训工作，特别是对队长和安全员进行安全常识的教育，强化安全意识。培训以提高安全意识和增强危机事件处理能力为教育目标，培训内容可围绕实践安全注意、危机事件处理、文明礼仪、法律法规等展开，对饮食安全、交通安全、人身安全、财物安全要进行重点教育。

【拓展阅读】

安全教育培训的“五道防线”

①结合课堂教学，通过安全事故案例，进行安全教育。②组织学生课外自主学习《普通高等学校学生安全教育及管理暂行规定》《学生伤害事故处理办法》等，同实践团队签署安全责任书，提高安全意识。③实践前集中学习，通过邀请有经验的实践指导教师或成员，围绕实践全过程的安全问题展开集中的教育培训工作。④同所有参与实践的学生家长建立联系，通过微信群、QQ群等，家校共同做好学生实践安全的教育监管工作。⑤要求实践团队随队教师或实践团队安全员，随时对实践过程进行安全指导和安全提醒。

2. 安全预案制定 我们在社会实践过程中，难免会遇到一些突发事件。这些事件虽然发生的概率较小，可一旦发生，我们又没有及时有效的处理，很可能会给大家造成巨大的损失，我们称这些事件为“危机”。危机管理为应付各种危机情况所进行的规划决策、动态调整、化解处理及员工训练等活动过程，是预防危机发生并将发生危机的损害减到最小的管理科学。安全预案是危机管理中一个非常重要的组成部分。

【拓展阅读】

社会实践安全预案的撰写

①安全预案在编写前，实践团队要充分讨论，明确目标，提高安全意识；查找相关资料，了解实践过程中可能遇到的突发事件及一般应对措施；充分了解实践地的地理环境、气候条件、风俗民俗；充分考虑实践过程中涉及的交通安全、财物安全、住宿安全等，做到有备无患。②安全预案的制定一般包括：基本情况、安全准备工作、安全教育工作、安全相关制度、对突发事件的预估及应急措施等。③实践过程中一旦发生突发事件，首先要沉着冷静，迅速启动安全预案，同时注意预防新的危机发生；其次联系、报告相关部门，适时请求支援；最后在危机得到控制后，总结经验。特别注意，安全预案要落实到人，责任明确，任务清楚，同时也可安排后备人员，以防相关责任人由于种种原因不能执行预定的任务，从而导致时间延误。

3. 安全保险购买 为降低实践过程中的风险成本，尽量保证实践团队所有成员购买了人身意外保险或者短期保险后，经批准方可开展实践活动。

【拓展阅读】

购买保险小常识

人身意外伤害保险是指被保险人在保险有效期内，因遭受非本意的，外来的，突然发生的意外事故，致使身体蒙受伤害而残废或死亡时，保险公司按照保险合同的规定给付保险金的保险。分为个人意外伤害保险、团体意外伤害险和特种意外伤害保险三类。

购买人身意外保险，有三点应注意：

1. 不能光图便宜　人身意外保险是可以多重赔偿的，大家可以考虑购买多份意外险。在购买人身意外保险时，有不少认为人身意外保险的价格越低越好，事实上这种看法并不可取。因为意外险只对保单责任范围内的意外事故负责，并不是对所有的意外负责。所以，有很多保险公司会将意外险的产品缩小保障范围的方式来降低价格，实际上起到的作用并不大。因此，建议大家购买人身意外保险时，不能光图便宜。

2. 最好搭配意外医疗险　大多数人对意外险最大的误解在于，将意外险和意外医疗险两者进行了混淆，认为只要发生意外，保险公司将承担包括医疗在内的所有责任。事实上，两者的理赔责任是分离的。意外险的保障是针对因意外致残、身故、下落不明等情况的一次性赔付，而意外医疗险则通常作为附加险，对因意外所引发的疾病的医疗费用进行单独给付。所以，大家在购买意外险时最好是搭配好意外医疗险，让大家的保障更加全面。

3. 买人身意外保险可“量身定做”　购买人身意外保险最好是根据自己的实际情况而定。根据时间、地点和交通工具不同，意外保险一般有意外险、旅游意外险、交通意外险和航意险等。大家在购买时可以根据自身实际需求进行量身定做，选择一款最适合自己的人身意外保险。

购买保险方法：通过学校投保、带着身份证到保险公司购买、电话购买、网络购买。

（三）社会实践全过程安全管理

1. 实践前的安全管理　实践出发前，必须制定安全预案，做到各项安全措施落实到具体的责任人。严禁到水边、悬崖、易发生泥石流、山体滑坡等险要地段开展实践活动，尽量减少到治安状况差的场所开展活动（如人员构成复杂的娱乐场所）。出发前团队要熟悉实践地的风俗习惯、历史地理等情况，及时查询实践期间的天气预报，并做出相应的应急准备。实践前准备好一些常备药品、卫生保健用品等。

2. 实践中的安全管理　实践过程中指导教师应尽可能随队指导团队开展实践活动，若确认无法随队指导实践，要跟踪掌握整个活动的进展情况，随时保持与实践团队的联系。实践过程中，强调组织纪律性，成员要听从指导老师或者队长的指挥，实践活动期间团队成员不要单独去陌生或偏僻的地方，夜间不单独出行。实践团队当天活动开始及结束后，必须清点人数，当天任务结束后各队必须返回驻地，并在就寝前清点人数。如遇突发事件，实践团队应在第一时间报告学院团委及指导教师。实践活动过程中，队员们应互相关心，互相帮助。遇到突发事件，应该沉着冷静，共同解决。

3. 实践后的安全管理　实践结束后，团队成员对自身健康、财物等进行安全排查，做好实践活动的收尾工作。特别是到野外开展实践活动的，做好衣物等的清洁处理，排查身体是否有虫咬、肿包等异常。实践素材的整理过程中，也需要进行保密材料的安全保管，不要随意或未经允许，通过网络进行传播。同时对本次实践活动进行安全总结，为今后的活动开展积累宝贵经验。

【拓展阅读】

PDCA 循环是美国质量管理专家休哈特博士首先提出的，由戴明采纳、宣传，获得普及，所以又称戴明环。全面质量管理的思想基础和方法依据就是 PDCA 循环。PDCA 循环的含义是将质量管理分为四个阶段，即计划（Plan）、执行（Do）、检查（Check）、行动（Action）。在质量管理活动中，要求把各项工作按照作出计划、计划实施、检查实施效果，然后将成功的纳入标准，不成功的留待下一循环去解决。这一工作方法，这是质量管理的基本方法，也是企业管理各项工作的一般规律。

1. P（plan）计划，包括方针和目标的确定，以及活动规划的制定。

2. D（Do）执行，根据已知的信息，设计具体的方法、方案和计划布局；再根据设计和布局，进行具体运作，实现计划中的内容。

3. C（Check）检查、总结执行计划的结果，分清哪些对了，哪些错了，明确效果，找出问题。

4. A（Action）调整，对总结检查的结果进行处理，对成功的经验加以肯定，并予以标准化；对于失败的教训也要总结，引起重视。对于没有解决的问题，应提交给下一个 PDCA 循环中去解决。

二、社会实践安全注意及要求

（一）交通安全

实践团队开展具体活动，一般选择校园外进行，交通安全是最基本、最重要的安全问题，应从以下几方面提高安全意识：

（1）科学选择出行路线。大学生在社会实践途中，要有意识减少换乘交通工具的次数，可以降低发生意外事故的概率。

（2）乘坐合法安全的交通工具。不要为了贪图便宜，乘坐“三无”（无驾驶执照、无年检、无营运证）的客运车辆；对于某些车辆采取的拉客、倒客、超载等行为要坚决抵制。

（3）遵守交通规则。严格遵守交通法规，不抢行、不逆行；通过人员拥挤的街道时避免使用手机、打闹、聊天等行为；雨雪天气、夜间等照明不良的情况下应特别注意。

（4）遵守出行规范。严格遵守各项安全乘载规定，服从工作人员的管理。在乘坐车、船、飞机等交通工具时，要了解相关承载规范及要求，乘车时保持秩序良好。

在乘坐的交通工具发生意外事故时，要按要求有序求生以减少伤害。对于突发交通事故，要冷静判断综合情况，决不能随意通过跳车、跳船、跳机等鲁莽方式求生。

（二）财物安全

大学生在实践过程中，要加强对财物的保管和安全防范意识，应从以下几方面加以注意：

（1）注意防范银行卡犯罪。妥善保管证件，有效证件和银行卡不要放在一处；不携带大量现金，并且尽量不要集中一处存放；使用 ATM 机应注意周围是否有可疑人员，注意 ATM 机上是否有可疑的附加设备；ATM 机吞卡时，应持回单及时和 ATM 所在银行联系或者向发卡行挂失；任何情况下，不将卡号和密码以及身份证号码告诉陌生人。

（2）要物随身加强保管。在实践过程中，无论是买票、上厕所、洗漱、去餐车（厅）吃饭，都不要将自己的行李物品交给不相识的人看管。背包出行，在人多拥挤的地方要注意加强对包的保管，可用手提或背在前面。在车、船上过夜时，重要财物一定要放在贴身处，重要的行李、背包等可用链条在行李架上或铺位附近上锁。

（3）提高警惕，严防扒手。出行时注意防范扒窃和双抢案件；如无必要，不佩戴首饰，尤其是贵重首饰。预防扒窃要做到“三忌”“四不”。“三忌”，即忌拥挤、忌钱币金银首饰外露、忌单人长途旅行。“四不”，即见混乱不慌、见僻静不走、见拥挤不参加、见行踪可疑者不靠近。如果发现自己的财物被扒、被窃，应立即向当地公安机关报案，并积极配合公安机关开展侦破工作。

【拓展阅读】

2005 年 7 月，天津某高校学生小高联系好去广东某地进行社会实践。临行前，他认为自己对实践地不熟悉，不了解银行的具体位置，持卡消费肯定不方便，就把随身携带的 2 000 元现金放到自己的背包里，走到哪背到哪，随用随拿。

在社会实践过程中，小高确实感受到了这种消费方式的方便，但同时也暴露了自己的钱包位置。当参观当地历史博物馆时，小高全神贯注地聆听着解说员的讲解，并不时记录着所见所闻，无暇顾及身后的背包。等他结束参观的时候，发现身后的背包已经被划开一道口子，里面的现金不翼而飞。

（三）卫生安全

实践活动期间实践团队要确保饮食安全，预防食物中毒，要注意调整身体状态，规律饮食并加强休息和锻炼，具体应从以下几方面加以注意：

（1）注意饮食卫生，尽量少食用生冷食品，不喝生水，避免在小摊小贩处购买食品或就餐，购买食品时查看生产日期和生产厂家。

（2）做好个人卫生的清洁工作，勤洗手，防止肠道传染病；打喷嚏、咳嗽后要洗手，洗后用清洁的毛巾或纸巾擦干净，防止病从口入。

（3）注意劳逸结合，根据个人体质和体能，适度安排实践内容。应注意避免在高温、高湿、阳光直射等不利环境下长时间活动，充足饮水，尽量减少中暑等情况的发生。

（4）在车船上要节制饮食。由于没有运动条件，食物的消化过程延长、速度减慢，如果不节制饮食，必然增加胃肠的负担，引起肠胃不适。

（5）了解当地传染病和寄生虫疫情并做好相应准备；携带一些较常用的药物，如消化药、感冒药、消炎药等，防止突发疾病时延误治疗。

【拓展阅读】

如何选择卫生健康食品　①购买食物时，要注意食品包装有无生产厂家、生产日期，是否在保质期内，食品原料、营养成分是否标明，有无QS标识，不要购买“三无”产品。②打开食品包装，检查食品是否具有它应有的感官性状。不能食用腐败变质、油脂酸败、霉变、生虫、污秽不洁、混有异物或者其他感官性状异常的食品。

如何初步判断饮用水水质好坏　公众判断水质好坏最简单的方法就是对水质的直观感觉，例如用肉眼可以看出水中是否含有悬浮物，是否有沉淀物质，进而观察水的浊度和色度；用鼻子闻一下，好的水是无色无味的。当饮用水的感官性状突然发生重大改变时，如出现异臭异味时，则往往预示着水质受到了污染，应引起重视。

（四）住宿安全

实践团队在外开展具体活动，往往需要集中住宿，应从以下几方面加以注意：

（1）做好投宿计划。大学生在开展社会实践活动时最好事先联系实践单位，可否提供住宿。若无，可以联系在亲友或同学的家中解决住宿问题，也可以选择旅馆住宿，但务必注意选择正规的宾馆、饭店、旅社。注意不要被车站、码头、机场等出入口处“热情”招揽住宿的拉客人员所打动，严防掉入“温柔陷阱”。

（2）注意周围环境。注意旅馆周围环境，加强自身和财产的保护意识，到达最终的住宿地点后，不要急于休息，一定要熟悉自己的居住环境，了解消防疏散路线，对于发现存在的安全隐患（如门窗无法上锁等）要及时与工作人员联系解决。

（3）夜间不要单独外出行动，尽量减少夜间出行频率，警惕不熟悉的电话和人员来访，睡觉时要将房门保险扣扣住，拒绝陌生人员进入房间。注意防火及电器安全，出门须切断充电器等电器电源。

如遇警察检查身份证等，可请其先出示自己的证件，记下警牌号、警车号等；如证件被警察没收，应要求其出具没收证件的证明。另外，团队实践时，实践团队成员尽量避免分散居住，在出现突发情况时便于相互照应并及时解决。

【拓展阅读】

2007年4月29日上午8点，北京某大学大二女生沈同学作为某研究会成员，她和队友一行十几人到达山西省永济市，当晚他们下榻在当地的一个旅馆。

晚上8点35分，队员们送支教学校校长下楼，沈同学和李同学等三人在二楼等，因为等的时间过长，他们便想查看一下情况。当时发现楼道左侧有个阳台，沈同学走在前面打开玻璃门，还未向外张望，刚一迈脚，就听到遮阳板被踩裂的声响，沈同学一下子就掉了下去。

其他人跑到楼下时，发现沈同学身体已被保安抬到门外，并送往急救中心，13天后，沈同学的心脏停止了跳动。

（五）交友安全

社会实践是一个与人交往的过程，会接触到各类人。“害人之心不可有，防人之心不可无。”大学生在社会实践过程中应从以下几方面加以注意：

（1）举止有礼，热情适度。在实践过程中，与人交往要保持必要的礼仪，但也要有一定的防范意识。不随意接受陌生人馈赠的饮料或食品。不论对方答应怎样的许诺，都不要前往陌生人的约会，特别是晚上前去其居住的旅馆。不要理会陌生人的主动搭讪或当面奉承，即使对方自称老乡或熟人。

（2）提高警惕，平等交往。对于某些在实践过程中结识的新朋友，在互留联系方式时要注意保持谨慎。女大学生要避免单独外出，遇到有陌生男子的挑逗或引诱，要厉声斥责，并设法尽快避开，不要因为害羞、恐慌、不知所措让对方获得有利条件。

【拓展阅读】

2009年4月，广西某高校一名学生在参加社会实践过程中，在网上结识了一名网友，通过聊天产生了信任。一天，网友以没有钱交补课费为由向该学生借100元，该生出于友情借了钱。此后的半年时间里，网友以各种借口频频向该生借钱，达两万多元。父母发现他用钱太多了，引起怀疑，问其究竟后向公安局报案。由于两人使用网络联系，难以对网友身份进行查证，至今案件无任何进展。

（六）户外安全

大学生在社会实践过程中常会有一些必要的户外活动。户外活动中往往都存在着或多或少的安全隐患，特别是在自然条件恶劣的野外，实践过程中应从以下几方面加以注意：

（1）注意实践地点的天气、水文和地质情况，了解当地的洪涝灾害和地质灾害等高危地区，不要在存在灾害隐患的地点长时间活动，尽量避免到安全和救援措施不完备的地方开展活动。

（2）对于将要携带的工具、穿着的服装等做好充分准备。到比较偏远的野外开展实践时，需要准备必需的饮水以及一些体积小、便于补充能量的食品、糖果等。

（3）在野外实践过程中，要集体行动，这样能够运用集体智慧选择安全线路。个人在服从集体安排的同时，也要充分考虑自己的体质，不要急于求成。身体不适或感觉疲劳时，要及时向同行者说明。没有特殊原因，不要在野外过夜，天黑要及时返回住宿地。

【拓展阅读】

2008年7月2日凌晨3时，由北京两所大学的3名学生组成的登山队抵达贵州省某县。3日中午12时，在当地2名导游张某和卢某的陪同下，开始攀登老王山，当日下午6时攀至距崖顶100米处的月亮洞。休息半小时后，5人列队回撤出洞时，排在第三位的学生黄某因手中所抓的石块受力脱落，坠落百米山崖，当即丧生。此时，另2名学生因受惊过度，不敢继续下山，一名学生受困山腰，另一名学生则困在洞中，只好由另一名导游张某于当晚7时30分返回村里寻求救援。当地市委、市政府得知这一情况后，连夜组织救援人员赶往现场营救，由于夜深天黑，只能用喊话、篝火、探照灯等方式保持联系。4日上午9时20分，消防特勤队员组成的救援队开始上山营救，至下午5时许，所有被困者脱险。

（七）新型冠状病毒防控安全

新冠肺炎疫情是百年来全球发生的最严重的传染病大流行，是新中国成立以来我国遭遇的传播速度最快、感染范围最广、防控难度最大的重大突发公共卫生事件。以习近平同志为核心的党中央统揽全局、果断决策，全国疫情防控阻击战取得重大战略成果，统筹推进疫情防控和经济社会发展已取得显著成效。在疫情防控常态化背景下，大学生在社会实践过程中，要做到“防护意识不松懈、防护知识要牢记”。

（1）勤洗手。手脏后，要洗手；做饭前，餐饮前，便前，护理老人、儿童和病人前，触摸口鼻和眼睛前，要洗手或手消毒；外出返家后，护理病人后，咳嗽或打喷嚏后，做清洁后，清理垃圾后，便后，接触快递后，接触电梯按钮、门把手等公共设施后，要洗手或手消毒。

【拓展阅读】六步洗手法

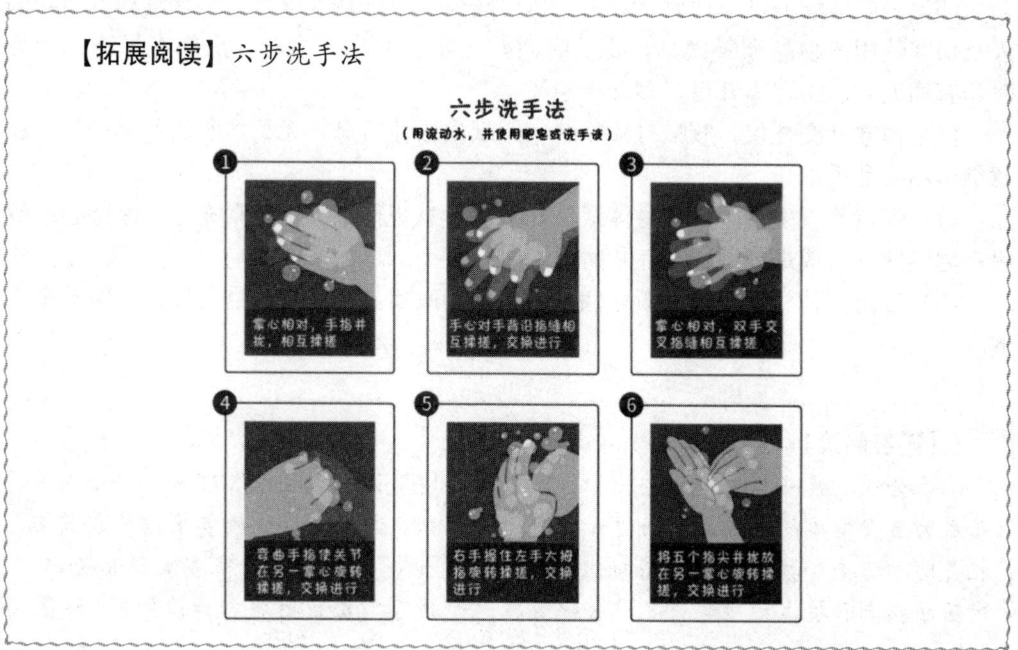

（2）科学戴口罩。有发热咳嗽等症状时，就医时，拥挤时，乘电梯时，乘坐公共交通工具时，进入人员密集的公共场所时，要戴口罩。

【拓展阅读】科学戴口罩

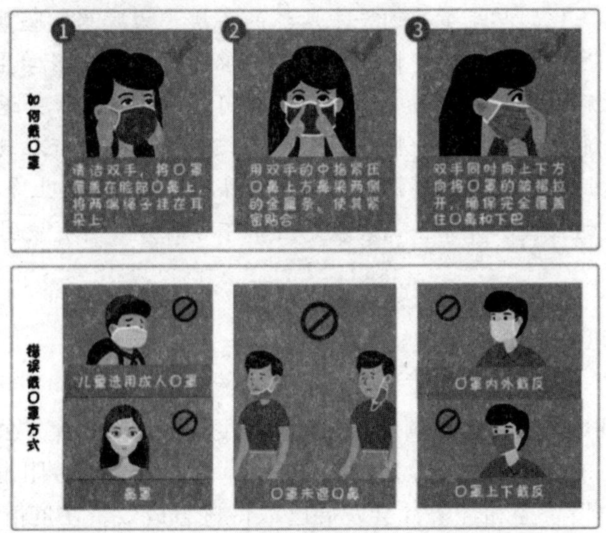

（3）遵守 1 米线。排队、付款、交谈、运动、参观时，要保持 1 米以上社交距离。

（4）实行分餐制。不混用餐具，夹菜用公筷，尽量分餐食；食堂就餐时，尽量自备餐具。

（5）做好清洁消毒与通风。日常保持房间整洁。处理冷冻食品的炊具和台面，病人及访客使用的物品和餐饮具，要及时做好消毒。家庭人多时，房间有异味、油烟时，有病人时，访客离开后，多开窗通风。

（6）遵守社交礼仪。咳嗽打喷嚏时，用纸巾捂住口鼻，无纸巾时用手肘代替，注意纸巾不要乱丢。

（7）保持健康生活。加强身体锻炼，坚持作息规律，保证睡眠充足，保持心态健康；健康饮食，戒烟限酒；有症状时，及时就医。

（8）疫苗接种。响应国家新冠病毒疫苗接种政策，积极配合疫苗接种，保护个人健康。

【拓展阅读】

在全民抗疫斗争中，为进一步体现公众“健康第一责任人”理念，每个人真正成为自身健康的主人，全面提升公民健康素养，国家卫生健康委疾控局在前期相关防护指南和技术方案的基础上进行精心策划，组织相关专家多次研究论证，对防护指南和技术方案进行了科普化编辑，形成了《公民防疫行为准则》（科普版)。共三部分 73 类，第一部分为公民防疫基本行为准则，包括勤洗手、戴口罩、少聚集、分餐制、社交礼仪以及厕所卫生、通风与消毒、健康生活等八方面；第二部分和第三部分针对重点场所、重点人群主动防疫的关键风险点，对不同场景、不同人群提出健康防护准则。旨在通过图文并茂、贴近生活的形式，让公众看得懂、易接受、记得牢、做得到，将公民防疫行为准则作为一种社会文明风尚和健康生活方式，持久地坚持下去、推广开来。

——《公民防疫行为准则》(科普版) _ 部门政务 _ 中国政府网 (www.gov.cn)

第二节　社会实践社交礼仪

【导读】我国历来是“礼仪之邦”，礼仪不仅是思想道德的重要组成部分，也是反映精神文明建设的重要形式；礼仪不仅反映一个人的精神面貌，更能折射出一个单位、一个地区乃至整个社会的道德风尚。大学生在特定场合下的礼仪形象，常常等同于大学生群体、所代表的学校、甚至是民族和国家的形象。社会实践活动中，得体的礼仪有助于促进交往，改善沟通效果，同时展示当代大学生的精神风貌和综合素质。

一、社会实践不同阶段的礼仪

(一) 实践前的社交礼仪

1. 确定实践时间及地点　社会实践开展前，要根据实践主题，团队应拟定实践地点和实践时间。如实践地点在具体某单位，为确保实践的顺利开展，团队负责人或联络人一定要事先同实践地工作人员取得联系，告知本次实践的内容、时间及具体安排，征得相关单位的同意，给予一定的支持。如需要对实践地某些人员展开采访、座谈，还要告知采访或座谈的对象，并提前通过邮箱、微信、QQ 等告知采访提纲或座谈会议流程。沟通时应注意语气和言辞，用语婉转，态度诚恳，反映我方想法，了解对方要求。

2. 开具介绍信　在社会实践地点和时间确定后，可由校方开具社会实践介绍信。它具有介绍、证明的双重作用，使用介绍信，可以使对方了解来人的身份和目的，以便得到对方的信任和支持。所有队员还必须随身携带身份证或学生证等有效证件。

【拓展阅读】

大学生社会实践介绍信

尊敬的××××：

为学习宣传贯彻党的十九大精神，帮助青年学生在实践中受教育、长才干、做贡献，在实现中国梦的生动实践中放飞青春梦想。我校组织开展以×××××为主题大学生社会实践活动。

现有我校××××学院××××专业学生××××××等××人到您处开展

社会实践活动，请予以接洽，并真诚希望您能多提宝贵意见。特此证明！

此致

敬礼

××××××

××××年××月××日

3. 团队统一着装 为方便实践团队的人员管理，体现团队精神，实践团队应统一服装，配有队旗。队服最好包含所在高校标识，简洁实用，具有一定辨识度。除了统一队服，可以根据实践地点及实践需要，统一帽子、手套、腰包等，方便使用及管理。实践团队人数较多的团队，也可根据分工需要，设计不同颜色的队服以作区分。实践队旗常包含“社会实践”字样及相应实践主题，体现出社会实践团队良好的精神风貌。

【拓展阅读】

2008年北京奥运会、残奥会制服采用核心图形祥云图案，工作人员制服为红色，志愿者制服为蓝色，技术官员制服为灰色。制服色彩动感流畅、欢快大方，传达了奥运理念和中国元素。奥运会与残奥会制服的区别在于奥运会制服上为北京奥运会的会徽“中国印”，而残奥会的制服上则是残奥会的会徽。

2010年上海世博服装包括志愿者、参观者服务人员、安保、礼宾接待、车队司机五大职业类别。其中，志愿者服装包含T恤、裤子、马夹、防雨夹克以及帽子、背包、鞋子、水壶等系列配件；参观者服务人员、礼宾接待、车队司机等制服则包含衬衫、外套、裤、裙、旗袍、领带、丝巾等。所有服装均有长短款，涵盖春、夏、秋三季。

（二）实践中的社交礼仪

1. 个人卫生 讲究个人卫生，培养良好的卫生习惯，既是个人的社会公德问题，也是社交中尊重对方的表示。社会实践中的个人卫生，不仅指人们勤洗澡、常刷牙、修剪指甲，还应该注意在个人仪容方面的修饰。包括头发遵循“三不”原则，不能有味、不能出绺、不能有头皮屑；餐后要漱口，在实践中与人交谈前，不要吃带有强烈气味的食品，如大蒜、韭菜、臭豆腐等；男士注意修剪鼻毛和胡须，女士在夏季，注意对腋毛的清理；指甲修剪要适度，不要将指甲染成过分鲜艳花哨的图案颜色，不要当众修剪指甲；咳嗽、打喷嚏时，应捂住口鼻，面向一侧，避免发出大声，并道对不起，不随地吐痰。

【拓展阅读】

化妆的原则与禁忌

化妆原则：①化妆要视时间场合而定，突出美的部分，掩饰不足的部分；②色彩的选用取决于肤色和服装的色彩，因人、因事、因地制宜，切忌强求一律；③化妆创造新意时应不失自己的基本形象，化淡妆，寻找统一和谐的美。

化妆禁忌：忌浓妆艳抹；忌借用她人化妆品；忌当众化妆或补妆；忌与他人探讨化妆问题；忌自己的妆面出现残缺；男士忌油头粉面（不必化妆、不必大量喷洒香水，保持良好的个人卫生即可）。

2. 见面礼仪

（1）守时：遵守时间是公共关系交往活动极为重要的礼仪。社会实践需要对特定人员进行采访、座谈、调研的，经事先预约后，要准时到达实践地点。如遇极特殊情况，如交通拥堵等，无法准时到达，也要提前电话告知，进行后续的沟通处理。

【拓展阅读】

德国哲学家康德有一次要去拜访一个朋友，约好了时间。他为了不迟到还提前很长时间出发了，但是不幸路上遇到洪水，河上的桥被冲垮了。康德坐的马车不能过河，于是他四处找船。但是找了很长时间都没有找到，眼看约会时间就要到了，他就给了附近一个农民很多钱，把他的房子拆了做一条船渡河。这样他没有迟到，而且没有告诉任何人他的这次经历。康德是守时的典范。

（2）介绍：实践团队自我介绍内容包含学校、姓名等基本信息，也可根据具体情况，介绍实践团队、实践主题、实践具体安排等。如实践团队有特殊人物随队，负责人还要做特别的他人介绍。

【拓展阅读】

目前，国际公认的介绍顺序是：第一，将男性介绍给女性，第二，将年轻者介绍给年长者；第三，将职位低的介绍给职位高的；第四，将客人介绍给主人；第五，将晚到者介绍给早到者；第六，把个人介绍给团体。以上几种方式，基本精神和共同特点是“尊者居后”，即应把身份、地位较为低的一方介绍给相对而言身份、地位较为尊贵的一方，以表示对尊者的敬重之意。

（3）握手：实践团队到实践地拜访他人，应主动握手，自然大方地站在距受礼者约一步（75 公分左右）时，上身微微前倾，同时伸出右手。告辞时，待客人先伸手后，主人再相握。握手的力度以不握疼对方的手为限度。初次见面时，时间一般控制在 3 秒内。

【拓展阅读】

握手的禁忌

1. 不要用左手相握，尤其是和阿拉伯人、印度人打交道时要牢记，因为在他们看来左手是不洁的，只能用来洗澡等。

2. 不要在握手时戴着手套或墨镜，只有女士在社交场合戴着薄纱手套握手，是被允许的。

3. 不要在握手时另外一只手插在衣袋里或拿着东西。

4. 不要在握手时面无表情、不置一词或长篇大论、点头哈腰，过分客套。

5. 不要在握手时仅仅握住对方的手指尖，好像有意与对方保持距离。正确的做法，是要握住整个手掌。即使对异性，也要这么做。

6. 不要在握手时把对方的手拉过来、推过去，或者上下左右抖个没完。

7. 不要拒绝和别人握手，即使有手疾或汗湿、弄脏了，也要和对方说一下“对不起，我的手现在不方便”，以免造成不必要的误会。

（4）鞠躬：为表示尊敬，实践团队成员拜访长者、老师或其他人员时，可鞠躬行礼表示敬意。行礼时，身体上部向前倾约15度至90度，具体的前倾幅度视行礼者对受礼者的尊重程度而定，双手应在上体前倾时自然下垂平放膝前，尔后恢复立正姿势。

【拓展阅读】

鞠躬的程度表达不同的意思

弯腰15度左右，表示致谢；弯30度左右，表示诚恳和歉意；弯90度左右，表示忏悔、改过和谢罪。鞠躬对韩国和朝鲜人来说也很讲究。我们可以经常看到，韩国和朝鲜妇女在会谈、宴会或作客时，一手提裙，一手下垂，鞠躬，告别时面对客人慢慢退去，表示一种诚恳和敬意。

3. 交谈礼仪　实践团队在实践过程中，往往需要同他人进行交流沟通，因此在在拜访、调研、座谈等环节中，要注意不同场景的敬语使用，相见道好、托事道请、偏劳道谢、失礼致歉。此外交谈中，还要注意眼神的交流，认真地聆听，经常同交流对象进行呼应，使交流形成良性互动。

（1）注视与呼应：实践成员在谈话过程中，用目光注意对方是一种起码的礼仪要求，能用目光随着谈话内容的发展而变化，是这种礼仪的延伸。用目光注视对方时，应是自然、稳重、柔和。谈话之道，既要态度自然，措词文雅，还需要用一定的语言来表达富于理解和同情的精神，唯有充满同情的言语，才能够激起他人的注意，设身处地地站在对方立场上思考问题，随着对方的感情变化而变化，暂时忘掉个人的喜怒哀乐。

（2）泛听与聆听：泛听即广泛倾听。在实践过程中会接触到许多的各个阶层的人，无论是什么人讲话，都值得我们认真倾听，从而收集到有用的信息。聆听要集中注意力，全神贯注。注意听清对方话语的内在含义和主要思想观点，注意说话者的神态、表情、姿势以及声调、语气等非语言符号的变化，恰当地提出问题和插话，表明你对对方所谈内容的关心、理解、重视和支持，但不要打断对方的谈话。

【拓展阅读】

生活中的敬语

初次见面，可用“久仰”；很久未见，可用“久违”：等候客人，可用“恭候”；请人勿送，可用“留步”；陪伴朋友，可用“奉陪”；中途先走，可用“失陪”；请人批评，可用“指教”；求人原谅，可用“包涵”；请给方便，可用“借光”；求人指教，可用“赐教”；看望别人，可用“拜访”；赞赏见解，可用“高见”。

4. 仪态礼仪　仪态，就是人的姿势、举止和动作的样子。学生在社会实践过程中，要注重仪态的四个标准：一是仪态文明，是要求仪态要显得有修养，讲礼貌，不应在异性和他人面前有粗野动作和行体；二是仪态自然，是要求仪态既要规则庄重，又要表现得大方实在。不要虚张声势，装腔作势；三是仪态美观，它要求仪态要优雅脱俗，美观耐看，能给人留下美好的印象；四是仪态敬人，要通过良好的仪态来体现敬人之意。

【拓展阅读】

1967 年，美国著名心理学家、传播学家艾伯特·梅拉比安等人经过大量的实验，提出了一个著名的公示：人类在沟通中全部的表达信息＝7％的语言信息＋38％的声音信息＋55％的肢体语言信息。这个用于表示人类沟通时信息传播比率的公示告诉我们，人类在交流和沟通中，肢体语言传递的信息是最为丰富和重要的。肢体语言就是仪态的重要组成部分。

表情：放下一切压迫自己心灵的包袱和枷锁，时刻保持自信和微笑。

站姿：抬头，颈挺直，下颌微收，双肩放松，两腿并拢立直，脚尖分开呈 V 字状。身体重量平均分布在两条腿上。双手交搭贴于腹部，挺胸、收腹。给人以挺拔向上、庄重大方、精力充沛的印象。

行姿：行走时步履应自然、轻盈、敏捷、稳健。上身正直，眼平视，挺胸收腹立腰，重心前倾，双肩平稳，不宜左顾右盼，左右摇晃。集体行动时，不得喧笑打闹。

走姿：以站姿为基础，面带微笑，眼睛平视。双肩平稳，双臂前后自然地、有节奏地摆动，摆幅以 30～35 度为宜，双肩、双臂都不应过于僵硬。行走时，两只脚两侧行走的线迹为一条直线，步幅要适当。

坐姿：人坐时要轻稳，走到座位前，转身后退，轻稳坐下。女子裙装人座时，应将裙向前收拢一下再坐下。腰背挺直，两臂自然弯曲放在膝上，双腿并拢。起立时，右脚向后收半步而后站立。

5. 界域礼仪　学生在社会实践过程中，经常性的要通过调研采访、座谈交流、请教学习等方式，收集素材，了解社会。在人际交往中，人与人之间交际时的距离称为人际距离，这个距离又称界域，界域经常影响着人与人之间感情和意愿的交流。学生要注意根据不同的场景、不同的关系、不同的采访方式，把握合适的交流距离，既不能距离被采访对象过近，使对方感到压迫感、紧张感，也不要拒被采访对象于千里之外，使对方感到不受尊重和排斥感。

【拓展阅读】

界域的界限

常用的四种不同距离的界限，可以划分为亲密的、私人的、礼貌的、一般的距离。①亲密距离：接触点或距离在0～50厘米之间，亲密的朋友、情侣、小孩之间。②私人距离：近的私人距离为50～80厘米之间；远的私人距离在80～120厘米之间。③礼貌距离：近的礼貌距离在120～200厘米之间，接见外地来的并不很熟的客人；远的礼貌距离则在200～300厘米之间，较正式的社交和业务往来。④一般距离：200厘米以上，正式场合公开讲话的距离。在交往中，通常根据对象、场合和内容来调节人际距离。

位置界域语的运用：位置界域语是指交际者之间的位置所产生的媒介效果。主位旁边的位置是友好位置，体现出一种亲切、信赖的交谈氛围，这种位置显示出双方亲密、平等的关系，有利于合作沟通；主位斜对面的位置是公共位置，双方之间无沟通的需要，一般在公共场合、图书馆、公园等处，陌生人之间，往往采取这种互不搭界的位置。

二、社会实践不同内容的礼仪

（一）参观礼仪

（1）了解背景。了解实践参观项目的历史、现状、发展前途，参观项目的主要特色、优点与不足，及参观项目在本地区、本行业以及在国内外的反响等。

（2）详细分工。结合每位参观者的个人所长，把提问、记录、录音、拍照、摄像等具体任务分配下去；在必不可少的礼仪性场合，如东道主迎送参观者时，要出面与对方进行寒暄；要确定在必要之时进行即席发言的相关人选。

【拓展阅读】

纪念馆、展览馆文明参观礼仪

1. 参观时正式着装　纪念馆、展览馆是一个环境相对特殊的场所，馆内展出的都是具有很高纪念价值的文物和艺术品，因此纪念馆和展览馆对馆内环境的要求非常高，对参观者也有着一定的要求。在开始参观前，参观者应做好着装的准备，尽量选择比较正式的服装。

2. 纪念馆里不要大声喧哗　纪念馆同图书馆一样，是一个讲究安静的场所，这会使参观者能静下心来感受艺术品带来的艺术美感。因此，参观者在馆内应该始终保持安静，尽量不高谈阔论，更不能大声喧哗。这些做法都会导致馆内秩序混乱，影响了他人参观的情绪，分散了他人的注意力。

3. 不要随意触摸展品　纪念馆里展出的艺术品都是十分珍贵的，有的展品甚至在世界上都是独一无二的，具有极高的价值。但少数参观者在参观时总是觉得"不过瘾"，一定要亲手摸摸展品，这种做法对展出的艺术品是一种极大的"伤害"，甚至会起到破坏作用。

（二）拜访礼仪

在实践中，对一些单位或是家庭进行拜访是经常发生的。拜访之前应写信、打电话或捎口信预约，并把访问的重要目的告诉对方。这样既可避免吃闭门羹，又可以让对方有所安排和思想准备。预约的语言、口气应该是友好、请求、商量式的，而不能是强求命令式的。如果对方答复说，在你选择的时间内他已另有安排或应酬，应主动表示歉意，然后再与对方商讨下次接待你的机会。如果因事情紧急，或无法预约而做了"不速之客"，则应在相见时及时详细地道出事情的原委，表示自己的歉意，求得对方的谅解。

【拓展阅读】

敲门的艺术

1. 敲门的指法　用右手食指或者中指弯曲后敲门，不要用多个手指或者手背、手掌用力拍打。

2. 敲门的节奏　敲三下，相当于"有人吗""我可以进来吗"的意思。咚咚咚之间的间隔为0.3～0.5秒，太快会让人感觉心烦，太慢会给人感觉散漫不自信。敲两下，表示自己与对方比较熟悉，相当于说"你好""我进来了"的意思。如果敲四下以上，则是很不礼貌的行为。

3. 敲门的强度　力度大小应适中，要坚定并有一定力度。力度太大会让对方受到惊吓，给人以粗鲁没有教养的感觉；力度太小让人感觉你胆子太小，紧张过度。

（三）会议礼仪

实践团队需要进行座谈或者组织会议开展调研时，要事先对会议场所进行精心布置，使其宽敞明亮，整洁大方。要安排好足够的座位，并事先安排好座位卡。在现场放置座位卡，需用中英文对照的，上部写中文，下部写英文。还要准备好扩音器、麦克风等音响设备和灯光设备。同时可根据需要，准备纸、笔等方便参会人员记录。会场地理位置不方便查找的，可提前设置指示标志或安排专人接待引导。

【拓展阅读】

座次礼仪

1. 宴会座次　排序原则：以远为上，面门为上，以右为上，以中为上；观景为上，靠墙为上。座次分布：面门居中位置为主位；主左宾右分两侧而坐；或主宾双方交错而坐；越近首席，位次越高；同等距离，右高左低。

2. 轿车座次　按照国际惯例，乘坐轿车的座次安排的常规是：右高左低，后高前低。具体而言，轿车座次的尊卑自高而低是：后排右位—后排左位—前排右位—前排左位。

3. 会议座次　一般遵循：左高右低（中国政府惯例）、右高左低（国际惯例）、居中为上（中央高于两侧）、前排为上（适用所有场合）。

（四）电话礼仪

实践团队往往需要同实践地进行电话沟通，将实践主题、时间、内容等告知对方，以征得实践地的配合与支持。实践结束后，需要电话报告平安，或开展下一阶段的工作安排。有效的电话沟通，可以不受地域的限制，同对方首先建立联系，避免初次会面的尴尬。初次电话沟通，要自报家门，说明意图，语言表达简练，吐字清晰。建立关系后，要留存双方联系方式，以免再次来电不知何人。如需通过电话传达多个层次的信息或内容，提前告知，询问是否可长时间接听，并方便做记录。

【拓展阅读】

接听电话的礼仪

码 11-2-1
自尊自爱
文明出行
维护形象
全靠你我

礼貌问候第一声。当打电话给某人时，若一接通，就能听到对方亲切、优美的问候声，可以使双方对话更加顺利展开。同时，欢快的语调能给人带来好的心境，所以在电话里要尽量保持喜悦的心情和良好的情绪以感染对方，使得对方即使是不露面，也能受到礼遇。

听到电话铃声，应准确、迅速地拿起话筒，最好在三声之内接听。若电话响了很久，接起电话只是“喂”了一声，会使对方十分不满，并且留下恶劣的印象。

接听电话时最好用左手拿话筒，这样做是为了便于右手做记录或查阅资料。在做记录时应详细记下“何时、何人、何地、何事、为什么、如何进行”等内容，并保留相关资料。

挂电话前为避免错误，应该重复一下电话中的重要事项，再次明确对方目的之后，向对方表示感谢，然后挂断电话，千万不要忽略最后的礼貌。

第三节　社会实践权益保障

一、社会实践权益保障机制

（一）社会实践安全教育保障

切实加强对实践团队的安全教育工作。建立实践安全工作领导小组，负责实践全过程的组织安排，围绕交通、住宿、财务、交友、餐饮等安全进行集中培训，通过案例分析、现场演示等环节，提高教育的实效性。针对团队负责人、安全员可开展专业性较强的急救知识学习，使其掌握基本的急救常识和方法。

（二）社会实践安全预案保障

实践活动开展前，团队要通过集体讨论等，预估实践中可能存在的问题，提出解决方案，具体落实到人，形成完整有效的实践安全预案，报备各级组织单位，经审批后方可开展实践活动。

（三）社会实践监督保障

学校应在学生实践期间，委派专人负责安全，并制定“学生—学院—学校”的三级监督保障机制。要求实践团队出发前、结束后都要及时汇报给指定负责人；如遇突发事件，实践队员第一时间上报学校。

（四）社会实践保险保障

实践团队成员在实践出发前，应购买意外伤害保险或个人短期意外保险，同时签署社会实践安全责任书，并上报学校备案。

二、社会实践不同类型权益保障

（一）兼职大学生的劳动权益保障

大学生应主动学习法律知识，提高自身的安全意识。学生在校期间，应认真学习《思想道德修养与法律基础》等课程，通过学习《中华人民共和国民法》《中华人民共和国合同法》《中华人民共和国消费者权益保护法》《中华人民共和国劳动法》等，提高法律意识。同时，在求职过程中，对职业中介机构和用人单位保持警惕性，准确甄别相关兼职信息；通过多种渠道，多了解用人单位的实际情况，未经全面、慎重考虑，不应随意签订合同；谨慎对待用人单位随意收取押金、培训费，以及以各种借口随意扣押身份证、学生证等行为。同时高校应对兼职大学生进行合理的引导，提供相应保障。加强对兼职实践的培训教育，通过网络发布兼职信息，建立兼职实践交流平台，使学生获得更多的防骗和自我保护知识。

【拓展阅读】

2017 年暑假，湖南长沙某学校大二女生林某在回到老家湖南邵阳后，接到学长卿某邀请到湖北钟祥市去打暑假工。7 月 11 日林某从武冈出发到了湖北钟祥。据警方介绍，林某到达钟祥市后被传销组织非法拘禁，手机被扣留。从 7 月 12 日到 8 月 4 日上午，林某被传销组织强迫每天上课，并要求交纳2 800元费用，但林某一直拒交。8月4日中午，传销组织见林某情绪低落，要求两男两女陪李某到外面散心。走到一个小河边时，林某提出需要手机与家里联系遭拒，转身跳向河里。林某跳水后，四名陪同人员并未报警。林某溺水是被小河附近钓鱼的群众发现并报案的。

（二）大学生志愿服务者权益保障

大学生志愿服务在多个领域取得了成绩，受到社会各界的关注和好评。我国针对志愿者进行了相关立法，特别是2017年《志愿服务条例》（以下简称"《条例》"）的出台，对志愿服务组织的法律地位、规范管理和活动开展等进行了系统规定。《条例》的出台进一步推动了志愿服务制度化、常态化发展，提升了志愿服务整体效能。《条例》成为学生开展志愿服务活动的权益保障指南，在实践开展服务前，应该组织认真学习，深刻领会，将志愿者的权益损害消灭在萌芽中。

【拓展阅读】

34岁的黄凯（化名）是湖北宜昌某公司的一名员工。2008年四川汶川地震发生后，黄凯作为一名志愿者负责给灾区孩子送课外书。不幸的是，他在赶往车站途中遭遇车祸，造成右腿严重骨折。由于妻子失业，家中女儿尚小，黄凯术后康复尚需时日，这个并不宽裕的家庭一下子陷入困境。

2014年3月，新疆某山友救援队的一名户外救援志愿者李明（化名），在救护一名跌入深沟的儿童时不慎摔伤。随后，李明向志愿者组织申请工伤，但遭到拒绝。这让李明的志愿热情很受打击。"从事志愿服务不能仅凭一腔热血。"李明感叹。

有关调查显示，在我国既往的志愿服务活动中，一半左右的公益组织没有给志愿者买过保险，10%左右的参加志愿服务活动时受过身体或精神伤害，大约9%的志愿者在志愿服务过程中曾不被理解或遭歧视。"人们往往认为志愿者只要奉献和服务就行了，所以'过度使用'和'不当使用'志愿者的现象并不少见。"中国青年志愿者协会副会长谭建光说。2017年《志愿服务条例》的出台，对志愿服务组织的法律地位、规范管理和活动开展等进行了系统规定。

《志愿服务条例》（节选）

第一章　总　　则

第一条　为了保障志愿者、志愿服务组织、志愿服务对象的合法权益，鼓励和规范志愿服务，发展志愿服务事业，培育和践行社会主义核心价值观，促进社会文明进步，制定本条例。

第五条　国家和地方精神文明建设指导机构建立志愿服务工作协调机制，加强对志愿服务工作的统筹规划、协调指导、督促检查和经验推广。

第三章　志愿服务活动

第十一条　志愿者可以参与志愿服务组织开展的志愿服务活动，也可以自行依法开展志愿服务活动。

第十二条　志愿服务组织可以招募志愿者开展志愿服务活动；招募时，应当说明与志愿服务有关的真实、准确、完整的信息以及在志愿服务过程中可能发生的风险。

第十三条　需要志愿服务的组织或者个人可以向志愿服务组织提出申请，并提供与志愿服务有关的真实、准确、完整的信息，说明在志愿服务过程中可能发生的风险。志愿服务组织应当对有关信息进行核实，并及时予以答复。

第十四条　志愿者、志愿服务组织、志愿服务对象可以根据需要签订协议，明确当事人的权利和义务，约定志愿服务的内容、方式、时间、地点、工作条件和安全保障措施等。

第十五条　志愿服务组织安排志愿者参与志愿服务活动，应当与志愿者的年龄、知识、技能和身体状况相适应，不得要求志愿者提供超出其能力的志愿服务。

第十六条　志愿服务组织安排志愿者参与的志愿服务活动需要专门知识、技能的，应当对志愿者开展相关培训。

开展专业志愿服务活动，应当执行国家或者行业组织制定的标准和规程。法律、行政法规对开展志愿服务活动有职业资格要求的，志愿者应当依法取得相应的资格。

第十七条　志愿服务组织应当为志愿者参与志愿服务活动提供必要条件，解决志愿者在志愿服务过程中遇到的困难，维护志愿者的合法权益。

志愿服务组织安排志愿者参与可能发生人身危险的志愿服务活动前，应当为志愿者购买相应的人身意外伤害保险。

第十八条　志愿服务组织开展志愿服务活动，可以使用志愿服务标志。

第十九条　志愿服务组织安排志愿者参与志愿服务活动，应当如实记录志愿者个人基本信息、志愿服务情况、培训情况、表彰奖励情况、评价情况等信息，按照统一的信息数据标准录入国务院民政部门指定的志愿服务信息系统，实现数据互联互通。

志愿者需要志愿服务记录证明的，志愿服务组织应当依据志愿服务记录无偿、如实出具。

记录志愿服务信息和出具志愿服务记录证明的办法，由国务院民政部门会同有关单位制定。

第二十条　志愿服务组织、志愿服务对象应当尊重志愿者的人格尊严；未经志愿者本人同意，不得公开或者泄露其有关信息。

第二十一条　志愿服务组织、志愿者应当尊重志愿服务对象人格尊严，不得侵害志愿服务对象个人隐私，不得向志愿服务对象收取或者变相收取报酬。

第二十二条　志愿者接受志愿服务组织安排参与志愿服务活动的，应当服从管理，接受必要的培训。

志愿者应当按照约定提供志愿服务。志愿者因故不能按照约定提供志愿服务的，应当及时告知志愿服务组织或者志愿服务对象。

第二十三条 国家鼓励和支持国家机关、企业事业单位、人民团体、社会组织等成立志愿服务队伍开展专业志愿服务活动，鼓励和支持具备专业知识、技能的志愿者提供专业志愿服务。

国家鼓励和支持公共服务机构招募志愿者提供志愿服务。

第二十四条 发生重大自然灾害、事故灾难和公共卫生事件等突发事件，需要迅速开展救助的，有关人民政府应当建立协调机制，提供需求信息，引导志愿服务组织和志愿者及时有序开展志愿服务活动。

志愿服务组织、志愿者开展应对突发事件的志愿服务活动，应当接受有关人民政府设立的应急指挥机构的统一指挥、协调。

第二十五条 任何组织和个人不得强行指派志愿者、志愿服务组织提供服务，不得以志愿服务名义进行营利性活动。

第二十六条 任何组织和个人发现志愿服务组织有违法行为，可以向民政部门、其他有关部门或者志愿服务行业组织投诉、举报。民政部门、其他有关部门或者志愿服务行业组织接到投诉、举报，应当及时调查处理；对无权处理的，应当告知投诉人、举报人向有权处理的部门或者行业组织投诉、举报。

第五章 法律责任

第三十六条 志愿服务组织泄露志愿者有关信息、侵害志愿服务对象个人隐私的，由民政部门予以警告，责令限期改正；逾期不改正的，责令限期停止活动并进行整改；情节严重的，吊销登记证书并予以公告。

第三十七条 志愿服务组织、志愿者向志愿服务对象收取或者变相收取报酬的，由民政部门予以警告，责令退还收取的报酬；情节严重的，对有关组织或者个人并处所收取报酬一倍以上五倍以下的罚款。

第三十八条 志愿服务组织不依法记录志愿服务信息或者出具志愿服务记录证明的，由民政部门予以警告，责令限期改正；逾期不改正的，责令限期停止活动，并可以向社会和有关单位通报。

第三十九条 对以志愿服务名义进行营利性活动的组织和个人，由民政、工商等部门依法查处。

第四十条 县级以上人民政府民政部门和其他有关部门及其工作人员有下列情形之一的，由上级机关或者监察机关责令改正；依法应当给予处分的，由任免机关或者监察机关对直接负责的主管人员和其他直接责任人员给予处分：

（一）强行指派志愿者、志愿服务组织提供服务；

（二）未依法履行监督管理职责；

（三）其他滥用职权、玩忽职守、徇私舞弊的行为。

（三）大学生创业权益保障

大学生是“双创”的生力军，大学生创业权益的保护涉及各方面，需要政府、学校与大学生的共同努力，需要社会各界给予更多包容和支持。一是高校要将创业权益保护教育纳入创业教育中，强化创业法律教育。加强国家的创业扶持与保护政策的教育，如税费减免、培训支持、创业奖励、创业法律纠纷仲裁与援助等；加强市场经济相关法律教育。二是大学生要增强创业维权意识，主动学习创业权益保护知识。提高自我防范观念，在创业资金借用方面一定要选择正规的借贷机构，如各大银行、信用社等，切不可轻易相信私人借贷组织；一旦察觉自身权益受到侵害，要学会第一时间使用法律武器捍卫自己的合法权益，可以咨询学校的法律顾问，联系孵化基地，或联系各地青年创业促进会给予指导。

【拓展阅读】

2013 年 12 月，广西壮族自治区桂林市某高校的刘某和同学一起创业，筹划开展手机销售业务。经朋友介绍，刘某结识了一位开实体数码店并“挺有实力的”供货商赵某。赵某自称是某品牌手机桂林市区域代理商，并出示了自己的营业执照和向其他人订购手机的合同。赵某还告诉刘某，刘某认识的两个朋友都跟他有过交易。种种信息让刘某逐渐相信了赵某。2013 年 12 月 16 日，刘某和他的创业团队决定跟赵某订购 220 台手机，对方保证在 5 天内交付完手机，但约定的时间过去，这批货却迟迟没送到。之后，赵某又以只要下新单，就可以让厂家恢复正常供货为由，不断催促刘某的创业团队继续投钱下单，刘某前后共计投入 39.6 万元订购了 720 台手机，最后却只拿到 50 台。

在与桂林地区其他院校的大学生创业团队沟通后，刘某才得知自己并不是唯一创业“被坑”的人。另有其他三所高校的多个大学生创业团队都有类似遭遇，赵某未履行的货款金额达 270 余万元。

2014 年年初，“被坑”的大学生创业者向桂林警方报案。但由于交易合同签订不完善，甚至有的学生团队在交易时根本没有签订书面合同，交货时的凭证也保存得不够详细完整，使得调查取证更加困难。赵某被警方拘留了一段时间后，桂林市七星区检察院以证据不足为由作出了不予批捕的决定，赵某获释。

（四）大学生实习权益保障

大学生实习权的权利属性体现在以下三个方面，一是受教育权，实习不但可以培养大学生实际工作能力，也能更好地促进其社会化；二是劳动权，实习是通过实际工作进行实践性学习，是一种劳动过程；三是社会保险权，高校大学生在实习期间和一般劳动者面临的劳动风险是一样的。因此大学生在进行实习实践时，要通过签署实习协议等方式，同实习单位明确以上三种权利，保障自身合法权益。

【拓展阅读】

小王和其他十几名同学来到一家公司实习，从事药品包装工作。但是不幸的是，小王两天前在工作中被压伤了腿。由于伤势比较严重，前后花费医药费六千元。小王的家人为此要求单位赔偿。事发后，单位认为，于情来说，造成实习生的受伤是单位的责任。但从法律上来说，她又不是单位的正式员工，单位觉得承担这笔医药费不太合理。双方为此难以达成一致。

实习协议是学生保护自我权益的有力武器，因此必须与用人单位签订明确的实习协议，运用法律手段保护自己的权益。签订实习协议的时候，应注意以下几点：首先，查明用人单位的主体资格是否合法。协议双方的主体资格是否合格是协议书是否具有法律效力的前提。因此，实习生签协议之前，一定要先审查用人单位的主体资格。其次，看清协议条款是否明确合法。实习协议的内容是整个实习协议的关键部分，实习生一定要认真核查双方权利义务是否合法；是否符合国家相关法律和政策；是否明确了岗位与薪酬等。再次，查看签订实习协议的程序是否完备。实习生和用人单位经协商一致，签协议时要注意完整地履行手续。其一，要签名并写清签字时间；其二，必须加盖单位公章并注明时间，不能用个人签字代替单位公章。最后，注意违约责任的界定是否明确。在协议内容中，应详细表述当事人双方的违约情形及违约后应负的责任，同时还应写明当事人违约后通过何种方式、途径来承担责任。这样才有利于当事人双方履行协议，也有利于防止纠纷的发生及纠纷的解决。

《普通高等学校学生安全教育及管理暂行规定》（节选）

第九条 高等学校应确定学生安全教育及管理工作的主管部门。明确其职责，具体组织实施安全教育及其管理工作。各有关部门应分工协作，积极配合。

第十条 全体教职工要从关心学生、爱护学生出发，树立安全思想，努力做好本职工作和改善环境条件，保护学生人身和财产安全。

第十一条 学生发生意外事故以及学生要求保护人身或财物安全等情况时，学校应迅速采取有效措施。

第十七条 学生人身和财产发生一般伤害后，学校要及时调查处理，根据当事人或他人的过错，责令其赔偿损失，并给予批评教育或相应行政、纪律处分。在校园内，发生学生非正常死亡、重伤和被窃、失火等造成财产重大损害事故后，学校应迅速采取措施进行抢救、保护现场，同时加强思想政治工作，稳定情绪，恢复秩序，并协同地方有关部门妥善处理。

《学生伤害事故处理办法》（节选）

第三条 学生伤害事故应当遵循依法、客观公正、合理适当的原则，及时、妥善地处理。

第八条 发生学生伤害事故，造成学生人身损害的，学校应当按照《中华人民共和国侵权责任法》及相关法律、法规的规定，承担相应的事故责任。

第十一条　学校安排学生参加活动，因提供场地、设备、交通工具、食品及其他消费与服务的经营者，或者学校以外的活动组织者的过错造成的学生伤害事故，有过错的当事人应当依法承担相应的责任。

第三十二条　发生学生伤害事故，学校负有责任且情节严重的，教育行政部门应当根据有关规定，对学校的直接负责的主管人员和其他直接责任人员，分别给予相应的行政处分；有关责任人的行为触犯刑律的，应当移送司法机关依法追究刑事责任。

《普通高等学校学生管理规定》(节选)

第十七条　学生参加创新创业、社会实践等活动以及发表论文、获得专利授权等与专业学习、学业要求相关的经历、成果，可以折算为学分，计入学业成绩。具体办法由学校规定。

学校应当鼓励、支持和指导学生参加社会实践、创新创业活动，可以建立创新创业档案、设置创新创业学分。

【章节练习题】

1. 假如你是社会实践团队的队长，正式开始实践前，你将分配团队成员做哪几方面的临行准备工作？

2. 社会实践中都应注意哪些方面的安全问题？撰写一份安全预案。

3. 组建小组，选择2～3个社会实践过程中的场景，包括临行准备、安全与礼仪等，模拟对突发问题的处理。

【参考文献】

倪福全，李昌文，2011. 大学生社会实践教程［M］. 北京：中国水利水电出版社：157－171.
刘晓东，2014. 大学生社会实践理论与事务［M］. 北京：高等教育出版社：171－199.
徐国峰，于兴业，2014. 大学生社会实践理论与应用［M］. 北京：中国农业出版社：223－228.
张静，2013. 论大学生参与社会实践的安全保障机制［J］. 学术交流（12）：219－222.
绵阳师范学院礼仪教研室，2008. 大学生礼仪［M］. 成都：西南财大出版社：77－80.
周发强，2013. 大学生安全教育［M］. 北京：北京交通大学出版社：102－112.

第十二章<<<

大学生社会服务案例解析

【导读】张广秀，女（1986年1月至2016年8月21日），山东省临沂市罗庄区罗庄街道办事处桥西头村人，全国三八红旗手，山东省三八红旗手，山东省十佳大学生村官。2009年7月毕业于鲁东大学政法学院，当年8月考取“大学生村官”，到山东省烟台市福山区福新街道埠上村担任村委会主任助理职务。在担任福山区福新街道埠上居民区主任助理兼团支部书记期间，张广秀服务群众，以实际行动赢得党员干部群众好评。

2010年9月，张广秀被确诊为急性白血病住院治疗，在医院仍惦记着工作。张广秀的事迹和病情经媒体报道后，在全国引起强烈反响。习近平、李源潮、姜异康等中央领导和山东省委领导做出重要批示，对张广秀扎根农村、无私奉献，全身心为村民服务，身患重病不忘本职的精神给予高度评价，号召向张广秀同志学习。

2011年初，张广秀进入北京大学人民医院接受治疗，2011年3月6日、7日两次接受造血干细胞输注手术。当年5月31日，张广秀出院。2013年6月17日，张广秀重返阔别了33个月的村官岗位。2016年8月21日下午4时，张广秀因感染在临沂人民医院去世，年仅30岁。

张广秀：平凡的“最美村官”

考研失败后的选择

当村官，其实是张广秀最后的选择。2009年6月，从鲁东大学毕业时，她去跟班主任孙明老师告别，情绪有些低落。

“对不起老师，工作可能不是特别好。”大学成绩稳定在班级前六名，她本以为能继续深造或者找到一份不错的工作，无奈的是，准备半年多之后，她报考北师大研究生和国家公务员接连失败。

“习惯了象牙塔生活的我，即使把自己降落到最低层，这仍然是现实遥不可及的高度。”张广秀落榜后十分消沉。当年5月，中组部首次公布大学生村官招考计划，抱着最后的希望，她拉着同学王桂英报了名。

她渴望自己被录取，但心里也迷茫，村官待遇不高，没有编制，一时间不知前途在哪。孙明对她说，出生在农村并不一定了解农村工作，干好当下，以后才能有更好的选择。

张广秀从小长在临沂桥西头村，她对农村并不陌生。她十几岁时，父亲外出开车很少回家，她和母亲还有姐弟打理着全家6口人的3亩口粮地。

经历了一个多月的选拔和培训后，张广秀被分到了烟台市福山区福新街道办垆上村，做村主任助理，王桂英则被分到了蓬莱。第一时间，她给高中同宿舍的同学杨金玉打去电话，“我要去垆上村当村官啦!”进入福新街道办，她在自己的日记上兴奋地留下五个字：我是雀跃的。

一口一个婶子、大娘

尽管这是最后的选择，但孙明一直相信张广秀会干好，因为她做事有一股劲。“刚入学时，她的成绩在中下游，一年的时间，就冲到了前六。”

她的小学班主任朱秀芳还记得，当时班里要求没完成作业的学生写完才能走，担任班长和学习委员的张广秀放学后留在教室，等他们写完才回家。“她那时话不多，但交给她的活儿，只管一门心思完成好，很朴实，没那么多心眼。”

张广秀把这种责任感带到了垆上村，很快，张广秀忙碌起来，走门串户、做调研报告、协助普查流动人口、帮村里的计生主任核对资料……村里的会计于学超至今都记得，坐在办公桌对面的张广秀经常拉着他了解垆上村的情况：村里是统一规划的，村里有房出租，流动人口不少。

几个月后，孙明再次见到张广秀时，她再也不是刚毕业时那个情绪低落的姑娘。“每次来她都兴奋地讲村里的情况，刚学了怎么种樱桃、怎么剪枝、怎么施肥。”张广秀一口一个婶子、大娘，孙明觉得她是真正地扎在了基层。

张广秀越来越熟悉垆上村的情况，甚至成了樱桃种植的半个行家，她总想着应该给村里干点啥，便跟老支书王子龙商量，根据垆上村的实际情况写了一份大樱桃栽培规划。

当年一起考村官的王桂英身在蓬莱，也会时不时赶来看望张广秀。王桂英记得，张广秀住在村里的敬老院，总是把手头工作干完了才会陪她。有一次，广秀加班到很晚，两个好姐妹才有机会一起说话。

“为自己村服务，我甘之如饴。”广秀日记里这么写，王桂英说，她真这么想。每次王桂英碰到困难都是广秀鼓励她，在自己手上的工作，就要尽力做到最好。

忍了半月才去看病

王桂英一直很庆幸有张广秀这个好朋友，确实，张广秀从小就是一个受人喜爱的姑娘。

她的大奶奶说，小时候张广秀眼睛圆圆的很漂亮，家人给她起名叫“俊俊”，老远走过来就一口一个“奶奶”。她的高中语文老师牛庆梅还记得，每一次在学校碰到她，离着几十米她就喊“老师”。

“她很爽快，基本不计较小事。”有一次一位大学舍友病了，张广秀背着她往医院跑，可舍友嫌她胖，背着不舒服，还嘟囔了两句。不过张广秀嘿嘿一笑，把舍友交给其他人，自己抱着她的衣物跟在后面跑。

不过，再次翻看张广秀曾经的状态，她并非像在大家面前展现的那样，她也有纠结的时候。广秀刚毕业时，偶尔会在人人网上表达自己内心的矛盾，“努力适应我所不熟悉的一切。”“不知道以后有没有机会执起粉笔……”

按照高中毕业时的设想，她也许会在烟台，或者回临沂做一名老师。但是，进了村里工作之后，她一直坚持了下来，甚至爱上了村官这个工作。

“晚上这脖子剧痛，直掉眼泪。”“又是疼了一个晚上，夜里疼得我睡不着。”2010年9月，渐渐适应村官生活的张广秀第一次感到了折磨。持续半个多月的日记里，她痛苦不堪，大把大把吃抗生素、做推拿，甚至拍片、做尿检，身体都没有查出异样，但她仍忍痛完成了760人的健康档案。

那时王桂英去看望她，还陪她加班到很晚。她只是跟村民说，她感冒了，有点低烧。“秀，你还是去大医院吧。”垆上村的老支书王子龙一直劝她。到了那年中秋放假，她才放下手头的工作，让父亲张玉欣陪她回临沂看病。

让人担心的消息传来：经天津专家两次研究，张广秀被确诊为急性白血病。

《病好了，我还会去做村官》，一篇齐鲁晚报报道，让张广秀走入了大众的视野。她的《村官日记》被广为称赞，时任中央政治局常委、国家副主席习近平知道她的事迹后，作出重要批示，要求有关方面组织专家为张广秀精心治疗。

那时，她的高中同学才知道广秀生病了，即便是她最好的朋友，也没有被告知她的病情。

当慰问涌来，她总是说：我挺好的，不用担心。广秀的老家桥西头村村委会干部去看望她时，她戴着大口罩，见到人就止不住笑。孙明去探望她时，她还跟他开玩笑，“病好后，还要去你们家吃油焖大虾。”

别人怎么劝都不走

“她的内心很强大，很少透露自己内心的想法。”孙明说。2011年3月，东营23岁的小伙汪凯为张广秀捐献了造血干细胞，移植成功。到了8月份张广秀体检时兴奋地发了一条状态，“嘿嘿，伟大的O型血，永别了。”她的血型变成了汪凯的B型血，她还有些惊奇地说，“幸亏我还是女孩子。”

养病期间，张广秀接受了媒体无数次采访，因为村官的身份，她成为全国的典型。但对于张广秀来说，她的心态并没有太大变化。

2013年6月17日，病情稳定的张广秀回到了垆上村，当时的村支书王子龙记得，广秀一到村里就止不住地乐和。村民的樱桃熟了，她撸起袖子帮着村民一起装箱。看到村里的日间照料中心建成，她跟大家伙儿一起把物品抬进去，立马拍照发朋友圈，号召大家都来点赞。

她兴奋地在日记本上写着：“阔别了三年，今天我终于回来了——福山新垆上村和亲爱的人们，我回家了!”

自行车成了她重新开始工作的重要“搭档”，她常骑着车子在街道和村里往返，有时天不亮，她就骑着它在村里转圈熟悉环境。王子龙说，这时张广秀心里的一块大石头才算真正落了地。“生病的这三年，她生怕再也回不来了。”

病情稳定后，她的大学同学——同为村官的王桂英劝她考虑去环境好点的地方上班。广秀说，这是她的工作，应该坚持下去。“她脾气很倔，认准了，就一直做下去。”王桂英说。

重返工作岗位，广秀还有一件重要的事儿要做，那就是向帮过她的人表示感谢。

于是在病愈后不久，她在大学班主任孙明的建议下，给习近平总书记写了一封信，表示要努力工作，服务群众，勤奋学习，不断进步，为实现“中国梦”做出自己的贡献。

让她没想到的是，2014 年 1 月 28 日，习近平总书记复信，并表示希望大学生村官热爱基层、扎根基层，增长见识、增长才干，促进农村发展，让农民受益，让青春无悔。

张广秀确实感到意外，她没想到总书记能亲自给她复信。她一下子受到了鼓舞，表示：“我一定不辜负总书记的殷切期望，牢固树立扎根基层、为民服务的意识，把新农村建设好，让我这第二次生命不虚度。”

最挂念的仍是村里

然而，命运却再次和张广秀开了个玩笑。

“多年夙愿终成真，不计其中几多折，遗憾匆匆，了了了了。”2014 年 12 月 9 日，张广秀发了这样一条微信朋友圈。垆上村的老会计于学超说，就在这一天，广秀从老家临沂赶回来，参加了入党仪式，这是她一直以来的梦想。不过，当时的广秀身上插着管子，身边还有陪护人员。

2014 年上半年，张广秀复查的结果出来了，身体多项指标异常，白血病复发。经过几次复查后，广秀不得不再次回到北京，接受治疗。

在北京医院的病床上，由于病情影响到了肺部，广秀的呼吸开始有了一些障碍，她有时也会不安和烦躁，但是在微信朋友圈，她只是笑称加量的输液让她“肉疼”。在水立方边上跟病友合影时，她摘下口罩，在朋友圈发了 3 张照片，留言称：“匆匆数载，苦难时有，于彼于己；从容一生，笑口常开，在彼在己。”

躺在病床上，广秀仍常常关注着有关垆上村的信息，还给村里的评选拉票。2014 年 6 月，王子龙和垆上村村委会干部到北京来看望她，一见面，广秀就开心地在病床上笑起来，不停问着村里怎样了。

别人捐款她随礼还回去

“这个夏天里的感冒，就像预告中的雨，那个盼着不来，这个却撵着不走。”在广秀发的这条俏皮的朋友圈背后，是她所遭受着的令人难以忍受的病痛折磨。

2015 年，张广秀从北京回到家里休养，依靠父亲买来的吸氧机，每天都要吸氧。王子龙过去看她时，说不了一会儿，她就很累了，戴上氧气面罩才能呼吸。并且，每隔两小时就要戴一次。

徐广兰记得当时的女儿很少说话，只是躺在床上，或者靠在沙发上。沈怀云则说，当时的广秀很难过，她觉得因为这个病，很多事情自己都干不了。

不过，每当情况好些时，她就让沈怀云多带书给她。比如《史怀哲传》《林徽因传》《瓦尔登湖》等。张广秀说，她最喜欢读《瓦尔登湖》，因为在书中，她能读到一种宁静的声音。

但当沈怀云真的买了一本《瓦尔登湖》送给她时，张广秀竟有些生气，责怪她乱花钱。沈怀云说，广秀最怕自己给别人添负担。在大家踊跃给她捐款时，她知道后竟然一下子痛哭起来，“我不想给你们添麻烦啊！”

由于家庭条件并不好，广秀生病后，大家踊跃给广秀捐款，高中同学们也凑了钱，给她送到医院。不过在身体稳定后，广秀有几次参加同学婚礼，给的礼钱比其他人都要多，后来同学们一算，这些礼钱加起来正好是大家给广秀捐款的数量。而广秀无法参加同学婚礼时，也会托人捎过去。

广秀曾经私下给沈怀云说，有人给弟弟介绍对象，听了家里的情况对方就不太乐意，广秀一直觉得，是自己的病耽误了弟弟，这让她非常自责。沈怀云努力去劝她，可是广秀仍然难以释怀。

病情复发却没告诉别人

直到进入8月，沈怀云发给张广秀的微信，却再也没有得到任何回应。起初，沈怀云以为，也许她只是忘记了回。

但在8月6日，张广秀突然呼吸困难，被家人送到了临沂市人民医院。

“肺纤维化非常严重，正常人的心跳每分钟七八十下，她要100多下，正常人的含氧饱和度90%左右，她只有50%多一点。”张广秀的主治医生刘志胜当时就知道，广秀已经很危险了，因为她已经依靠氧气瓶呼吸了一年多，到最后只能戴上氧气面罩才能维持呼吸。

住院后大部分的时间，张广秀躺在床上，有气力了，看到刘志胜，就会赶紧问，“我什么时候能治好？还得回村里呢。”刘志胜每次都说，配合治疗就会好得快，回去的日子，就会越来越近。每一次，张广秀都会开心地点头答应。

“她非常配合，从来没有发过脾气，见到医护人员都会打招呼。”护理张广秀的护士长刘景玲说，不像其他的患者，广秀从来没有“折腾”过医护人员。

8月21日早上，张广秀吃了一根油条并喝了一碗豆浆，前来看望她的母亲觉得，广秀的状态还不错。但在上午10点，广秀的病情却突然恶化，虽然抢救到下午4点，但她还是离开了这个世界。

“憨憨的你睡得一脸安详，顽皮中神情依然倔强。”这是广秀上大学时最喜欢听的歌，这一次，在很多人印象里“憨憨”的她，真的走了。

案例启示

张广秀并没有特别突出的事迹，只是一个称职的村官。然而，兢兢业业、问心无愧的“称职”二字，在现代社会里恐怕也是很多人缺乏的。在不少高校毕业生眼中，村官只是一个跳板，他们像大浪淘沙一样脱颖而出，不愿意再回到乡村，当显赫的工作和不菲的薪水成为评判成功的标准，张广秀就成了最为稀缺的那类人。用知识和能力服务农村，始于垒土的日常点滴，让新农村建设旧貌换新颜，张广秀就是无数人的榜样。

张广秀，这不是一个人的名字，而是一个群体的名字，是全国大学生村官群体共同的名字。在她身上集中体现出的，是十年来无数大学生村官扎根基层、爱岗敬业、踏实工作、服务群众的精神风貌，是他们舍己为公、忠于职守、艰苦奋斗、无私奉献的高尚品格，是他们与时俱进、虚心学习、脚踏实地、勤于实践的实干作风。懂农业、爱农村、爱农民。大学生村官们在平凡的岗位上为梦想奋斗，为新农村建设奋斗，为中华民族伟大复兴的中国梦奋斗！

张广秀，没有走远，也不会走远。

根据以下资料整理：

从无奈选择到患病也不离开：忆大学生村官张广秀；

张广秀：平凡的“最美村官”传递中国正能量；

张广秀——最美大学生村官的典范；

最美村官张广秀的最后三年：听到有人捐款她痛哭起来；

记者手记：我们为什么要追忆大学生村官张广秀。

第十三章<<<

社会调查报告撰写与案例解析

【导读】社会调查报告是针对社会生活中的某一情况、某一事件、某一问题，进行深入细致地调查研究，然后把调查研究得来的情况真实地表述出来，以反映问题，揭露矛盾，揭示事物发展的规律，向人们提供经验教训和改进办法，为有关部门提供决策依据，为科学研究和教学部门提供研究资料和社会信息的书面报告。社会调查报告常见结构：标题、摘要、关键词、正文、参考文献等。

一、摘要写法

中文摘要字数约为300～500字，如有特殊需要字数可略多。摘要是社会调查报告内容不加注释和评论的简短陈述，一般以第三人称语气来写。撰写中应遵循：

（1）摘要的独立性。即不阅读报告的全文，就可从摘要中获得必要的信息。

（2）摘要应是一篇完整的短文，可以独立使用，可以引用。

（3）摘要一般应说明研究工作的目的意义、研究方法、研究结果、主要结论及意义、创造性成果和新见解，而重点是结果和结论。

（4）要用文字表达，不要附图、照片，不要使用表格、公式、上下标以及其他特殊符号，要突出重点，阐述清楚。

二、关键词写法

中文关键词应为3～5个，用中文逗号“，”或“；”。关键词是报告的检索标志，从报告中选取出来，用以表示全文主题内容信息单词或术语。关键词应全面、准确、规范，尽量采用专业主题词表提供的规范词。

三、引言写法

调查报告引言中通常包括研究背景、发展情况、代表性学者及观点，交待研究意义等。特别强调国内外学者在该领域的研究进展，比较研究与其他研究成果的不同之处，重点阐述本文的目的、方法与分析结果等。

四、正文写法与注意事项

（1）报告正文撰写应遵循先列提纲后写作的原则。综合前期文献搜集、实际调查、数据整理、指导教师意见、小组讨论等信息，在报告正式撰写之前需拟定撰写提纲，在正式撰写中可根据情况对提纲进行微调，以防止出现写作框架结构、逻辑不清问题。

（2）报告用语的规范与凝练。学生调查报告常犯的错误是用语不规范，主要表现为日常用语和叙述性写法较多。为提升调查报告的学术性和规范性，调查报告撰写中要注意学术及专业用语的使用，同时注意语言凝练。建议报告框架设计、写作及撰写中，多与指导教师沟通，避免走弯路。

（3）报告数据处理与分析。目前学生调查报告会出现各类数据分析方法，包括一些数据挖掘方法。单纯从数据处理角度看，学生规范、科学处理数据的意识提升，数据处理方法更为科学。但从实用性角度看，部分报告出现为利用“高大上”模型而使用模型的情况，将简单问题复杂化。

（4）正文写作中注意数据支撑。部分学生调查报告，尤其是现状与问题分析部分会出现大段文字表述内容，模棱两可、泛泛而谈的问题。由此，建议调查报告现状与问题分析部分，根据调查数据、权威统计数据开展支撑性分析。达到图文并茂，有理有据的效果。

（5）参考文献使用。在学生调查报告中易出现随意“列”参考文献的情况。建议调查报告的参考文献与文中引用一一对应。尊重前人研究成果。

案例1　农村产权制度改革的创新探索*——基于六盘水市农村“三变”改革实践的调研

农村产权制度改革的创新探索*——基于六盘水市农村“三变”改革实践的调研

王永平（贵州财经大学经济学院，贵阳，550025）
周丕东（贵州财经大学公共管理学院，贵阳，550025）

摘　要：通过对六盘水市农村“资源变资产、资金变股金、农民变股东”“三变”改革实践的调研，本文剖析了农村“三变”改革的背景、内涵和改革效应，从丰富和发展“两个飞跃”理论、推动农业供给侧结构性改革、培育农业农村发展新动能、实施精准扶贫有效脱贫、促进欠发达地区农业现代化发展等方面系统梳理了“三变”改革的理论与实践创新价值，并从资源资产确权登记、股权量化与收益分配、产业平台建设、新型经营主体培育引进、风险防控机制构建等方面揭示了开展农村“三变”改革需要抓好的关键环节。本文从坚持问题导向、尊重农民意愿、发挥政府作用、兼顾公平与效益、加强风险防控等方面提出了六盘水市农村“三变”改革对当前深化农村改革的启示。

关键词：农村改革；产权制度；内涵阐释；创新价值；关键环节

改革开放以来农村家庭承包经营责任制的全面推行，极大地解放了农村生产力，有效解决了中国农民的吃饭问题。然而，随着经济社会的不断发展，农村双层经营体

---

* 本文转载自《农业经济问题》2018年第1期，论文题目“农村产权制度改革的创新探索——基于六盘水市农村‘三变’改革实践的调研”，作者为王永平，周丕东．

制“分得充分、统得不够”的问题日益突出，农村资源分散、资金分散、农民分散，难以适应农村经济规模化、组织化、市场化发展需要，成为农村经济社会进一步发展的严重栓桔，“空壳村”大量存在，村集体对村民的服务能力严重不足。随着城市化进程的持续推进，大量素质相对较高的农村人口向城市和非农产业转移，导致农村留守人员自主经营能力越来越弱，农业从业人员老龄化、女性化问题日益加剧，农业和农村经济发展面临巨大挑战。坚持以家庭承包经营为基础、统分结合的双层经营体制，深化农村产权制度改革，构建新型农业经营体系，完善农村基本经营制度，成为全面深化改革的战略重点和近年来政府、学界共同关注的焦点问题。发端于贵州省六盘水市的“资源变资产、资金变股金、农民变股东”农村“三变”改革，在农村产权制度改革中取得了明显成效。“三变”改革的成功经验引起了各方关注，尤其是受到中央领导的高度重视。2015 年 11 月习近平总书记在中央扶贫开发工作会议上强调指出，“通过改革创新，要让贫困地区的土地、劳动力、资产、自然风光等要素活起来，让资源变资产、资金变股金、农民变股东，让绿水青山变金山银山，带动贫困群众增收。”2017 年中央 1 号文件明确提出，“从实际出发探索发展集体经济有效途径，鼓励地方开展资源变资产、资金变股金、农民变股东等改革，增强集体经济发展活力和实力。”农村“三变”改革的“贵州经验”为全国深化农村产权制度改革提供了借鉴。

一、文献综述

农村产权制度改革是全面深化改革的战略重点，有效破解“三农”发展难题的重要抓手。近年来，在总结农村改革实践经验的基础上，学术界围绕以土地制度为核心的农村产权制度改革开展了一系列卓有成效的研究。郭晓鸣等（2013）认为中国农村产权制度改革的逻辑主线是不断赋予农户边界明晰、充分排他的尽可能完整的财产权利。黄延信等（2014）分析了农村集体产权制度改革的目的，系统探讨了集体资产量化、成员资格界定、股权设置、股权管理等一系列问题。刘可（2014）对推进农村产权制度改革的重要性和紧迫性、实践中面临的问题以及推进农村产权制度改革的对策措施进行了研究。符刚等（2016）分析了推进农村资源产权市场化的意义和作用、农村资源产权类型、农村资源产权市场化面临的问题以及推进农村资源产权市场化的路径。姜岩（2015）探讨了现阶段农村土地资本化改革的主要路径及制约因素，提出了推动和完善我国农村土地资本化改革的对策建议。杨久栋等（2015）围绕农地产权制度的法律问题进行了深入研究。朱正罡等（2014）、吴群（2014）、程欣炜等（2014）、王德福（2015）围绕农村产权交易运行模式、交易市场运行等问题开展了一系列研究。在农村产权与农民增收关系方面，张军（2014）认为土地承包经营权流转、农村集体资产股份化、农民房产和宅基地增值收益是财产性收入增长的主要来源。刘俊杰等（2015）从理论层面分析了农村土地产权制度改革对农户收入的影响及其作用机制。相关研究逐步明晰了农村产权制度改革的主要脉络，即建立归属清晰、权责明确、保护严格、流转顺畅的现代农村产权制度，为农村产权制度改革的深化研究奠定了坚实的理论基础。但是，农村产权制度改革是一个复杂的系统工程，需要与体制机制创新、农村社会治理改革等相配套，显然相关研究在这方面还存在某些缺陷，尤其是针对农村资源、资金、农民“三分散”等现实问题缺乏改革路径的系统设计，实践指导意义明显不足。

始于2011年的六盘水市农村“三变”改革，在农村产权制度改革中创造了一条系统化的改革新路。围绕六盘水市农村“三变”改革实践，学术界也从不同侧面进行了研究。刘远坤（2016）认为，农村“三变”改革的经验和亮点在于通过建立支持保护、确权颁证、产权交易、融资担保、风险防控和权益保障等六大机制给农民“还权赋能”，但农村“三变”改革中也存在亏损把控、权益保障、资源破坏等风险。孔祥智等（2016）研究表明，六盘水市以“三变”为核心的农村产权制度改革，有效激活了“沉睡的资产”，不仅找到了农民增收的新渠道，更重要的是找到了欠发达地区实现农业现代化的路径。罗凌等（2016）指出，农村“三变”改革从要素集聚发力再造了双层经营“统”的功能，用化零为整牵引创造了农民参与社会分工体系环境，以利益联结创新重构和优化了乡村治理体系，从拓展空间深化加快了现代山地特色农业发展步伐。中央党校农村改革调查课题组（2016）认为“三变”改革从根本上解决了资源、资金、农民分散这一阻碍农村发展的顽症，激活了农村发展的内生动力，探索出了一条切实可行的科学脱贫之路。总体上看，就文献资料而言，除新闻媒体对六盘水市农村“三变”改革报道较多外，有关“三变”改革的理论研究成果相对较少。基于此，本文拟就六盘水市“三变”改革的内涵阐释、关键问题等进行系统研究，以期为“三变”改革的深入推进提供参考。

二、农村“三变”改革的背景与内涵阐释

（一）改革背景

农村资源性、经营性资产存量巨大，但长期以来财产性收入对农民收入的贡献不到4%资产的财产性功能远未发挥出来（陈雪源，2015）。用好用活这些资产和资源，既是发展农业农村经济的需要，也是保护农民和农村集体财产权利的客观要求。

六盘水市地处贵州省西部、乌蒙山腹地，国土面积9 965平方公里，喀斯特地貌分布广泛，生态环境十分脆弱，石漠化面积占国土面积的33.44%。全市辖4个县级行政区，其中3个国家级扶贫开发重点县、1个省定扶贫开发重点县。按照2 300元的贫困标准，2011年全市农村贫困人口97.52万人、贫困发生率高达38.30%，脱贫攻坚与同步全面小康任务十分艰巨。但是，在家庭承包经营背景下，由于“分”得充分、“统”得不够，六盘水市农村双层经营体制的优越性没有得到有效发挥，农村集体经济十分薄弱，“空壳村”大量存在，农村资源闲置、资金分散、农民老化等问题日益突出，农民持续增收难度不断加大，现代农业发展困难重重。

2011年，针对农村生产要素分散、农业规模经营受制、资源利用低效、农民增收渠道狭窄等现实问题，沿着唤醒沉睡资源、聚集分散资金、拓宽增收渠道这一脉络，六盘水市以“还权赋能”为核心，开始了“资源变资产、资金变股金、农民变股东”的农村“三变”改革探索。经过几年来的实践，初步走出了一条有别于东部、不同于西部的农村集体产权制度改革新路。

（二）内涵阐释

六盘水市农村“资源变股权、资金变股金、农民变股东”“三变”改革，是我国农村产权制度改革的创新实践，是坚持问题导向的农村改革路径的系统化设计，内涵

十分丰富。

1. 资源变资产 农村资源十分丰富，包括耕地、林地、水域、草地、“四荒地”等自然资源，房屋、设备、建设用地、公共基础设施等资产资源，自然风光、区域气候等生态资源，历史文化、民族文化等传统资源，劳动力、资本、技术等要素资源，以及农民土地承包经营权、宅基地使用权、林地经营权、小型水利设施使用权等权利资源。除法律有明确规定的以外，农村资源属村集体或村民个人所有。为了使这些长期处于“沉睡”状态的资源“活”起来，六盘水市通过核查清理、登记备案、评估认定，将资源转变为资产，明确资产的产权边界和归属，作价入股新型农业经营主体，相应股份在集体和村民之间合理分配，使村集体经济组织和农民拥有合作社、龙头企业、家庭农场等法人经济实体的股权，按股权比例获得收益，从而盘活农村分散闲置资源、壮大村集体经济、增加农民财产性收入。

2. 资金变股金 农村中的资金包括各级财政投入到农村的各类资金，村集体和农户拥有的自有资金，以及获得的信贷资金、社会资金等，这些资金的用途和投放存在着点多面广、投入分散、作用发挥不明显、效益外溢等突出问题，尤其是各级投入农村的财政资金具有项目多、额度小、一次性等特点，导致财政资金无规模、投入效益低、可持续性差等问题。通过一定方式将这些资金整合起来，形成合力，有利于放大资金使用效益。为此，六盘水市坚持在不改变资金（尤其是财政资金）使用性质和用途的前提下，将其量化为村集体和农民的股金，按照集中投入、产业带动、社会参与、农民受益的原则，作价入股各类经营主体，形成村集体和农户的股份，按股权比例分享收益，从而使分散的资金聚集起来，提高资金的集中度和使用效益，实现农村资金使用效益最大化，形成农民稳定增收的长效机制。

3. 农民变股东 家庭承包经营制度的全面推行，农户家庭成为独立的经营主体。但小规模、分散化的农户家庭经营普遍存在着效益低、财产性收入少且增长困难等问题，越来越不适应现代农业发展和农民增收的需要，迫切需要在稳定家庭联产承包经营责任制的前提下对现行农业经营体制进行改革创新。六盘水市在充分尊重农民意愿的基础上，通过将村集体和农民所拥有的资源股权化、资金股金化，量化入股合作社、龙头企业等新型农业经营主体，农民通过占有一定股份而成为股东，使农民从传统农业中解放出来，资金在市场中流动起来，提高农民在入股企业、土地增值收益中的分配比例，实现增收致富。

三、农村“三变”改革的效应与创新价值

（一）改革效应

六盘水市农村“三变”改革，从“十二五”初期的试点探索到2014年在全市全面推开，短短几年间取得了社会广泛关注的改革效应。

1. 农村资源盘活效应 截至2016年年底，六盘水市农村“三变”改革已覆盖全市65个乡镇、31个社区（街道），881个行政村、29个省级农业园区。通过改革，全市已有121.6万亩土地承包经营权、68.3万平方米水域、5.86万平方米房屋入股新型农业经营主体；整合各级财政资金6.62亿元，撬动村集体、农户和社会资本52.07亿元参与入股，其中村集体自有资金1.68亿元、企业资金32.42亿元、合作

社资金10.73亿元、家庭农场资金2.63亿元、农户自有资金4.52亿元。

2. **特色产业发展效应**　六盘水市通过“三变”改革，将资源、资产、资金入股新型农业经营主体，发展核桃、猕猴桃、刺梨、红樱桃等特色农业产业，促进了农业增效、农民增收。仅2014—2015年的两年间，全市就发展经济林果213万亩，其中红心猕猴桃发展到17万亩。目前全市特色产业种植面积达到458.75万亩，粮经比从“三变”改革前的51∶49发展到目前的36∶64，培育了一批种养、加工、冷链、物流等农业龙头企业和特色产品，促进了一、二、三产业融合发展。

3. **集体经济壮大效应**　“三变”改革前，六盘水市农村集体经济十分薄弱，严重制约了村集体对村民的服务能力。通过实施“三变”改革，农村集体将所拥有的资源资产入股新型农业经营主体，盘活了农村集体资源资产，村集体通过股权收益新增村集体经济收入8 856.3万元，全市“空壳村”由“三变”改革前的53.8%下降到2014年的15.3%到2015年全市413个集体经济“空壳村”全部消除、村集体积累平均达到23.8万元。

4. **农村居民增收效应**　在充分尊重农民意愿的基础上，将农民家庭或个人拥有的资源、资产、资金、技术等入股新型农业经营主体，参与企业分红，促进了农民收入增长。据统计，全市有39.05万户农户成为股东，入股受益农民129.03万人，其中贫困农户11.31万户、33.44万人，入股受益农户年人均增收1 200元以上。在“三变”改革的带动下，全市农民人均可支配收入从2013年的6 015元增长到2016年的8 267元，年均增速保持在10%以上，共减少贫困人口55.87万人。

5. **农村改革示范效应**　农村“三变”改革在试点成功的基础上，2014年开始在六盘水市全面推开，2016年年初贵州省委办公厅、省政府办公厅下发了《关于在全省开展资源变资产资金变股金农民变股东试点工作方案（试行）》，在全省开展农村“三变”改革试点。2016年年底全省有21个县140个乡镇1 256个村开展“三变”改革试点，涉及农村人口304.8万人，其中贫困人口48.2万人。2017年2月发布的“中央一号”文件，明确将贵州“三变”改革经验作为深化农村集体产权制度改革的鼓励性政策向全国推广，“三变”改革的效应正在逐步扩大。

（二）创新价值

农村“三变”改革的“贵州经验”，在当前深化农村集体产权制度改革、推进农业供给侧结构性改革、加快培育农业农村发展新动能等方面具有重要的理论和实践创新价值。

1. **“三变”改革丰富和发展了邓小平同志“两个飞跃”理论**　1990年，邓小平就明确提出了关于我国农村改革和发展的“两个飞跃”理论“从长远看中国社会主义农业改革和发展要有两个飞跃，第一个是废除人民公社，实行家庭承包为主的责任制；第二个是适应科学种田和生产社会化的需要，发展适度规模经营，发展集体经济。”但是，30多年来，如何发展适度规模经营、壮大集体经济始终没有真正破题，尤其是西部欠发达地区“空壳村”现象普遍存在，双层经营体制下“分得充分、统得不够”的问题十分突出。六盘水市农村“三变”改革，抓住了“统”得不够这个农村改革症结，通过产业平台和股权纽带，将农业企业、农村集体、合作社、农民的利益联结起来，实现了家庭分散经营向规模化经营的转变，激活了城乡资源、资产和人力资本，促进了农业增效、农民增收和农村发展，壮大了村集体经济。六盘水市农村“三变”改革的实践探索，坚持了农村基本经济制度和双层经营体制，是建立在统分结合双层经营体制基础上的创新实践，是继家庭联产承包经营制后的又一大创新和飞跃。

2.“三变”改革是推动农业供给侧结构性改革的重要举措 2017年中央1号文件把深入推进农业供给侧结构性改革作为新时期农业农村工作的主线，而推进农业供给侧结构性改革需要运用市场的手段、改革的办法，通过引导市场主体行为促进结构调整。长期以来，由于信息不对称、供需结构错位、生产成本过高、资源透支利用，导致农业难以增效、农民难以增收，甚至多年来全国出现了粮食产量、进口、库存“三量齐增”的怪象。立足问题导向和解决主要矛盾，加强农业供给侧结构性改革，在保护产能、降低成本、消化库存、补齐短板、修复生态等方面下功夫，优化供给结构和资源配置，推动农业农村发展由过度依赖资源消耗、追求数量目标向绿色生态发展、追求质量目标转变，实现农业增效、农民增收、农村增绿，提高农业质量效益和竞争力，是当前和今后一个时期农业农村工作的重大任务。六盘水市农村“三变”改革，将市场机制和资本运作模式引入农村，通过股权纽带把城乡资源整合到产业平台上，为农业供给侧结构性改革注入了强大动力，并在更高层面、更大范围内成为推进农业供给侧结构性改革的重要举措。

3.“三变”改革是加快培育农业农村发展新动能的有效途径 当前，随着我国城市化的快速推进、农村人口和劳动力的大量转移，农业农村发展的环境条件已发生了重大变化，农村资源、资金、农民“三分散”问题突出，农业农村发展的动能严重缺失。如何培育新型农业经营主体、破解农业农村发展难题、加快转变农业发展方式、促进现代农业发展成为新时期社会各界关注的焦点问题。六盘水市农村“三变”改革的核心是通过要素资源的股份化改造，激活农村要素资源。即在充分尊重农民意愿的基础上，将农户家庭或个人拥有的资源、资产、资金、技术等入股新型农业经营主体，使农民从传统农业中解放出来，资金在市场中流动起来，有效激活了农民主动参与的热情，促进了农村经营体制的转变，实现了分散农户与新型经营主体的有机结合，从根本上解决了资源、资金、农民分散这一阻碍农村发展的顽症，激活了农村发展的内生动力。同时“三变”改革还改变了过去主要通过土地租赁、转包等发展规模经营的传统方式，既让新型经营主体在不增加成本的情况下发展了适度规模经营，又让农户通过以承包地入股成为企业、合作社和家庭农场的股东，由过去的旁观者变为参与者，促进农户、村集体与经营主体“联产联业”“联股联心”，推进共建共享发展。

4.“三变”改革是实施精准扶贫有效脱贫的创新实践 扶产业就是扶根本。但长期以来，由于贫困人口存在着素质相对较低、社会地位弱势等自身缺陷，加上产业扶贫机制不顺，形成对贫困人口的“天然排斥”，从而使其成为社会各界争议和诟病的对象。如何建立有效的产业扶贫机制、让贫困群众真正分享产业扶贫成果，成为普遍关注的话题。六盘水市农村“三变”改革，通过产业平台和股权纽带，让贫困地区农户尤其是贫困农户处于低效运行或沉寂状态的土地、劳动力、资产等要素活起来，将以农户家庭为主的生产经营单位转变为以资源或资金入股的规模化经营主体，突出生产资料的共有性、生产主体的共建性、生产收益的共享性，找到了农户个体积极性与规模化生产的结合点、社会主义本质要求与市场经济体制的结合点、先富带后富的结合点，有效破解了长期以来产业扶贫无法真正让贫困群体受益或贫困群体受益不多的难题，是全面建成小康社会、实现共同富裕的路径创新。“三变”改革还促进了产业扶贫与生态保护的有机统一，使绿水青山变为金山银山，为贫困地区探索出了一条切实可行、持续发展的科学脱贫之路。

5. **“三变”改革找到了欠发达地区实现农业现代化的现实路径**　21世纪以来，随着工业化、城镇化的快速推进，农村劳动力大量城市和非农产业转移，农村年轻劳动力不愿务农已成为常态，农村传统家庭经营主体年龄老化、素质较低、观念陈旧等问题日益突出，严重制约了现代农业的发展和农业现代化进程。探索新形势下发展现代农业、实现农业现代化的现实路径已成为推动传统农业向现代农业转变的重大历史性课题。六盘水市农村“三变”改革，充分发挥了统分结合双层经营体制的优越性，有效激活了城乡存量资产、自然资源、人力资本，推动了农业规模化、组织化和市场化发展，促进了农民从小农经济向市场经济、从传统农业向现代农业的转变。农村“三变”改革的创新实践，再造了双层经营“统”的功能，促进了农村要素集聚，创造了农民参与社会分工体系的环境，加快了现代山地高效农业发展步伐，不仅找到了农民增收的新渠道，而且找到了欠发达地区实现农业现代化的现实路径。

四、农村“三变”改革的关键环节

农村“三变”改革是集农村产权制度、农业经营制度、农业支持保护制度、农业供给侧结构性革、城乡一体化、乡村治理体系等各个方面改革于一体的综合性改革，涉及体制机制的改革与创新、经济社会的转型与发展、利益格局的调整和优化等诸多方面，有序推进农村“三变”改革，应重点抓住以下关键环节：

（一）资源资产确权登记

农村“三变”改革的实质是通过股权纽带激活农村要素资源，并把各种城乡资源要素整合到产业平台上，实现“还权赋能”，推动农业农村经济规模化、组织化、市场化发展。因此，如何对农村集体资源资产进行界定和量化，是“三变”改革的基础性工作。而农村资源类型多样，既包括自然资源、生态资源、要素资源，也包括资产资源和权利资源，长期以来普遍存在底数不清、产权不明、利用率低等突出问题。实施要素资源的股权化改造，构建归属清晰、权责明确、保护严格、流转顺畅的现代农村产权体系，促进农村资产资源权属明晰化、配置机制市场化、管理监督规范化，需要首先明确农村集体资源资产的所有权归属，在此基础上明确农民对农村集体资源资产的承包经营权。所有权、承包经营权明晰后，还需对相关权利进行量化，即对界定的资源资产所有权、承包经营权进行科学合理定价，具体落实到相应的农村集体和农户家庭或个人，并由政府相关部门颁发所有权和承包经营权权证，使所有权、承包经营权明晰化，这是“三变”改革的基础，也是发挥集体和农户两个层次积极性的前提条件。在实践中，由于农村资源包括很多类型，不同类型的资源资产产权界定的方法不一样，所依据的法律法规也不尽相同，因此，具体实施资源资产的确权登记，工作量大、难度系数高。

（二）股权量化和收益分配

确权登记是“还权赋能”的基础，股权量化是“还权赋能”的关键，收益分配是“还权赋能”的制度保障。在农村“三变”改革中，在对资源资产进行确权登记后，应该说相应的产权关系和产权收益就已基本明确，只要农村集体和农民拥有的相应资源资产入股新型经营主体，就能按照相关规定获取股权收益。但是，这里存在着三个方面的问题：一是农村集体和农民通过确权所拥有的相应产权入股新型经营主体时其股权如何科学合理量化？在新型经营主体中所占的股权份额如何合理确定？二是除确权登记的农村集体资源资产外，农户自己所拥有的住房、资金等入股经营主体，同样涉及股权如何科学合理量化和参与收益分配的问题；三是国家和社会投入到农村的各类资金和资源集中投入到相关的新型经营主体，其股权如何在国家、村集体、农户之间进行合理分配？尤其是在精准扶贫背景下投入到贫困地区农村的各类扶贫资金和资源，原则上是支持贫困农户发展或直接分配给贫困农户的，通过入股新型经营主体集中经营既能确保贫困农户的利益，也能提高扶贫资金资源的使用效益，但其股权和收益如何进行量化分配？所有这些问题都需要各地在实践中结合自身实际，对入股新型经营主体的相关资金资源的股权和收益在各利益相关者之间进行科学合理的分配。

（三）产业平台建设

农村“三变”改革是以企业、合作社、家庭农场等新型经营主体为龙头，以产业为平台，以股权为纽带，通过市场化途径把农村各种资源要素整合到产业平台上来，创新农业经营体制机制，促进农业产业结构调整，拓宽农民增收渠道，激活农村发展内生动力。显然，作为“三变”改革载体的产业平台建设，是实现“三变”改革目标尤其是农民增收目标的关键环节，直接影响“三变”改革的成败。产业平台建设的前提和基础是选准产业发展方向，即在深入开展调查研究的基础上，结合区情和未来市场发展需求，挖掘本区域的发展优势和特色，提出基础实、潜力大、适应性强、市场前景好的产业作为发展方向，找准适合区域发展的主导产业，科学编制产业发展规划，引导和培育新型农业经营主体参与产业开发。六盘水市农村“三变”改革之所以能够取得初步成效，就是抓住了产业平台建设这个关键，立足区域资源环境条件和优势，坚持“产业生态化、生态产业化”发展思路，重点发展具有良好基础、市场前景好、产业附加值高的猕猴桃、刺梨、红樱桃、乡村旅游等特色生态产业，采取“公司＋农户”“公司＋合作社＋农户”“集体经济＋合作社＋农户”“集体经济＋协会”“合作社＋农户”等多种模式，促进产业平台发展壮大。

（四）新型经营主体的培育和引进

当前，农业农村发展的环境条件已发生了重大变化，特别是在西部欠发达地区，农村劳动力老龄化、女性化和农村空心化问题十分突出，现代农业发展面临严峻挑战，大力培育和引进新型经营主体已成为农业农村经济持续发展的重大课题。农村“三变”改革在坚持农村基本经济制度和经营制度的前提下，通过产业平台和股权纽带盘活“沉睡”资源、聚集分散资金、拓宽增收渠道、壮大集体经济，但“三变”改革能否顺序实施并取得成效，产业发展的质量和水平至关重要，而产业发展的质量和水平又取决于经营主体的综合素质。六盘水市的实践经验表明，“三变”改革要取得成功，需要大量具有专业化、规模化、集约化、市场化经营特征，经济实力强、效益好、能够引领产业发展的新型经营主体。发展新型经营主体主要通过两个途径：一是加大区域内新型农业经营主体的培育力度，二是加大对区域外新型农业经营主体尤其是优强农业龙头企业的引进力度。在新型农业经营主体培育上，应坚持差异化发展原则，充分发挥比较优势，完善经营主体法人治理结构，将区域内有潜质的农业企业培育成优强企业，促进农民专业合作社和家庭农场规范运行、发展壮大，同时大力实施品牌战略，着力提升产品质量和市场竞争力，使农业龙头企业、农民专业合作社、家庭农场等新型农业经营主体成为农村“三变”改革最重要的承接载体，从而提高产业发展的质量和效益，切实保障各利益相关者尤其是参股农户的利益。

（五）风险防范机制的建立和完善

农村“三变”改革是一项政治性、政策性、民生性很强的系统工程，涉及农村改革发展的方方面面，问题复杂多样，影响因素众多，改革实践中不可避免地会面临来自自然、技术、经营、法律、道德等多方面的风险。如何预防和化解风险的发生，有效减少风险事件发生时造成的损失，降低改革风险和成本，避免出现颠覆性的差错，切实保障国家、集体、农民、经营者的利益，确保改革顺利推进并取得成效是“三变”改革成功的关键。六盘水市在“三变”改革实践中，始终坚持了“土地公有制性质不改变、农村基本经营制度不改变、耕地红线不突破、农民利益不受损”的改革原则，高度重视风险防控和农民利益保护问题，并重点围绕防范自然风险、市场风险、法律风险和道德风险，采取了一系列有针对性的防范措施，如完善政策法规、注重产业平台和融资平台建设、拓展农业保险支持范围、建立风险防控专项资金、规范运行管理机制、加强信用体系建设、强化运行监督管理等，有效降低了“三变”改革的风险。各地借鉴和推广“三变”改革经验，必须紧密结合区域发展实际，紧紧抓住“三变”改革的关键环节，建立和完善风险防范机制，最大限度地防止自然、市场、社会、道德、法律等风险的发生，为“三变”改革的顺利推进营造良好的环境条件。

五、几点启示

当前，我国全面深化改革已进入“深水区”，如何啃下农村改革这块“硬骨头”，走出一条农业强、农民富、农村美的发展新路，是各级党委、政府面临的重大课题。六盘水市以“三变”为核心的农村集体产权制度改革，为深入推进农村改革、破解“三农”发展难题提供了借鉴。

（一）坚持问题导向，引领农村改革

“改革是由问题倒逼而产生，又在不断解决问题中得以深化。”农村改革涉及农业农村发展的方方面面，深入推进农村改革必须抓住产权制度改革这个中心，坚持问题导向，聚焦突出矛盾，在问题不断解决的过程中推进农业农村发展。六盘水市“三变”改革正是基于农村资源、资金、农民“三分散”不断加剧这一突出问题，产生了如何让“沉睡”的资源活起来、分散的资金聚起来、农民增收的渠道多起来的制度需求，是典型的问题导向型制度创新。

（二）尊重农民意愿，推进农村改革

农民是农村改革的主体，深化农村改革必须尊重农民意愿，赋予农民群众充分的改革知情权、参与权、选择权、决定权，提高他们对改革未来愿景的意识，切实维护

农民的合法权益，增强农民的改革获得感。六盘水市“三变”改革始终坚持了农村基本经济制度和经营制度，通过确权登记增加农民对农村资源、资产的权属感和稳定感，通过要素资源入股新型经营主体实现“联产联业”“联股联心”、共建共享发展，使农民群众从旁观者变成了参与者。

（三）发挥政府作用，助推农村改革

深化农村改革必须充分发挥市场机制在配置资源中的决定性作用，但农村改革要取得成功离不开政府的支持和引导，既要发挥市场机制对效率的促进作用，又要发挥好政府在农村改革中的强大社会动员能力及协调能力。六盘水市“三变”改革是一项自下而上的制度创新，其之所以能取得成功，是与政府的作用分不开的。围绕农村“三变”改革中确权登记、资金整合、产权股权交易、风险防范等环节，政府出台了一系列政策支持文件。同时，通过组建联村党委，构建乡镇党委—联村党委—村党组织三个层级的乡村治理领导体系，保障了“三变”改革的顺利推进。

（四）兼顾公平效率，统筹农村改革

改革涉及各方利益调整，促进公平与效率的统一是农村改革尤其需要关注的问题，这是促进农业农村发展和农民持续增收的基本要求。在深化农村改革过程中，一方面，要着力提高要素资源利用效率，推动农业产业升级和一、二、三产业融合发展；另一方面，广大农民尤其是贫困农民是一个弱势群体，各种改革措施必须有利于让他们共享改革发展成果，这是社会主义的本质要求。六盘水市“三变”改革，通过产业平台和股权纽带，找到了公平与效率的结合点，既让广大农民特别是贫困农户公平地参与到改革实践中，共享改革发展成果，又有效解决了单家独户经营效率低下、农民增收难的问题。

（五）加强风险防范，保障农村改革

改革是有风险的，是一个不断试错、在错误中学习的过程。农村改革更是如此。深化农村改革，必须针对改革实践中可能出现的各种问题和风险，建立完善风险预警机制、突发事件应急处理机制，确保农村社会稳定。为预防和消除风险事件的发生，降低风险事件发生造成的损失，六盘水市在注重产业平台建设和新型经营主体培育引进的同时，切实加强了政策、保障等机制建设，并在改革实践中不断完善。

【参考文献】

郭晓鸣，廖祖君，2013. 从还权到赋能：实现农村产权的合法有序流动——一个“两股一改”的温江样本．中国农村观察（3）.

黄延信，余葵，2014. 师高康等．对农村集体产权制度改革若干问题的思考．农业经济问题（4）.

刘可，2014. 农村产权制度改革：理论思考与对策选择．经济体制改革（4）.

符刚，陈文宽，李思遥，2016. 推进我国农村资源产权市场化的困境与路径选择．农业经济问题（11）.

姜岩，2015. 农村土地资本化改革的路径创新．西北农林科技大学学报（社会科学版）（6）.

杨久栋，苏强，2015. 农地产权“长久不变”的法律创新及其实现．农业经济问题（4）.

朱正是，黄利荣，2014. 中国农村产权交易所运作模式比较研究：基于农村产权抵押融资的视角．农村金融研究（6）.

吴群，2014. 农村产权交易市场发展若干问题思考．现代经济探讨（10）.

程欣炜，林乐芬，2014. 农村产权市场化创新机制效应分析：来自全国农村改革试验区东海农村产权交易所的实践模式．华东经济管理（9）．
王德福，2015. 农村产权交易市场的运行困境与完善路径．中州学刊（11）．
张军，2014. 农村产权制度改革与农民财产性收入增长．农村经济（11）．
刘俊杰，张龙耀，王梦裙，2015. 农村土地产权制度改革对农民收入的影响——来自山东枣庄的初步证据．农业经济问题（6）．
刘远坤，2016. 农村“三变”改革的实践与探索．行政管理改革（1）．
孔祥智，穆娜娜，2016. 农村集体产权制度改革对农民增收的影响研究——以六盘水市的“三变”改革为例．新疆农垦研究（6）．
巧罗凌，崔云霞，2016. 再造与重构：贵州六盘水“三变”改革研究．农村经济（12）．
中央党校农村改革调查课题组，2016. 中国农村改革发展的新探索——贵州省六盘水市“三变”改革工作调查．中国党政干部论坛（11）．
陈雪源，2015. 关于“双刘易斯二元模型”假说的理论与实证分析．中国农村经济（3）．

案例 2　新型农业生产经营主体的发展现状与思路探析——以哈尔滨为例①

摘　要：新型农业生产经营主体是农业先进生产力的代表，是推进农业转型升级和粮食增产、农业增效、农民增收的主要力量。以哈尔滨市为例，调查研究新型农业生产经营主体的发展现状，分析新型农业生产经营主体在发展规模、辐射带动、盈利能力、资金来源、销售渠道、品牌建设、管理水平、产业化程度及发展预期等方面的情况，提出加快培育新型农业生产经营主体，明确各类生产经营主体的认定标准，建立健全土地流转机制，加大对新型农业经营主体的金融扶持，培育农业社会化服务组织，培养新型职业农民，强化新型农业经营主体运作管理等建议。

关键词：新型农业生产经营主体，家庭农场，专业大户，农民合作社

新型农业生产经营主体是指在家庭承包经营制度下，经营规模大、集约化程度高、市场竞争力强的农业经营组织和有文化、懂技术、会经营的职业农民。2013 年中央 1 号文件界定的新型农业生产经营主体包括专业大户、家庭农场和农民合作社等。实践表明，新型农业生产经营主体是农业先进生产力的代表，是推进农业转型升级和粮食增产、农业增效、农民增收的主要力量。加快培育新型农业生产经营主体，符合党中央近期对农业工作的重点要求，符合哈尔滨市经济社会发展的实际需要，符合三农问题的现实要求，具有重要意义和实际应用价值[1]。

由于新型农业生产经营主体的概念提出时间尚短，当前还缺乏科学权威的统计标准和数据，课题组于 2014 年 6—9 月主要采用实地调查和政府调研相结合的方式展开研究。实地调研中，新型农业经营主体的认定主要来自当地农业管理部门提供的登记

① 本文转载自《东北农业大学学报（社会科学版）》2015 年第 3 期，论文题目《新型农业生产经营主体的发展现状与思路探析——以哈尔滨市为例》，作者为崔宁波、宋秀娟，调研数据来自大学生社会实践团队。论文得到黑龙江省哲学社会科学基金项目“黑龙江省新型农业生产经营主体培育与发展问题研究”（14C032）与教育部人文社科基金项目“东北粮食主产区家庭农场发展效率评价、实现路径与政策研究”（14YJC790157）支持。

信息。其中：专业大户统指种植或养殖生产规模明显大于当地传统农户的专业化农户，经营规模从上百亩（1亩≈0.067公顷）到几千亩不等；农民合作社以农业部门登记为准；由于哈尔滨市很少有工商注册的家庭农场，采用农业部开展全国家庭农场调查的认定标准，即经营规模在100亩以上，无常年雇工或常年雇工数量不超过家庭务农人员数量。在以往新型农业生产经营主体研究中，并没有针对传统农户的明确定义。本文结合哈尔滨市实际情况，将普通农户定义为：以家庭为基本单位从事农业生产经营，不流转或少量流转他人土地、户均经营面积小于30亩的农户，具有小规模和分散等传统农户特点。课题组实地调查地点包括哈尔滨3区（阿城区、松北区、道里区）、6县（宾县、依兰县、方正县、木兰县、巴彦县、通河县）、2市（五常市、尚志市）。每个区（县、市）抽取2个乡镇，选取10个专业大户、10个家庭农场和5个农民合作社进行调查。最终获得有效问卷508份，其中专业大户216份、家庭农场184份、农民合作社108份。

一、哈尔滨市新型农业生产经营主体发展现状调查

（一）哈尔滨市新型农业生产经营主体的基本情况

1. 新型农业生产经营主体规模逐渐扩大，带动效应增强 据哈尔滨市农委统计，2013年上半年哈尔滨市有20.9万户农户流转出土地427.7万亩，分别占家庭承包经营总户数的22.9%和家庭承包经营土地总面积的18.61%。伴随农村土地经营承包权加快流转，新型农业生产经营主体数量快速增加，规模不断扩大。截至2014年末，哈尔滨市共有各类新型农业生产经营主体12 362个，比上年增加680个，发展速度较快，其中专业大户4 020户、家庭农场2 016个、农民合作社6 018个。截至2014年末，哈尔滨市已流转土地535.6万亩，其中实现200亩以上规模经营面积393.8万亩，200亩以上规模经营的各类经营主体已超万户。呼兰区金山现代农业农机专业合作社通过社员带地入社，实现3.4万亩耕地规模化耕种，成为目前哈尔滨市最大的新型经营主体。调查样本中，专业大户、家庭农场和农民合作社的平均土地生产经营面积分别为223亩、161亩和1 211亩，其中种植类合作社经营平均面积为1 658亩，农机合作社平均经营面积为6 202亩。

调研发现，农户经营土地最大面积按地区不同从70亩到3 000亩不等。地区土地流转发展差异大，人少地多地区、非农产业发达地区、劳动力转移较好的村屯，农民流转出土地意愿强烈，规模经营发展较快。相反，工业基础差、人均耕地少、农户年纪趋于老龄化、思想观念保守的地区，土地流转比例较低。从专业大户、家庭农场不同经营面积的经营者数量可以看出，经营土地面积100～300亩的比例较大，为43.4%。三种新型农业生产经营主体相比较，专业大户经营规模更具弹性；农民合作社规模经营面积最大，专业大户的规模经营面积大于家庭农场的规模经营面积；家庭农场在哈尔滨市属于新生事物，尚待进一步发展完善。

2. 新型农业生产经营主体盈利能力较强，资金来源渠道较广 新型农业生产经营主体的盈利能力明显强于传统农户。据哈尔滨市农委测算，规模经营前每亩综合平均效益为960.6元，规模经营后取得的综合平均效益为1 094.15元，亩均增加效益133.55元。据课题组调研，专业大户2013年净收益平均为7.8万元，家庭农场为10

万元，农民合作社为80万元，远超过哈尔滨市普通农户平均收入标准。

调研数据显示，专业大户和家庭农场的农业生产资金来源呈现多元化格局。在被调查专业大户、家庭农场和农民合作社中，分别有94%、84%和69.5%的样本农业投入资金主要靠自有资金。除自有资金外，银行或信用社贷款、其他个人或单位借款以及政府补贴或项目扶持，也已成为新型农业生产经营主体所需资金的重要来源。自有资金仍是农业生产资金的主要来源，而有一部分来源于合作社和龙头企业的资金则代表哈尔滨市农业向产业化经营又迈出重要一步。通过公司或合作社对农产品进行加工、销售，增加农产品附加值，真正实现产供销一体化，但所占比例不高。

3. 新型农业生产经营主体销售渠道广泛，品牌建设需加强　调研发现，专业大户、家庭农场的农产品主要通过贩销商、批发市场、农产品加工企业进行销售，分别占专业大户调查样本的68%、10%、18.2%。而农民合作社的产品销售主要通过加工企业、批发市场、大型超市、农产品交易展会，销售渠道比普通农户更广。

调查显示，哈尔滨市新型农业生产经营主体的农产品获得名牌称号或产品认证的比例较低。农民合作社拥有农产品品牌或注册商标的比例达到25%，专业大户和家庭农场往往以加入农民合作社或参与订单农业的方式分享品牌效应。在产品认证方面，专业大户和家庭农场的认证数量明显少于合作社，其中无公害认证、绿色产品认证、有机农产品认证总数仅占样本总数的7%、5%和3%，农民合作社三种产品认证的比例分别为34%、22%、10%，获省级名牌认证和地理标志认证的比例分别为5%和15%。随着居民消费水平的进一步提高，对优质食品的需求会不断增长，加快高级别农产品认证有助于新型农业经营主体在市场竞争中居于有利位置。

4. 新型农业生产经营主体对扶持政策期望较高，对未来发展充满信心　在新型主体发展过程中，政府具有不可替代的重要作用。调研中，各类新型经营主体对政府发挥的作用评价较好，对政府进一步出台扶持政策充满期待。不论是专业大户、家庭农场还是农民合作社，均受到过政府物质或资金奖励与支持。与普通农户相比，较大规模的专业大户与农民合作社受到政府更多技术支持和资金补助。越是规模大、经营管理越规范的生产经营主体，受扶持力度越大，这些扶持主要来自各级农业主管部门、农业综合开发办、扶贫办等。

当问及需要政府提供哪些方面帮助时，专业大户、家庭农场希望政府在融资、生产技术指导、市场信息、防灾预警信息、农田水利建设等方面予以支持。农民合作社则希望政府在融资渠道、技术指导和培训、人才引进、合作社之间的交流与合作等方面提供帮助。总之，新型农业生产经营主体对政府的政策倾斜具有较高期望，针对其发展中存在的诸多制约，亟待在资金、技术、人才、服务等多方面得到政府支持。

（二）哈尔滨市新型农业生产经营主体的个体情况

1. 年龄分布情况　被调查主体生产经营者平均年龄为48岁，最小30岁，最大65岁，年龄为31～40岁、41～50岁和51～60岁的主体分别占样本总数的17.1%、45.5%和24.2%。可见，新型农业生产经营主体的年龄主要集中在41～50岁。三种新型农业生产经营主体相比较，专业大户老龄化趋势较明显，家庭农场主年龄集中在41～50岁，农民合作社负责人的年龄较分散（表1）。

表1 调查样本经营者按主体类型的年龄分布情况

		21～30岁	31～40岁	41～50岁	51～60岁	60岁以上
专业大户	样本数	10	33	82	63	28
	比例（%）	4.6	15.3	38	29.1	13
家庭农场	样本数	13	32	101	38	0
	比例（%）	7.1	17.4	54.9	20.6	0
农民合作社	样本数	0	22	48	22	16
	比例（%）	0	20	45	20	15

2. 受教育程度　调查样本生产经营者平均受教育年数为9.8年，其中最高学历为本科，最低的未接受过任何正规教育。调查样本生产经营者中，56.1%具有初中水平学历，19.9%具有高中水平学历，还有6.1%拥有大专及以上学历。其中，专业大户、家庭农场和农民合作社的平均受教育年数分别为8.8年、9.5年、10.2年。可见，农民合作社负责人的学历最高，其次是家庭农场主，专业大户学历最低（表2）。

表2 调查样本经营者的学历分布情况

		小学及以下	初中	高中	大专及以上
专业大户	样本数	47	134	29	6
	比例（%）	21.8	62	13.4	2.8
家庭农场	样本数	39	103	34	8
	比例（%）	21.2	56	18.5	4.3
农民合作社	样本数	5	48	38	17
	比例（%）	4.7	44.4	35.2	15.7

3. 非农工作经历　调查显示，哈尔滨市新型农业生产经营主体中，有外出务工、经商创业和担任乡村干部经历的分别占样本总数的87.4%、41.9%和25.6%。专业大户户主中，有外出务工经历的比例最高为94%；家庭农场主和农民合作社经营者中有经商创业经历的比例较高，分别达到42.9%和63%。合作社主要负责人中，同时是企业负责人的占40%，是专业大户的占35%，是乡村干部或在政府部门任职的占29.6%（表3）。

表3 调查样本经营者的非农工作经历情况

		务工经历	经商创业	干部经历
专业大户	样本数	203	66	52
	比例（%）	94	30.6	24.1
家庭农场	样本数	162	79	46
	比例（%）	88	42.9	25
农民合作社	样本数	79	68	32
	比例（%）	73	63	29.6

表4　土地流转与农业保险统计问题

问　　题	选项（比例）
土地流转中遇到的困难（多选）	土地权属不清（5.7%）；承包年限短（46.6%）；地块分散（45.1%）；无（12.9%）
是否愿意参加农业保险	是（74.5%）；否（25.5%）
是否参加农业保险	是（57.2%）；否（42.3%）
对保险理赔方面的不满意	不及时（6.8%）；不合理（51.9%）；态度不好（1.1%）；手续繁琐（18.9%）；没有（21.3%）

与普通农户相比，新型农业生产经营主体是生产技能较熟练、具备较高学历水平、非农工作经历丰富的“农村能人”群体。在专业大户户主、家庭农场主和农民合作社经营者中，曾经担任过乡镇或村干部的人员比例显著高于普通农户。黄祖辉、俞宁[2]在针对浙江省的调研中也得出类似结论。可以推论，一方面，具有这种经历的经营者对当地自然资源环境、经济社会关系以及相关政策比较了解，更有优势成为农业专业大户或者创办家庭农场、农民合作社；另一方面，他们在技术推广、市场拓展、品牌营销、组织农民等方面有较强组织力和凝聚力，易成为新型农业生产经营主体。

二、哈尔滨市新型农业生产经营主体发展存在的问题

（一）土地流转存在困难，农业保险保障作用低

调研发现，在土地流转过程中存在的最大问题是，承包年限短导致承包关系不稳定。合同大多为一年或三年一签，不稳定的土地承包关系直接影响承包人对土地开展长期的投资。除此之外，土地细碎化不利于大型机械作业，对于土地流转较慢地区，经营100亩以上的大户一般有3～5个地块，家庭农场雏形尽管可转入一定规模土地，但也同样存在地块分散困难。因土地权属不清导致的土地流转困难相对较少，仅为5.7%（表4)。土地承包关系不稳定直接导致专业大户、家庭农场大多采取掠夺性耕种，较少采取地力培肥等保护性措施，长此以往可能会对土地的可持续性、粮食增产的稳定性造成不良影响。而农机合作社由于地块呈现小、多、分散等特点，大型机车难以发挥作业效率，直接影响合作社效益。

农业保险尚处于不断完善的发展阶段，覆盖面、保障水平、赔付水平均有待提高。74.5%的农户愿意参加农业保险，但实际参加保险的比例为57.2%（表4)，对保险理赔的最大建议是提高理赔额度。如果理赔水平可以提高，农户即使自己多交保费也愿意。100亩以下的农户几乎没有参加农业保险，一部分人认为土地少没有必要参加，一部分人由于土地面积小保险公司不愿为其办理业务；100亩以上的农户大多愿意参加，其中一部分未参加原因是不了解相关方面信息，对农业保险相关知识的了解渠道相对闭塞，同时较低水平的赔偿标准影响农民投保积极性。农业保险并不是保险公司的主营业务，因勘察等成本高、自然灾害频发等风险大，并不愿意涉足农业保险。地方政府财政紧张，拿不出相应农业保险补贴部分，最终导致农业保险覆盖率较低。

（二）新型农业经营主体贷款受限，社会化组织服务水平较低

目前农户贷款主要为五户联保的方式，融资中存在无抵押担保物、申请贷款手续

复杂、贷款额度太小等困难，很难从正规金融获得信贷支持。而小额信贷等扶持性贷款规模又较小，远不能满足新型农业经营主体资金需求，严重限制其发展壮大，存在资金融通方面的困难。农户联保贷款额度有限，一般不超过5万元，对于新型农业经营主体来说杯水车薪。而对于正规金融机构，申请手续太过复杂，需准备材料往往很多。提交材料后未申请到贷款的原因多是材料不全。由于贷款额度小手续又复杂，所以大多数人不选择银行贷款。对于自筹额度有限的主体来说，则会限制其扩大再生产。一些农户普遍没有参加农业保险的原因之一，也是资金紧张。在农户看来，资金是最需要政府帮助解决的问题，在问到“需要政府提供哪些方面的服务”时，42.0%选择“提供低息贷款”（表5）。一部分农户未扩大再生产的原因，亦是资金方面存在困难。

表5　农民贷款面临的主要问题

问题	选项（比例）
农业生产资金的来源（多选）	自有资金（84.1%）；亲戚朋友（27.3%）；信用社贷款（31.8%）；政府资助（0.45%）；龙头企业及合作社（9.1%）
贷款面临的主要问题（多选）	贷款额度太小（73.1%）；申请手续复杂（34.1%）； 贷款期限太短（8.5%）；利率太高（26.1%）；没有抵押担保物（42.6%）；隐性交易费用高（1.6%）
需要政府提供的服务（多选）	政策性农业保险（25.0%）；及时发布农产品供销信息（20.5%）；及时发布防灾预警信息（23.9%）；提供生产技术指导（38.6%）；提供低息贷款（42.0%）；农田水利建设（15.9%）

当问及“需要政府提供哪些方面的服务”时，排在次位的是希望政府“提供生产技术指导”，帮助其科学种田，推广新品种、新技术、新种植方法、新大型机械设备的使用（表5）。从对农户生产信息与技术的调查统计可看出，专业大户和家庭农场主对农技人员的依赖程度还有提高空间（表6）。

表6　农业生产信息与技术统计问题

问题	选项（比例）
了解农业生产信息的途径（多选）	广播电视和科技书刊（42.0%）；亲戚朋友之间（50.0%）；基层农技站（14.8%）；农技信息网络（5.7%）
生产中的技术问题主要依靠	自身经验（54.7%）；农技人员（36.3%）；服务组织（4.5%）；广播、报纸、书籍（4.5%）
认为获得新技术的有效途径	技术员面对面授课（27.3%）；参加技术班培训（15.9%）；看电视、听广播（18.2%）；邻居或亲戚交流（38.6%）
提供社会化服务的主体（多选）	政府农技部门（77.1%）；高校科研院所（4.2%）；公司或企业（15.0%）；农民合作组织（29.4%）

大部分农户接受过政府农技部门提供的社会化服务，农民合作组织次之。近年来，农业领域的公司或企业与农民的合作越来越多，受利益驱动，所提供的社会化服务得到农户一致好评，发展势头较好。相比于专业大户和家庭农场，农民合作社接受社会化服务程度较高，与政府农技部门、高校科研院所、其他合作社之间的交流合作也较多。在新型农业经营主体中，有一部分农民受多年种植习惯和观念影响，加之年纪较大、接触新事物机会少，对于新技术的适应和学习能力均较差，不愿改变传统、尝试新方法，需要提供社会化服务的提供者慢慢渗透。

（三）农民职业化程度不高，后继人才缺乏

调研发现，农业生产中对农民数量需求减少，但对农民素质要求却上升。种植200亩以下的农户基本不需要雇工，即使种植500亩以上的农户也只是在农忙时节雇工。由于机械化的大面积推广，机械逐渐取代人工，劳动力所占实际劳动时间显著下降。但是人工成本很高，依据劳动强度不同，工资水平为80～350元/天。调查发现，专业大户、家庭农场经营者普遍处于依靠经验种植阶段，大多没有接受专门培训，相信自身经验比农技人员传播的知识更有效果（表6）；从文化程度上看，高中以下学历占多数，大专以上学历者不多。就目前而言，专业大户和家庭农场主存在生产技术不成熟、管理能力跟不上、市场信息不灵、农产品销量不佳等问题。农民合作社的情况要好于专业大户和家庭农场，他们更相信现代管理理念并且愿意学习新技术、引进新设备，但是管理能力、技术水平有限，导致合作社不能实现标准化生产、品牌化销售、企业化运作。

与普通农户相比，当前专业大户户主、家庭农场场主、农民合作社社长总体上是农村中综合素质相对较高的群体。调查显示，其平均年龄48岁，多数人表示会继续从事农业生产。但是随着时间推移，当身体条件受限不得不从农业生产经营中退出时，就要考虑是否有足够数量的后继人才从事农业生产。在问及“是否有意愿让其子女继续从事农业生产”时，95%的样本表示会让子女进入城市找一份稳定工作，不愿让其继续留在农村。

（四）新型农业生产经营主体管理不够完善，产业化程度不高

调研发现，哈尔滨市绝大多数专业大户甚至规模上千亩的种植大户，在收获后会选择直接将农产品销售，中间缺少农产品精、深加工环节，产品附加值极低，没有形成完整产业链。家庭农场发展时间较短，仍处于初级阶段，多数只具备家庭农场雏形，未进行工商注册登记，与兄弟省市存在明显差距。

一些农民合作社发展中存在个体规模小、专业人才缺乏、管理水平低、运行质量差和利益分配机制不完善等问题。调研中，当问及合作社股份分配时，98%的负责人表示并无固定标准，有的社长甚至持有合作社100%的股份；在合作社管理方面，有些合作社成员只负责成立之初的资金筹措，后期管理运作由社长一人操办，合作社的部门设置有名无实，如设有财务部门却没有专职会计。此外，一些农民合作社仅起到单一的生产技术和信息服务作用，社会化服务体系不健全，难以实现“产供销、农工贸”一体化目标。只有12%的农民合作社会规定统一品种，对农产品质量严格要求，统一收购进行加工，产业化程度相对较高。

专业大户、家庭农场生产经营方式较粗放，合作社基地建设专业化、商品化、集约化格局尚未形成，生产、管理、服务能力较弱，农业一体化经营水平低，尚不具备抵御市场风险能力。

三、加快培育哈尔滨市新型农业生产经营主体的发展思路

当前和今后一个时期，哈尔滨市应着力培育一批连龙头、接基地、与农民结合紧密的农业企业、合作社及各类产业化组织，构建主体结构合理、经营规模适宜、生产技术先进、管理运行规范，以专业大户、家庭农场、农民专业合作社为主体的新型农业生产经营体系。

（一）明确各类生产经营主体的认定标准

目前，哈尔滨市经过工商注册的家庭农场很少。对调研所得数据进行测算，得出家庭农场的经营面积在200亩时土地产出率最高[3]。参考农业部及其他地区对于家庭农场的认定标准[4]，建议哈尔滨市家庭农场的认定标准，除对户籍、主要劳动力、农业净收入、财务收支记录等方面有所要求外，还应要求：经营面积稳定，至少在3年内土地规模只增不减；规模在200亩以上，依据经营面积大小分为大型、中型和小型家庭农场三种[5]。专业大户的认定标准，建议调整为经营规模不超过200亩，超过200亩则转型为家庭农场，进行规范化工商注册管理。农民合作社按照“运行规范化、生产标准化、经营品牌化、产品安全化”要求，加大扶持力度，不断提高运行质量、服务功能、经济实力和带动能力。开展农民合作社资格审核，对于存在问题的农民合作社，若符合条件建议转型为家庭农场，否则加以规范或直接取消合作社资格。

（二）建立健全土地流转机制

按照“流转形式多样化、运作方式市场化、实施程序合法化、流转合同规范化”的要求，建立健全土地流转机制。一是规范土地流转程序[6]。签订规范的流转合同，实行登记制度，由村委会备案，乡镇土地承包管理部门登记。二是建立完善的土地流转服务体系。要积极探索通过市场调节土地流转的长效机制，规范土地流转信息管理，成立土地流转服务中心，建立土地流转市场，加快农村产权交易服务中心和土地承包经营权流转市场建设，建立健全产权交易运行机制和管理监督实施办法，开展土地流转供求登记、信息发布、土地评估、政策咨询等管理和服务工作。三是探索土地承包经营权退出的利益补偿机制[7]。加快农村集体土地确权颁证步伐，让农民放心流转土地；大力发展劳务输出，为流转出土地的农户提供非农就业机会；不断完善农村医保设施，切实降低农民对土地的依赖性；全面对接城乡社保体系，将已放弃经营土地进入城镇就业和在发展工业过程中失地的农民尽快纳入城镇社会保障体系。

（三）加大对新型农业经营主体的金融扶持

建议进一步深化农村金融改革，促进政策性农业保险的发展。一方面，建立新型农业生产经营主体的抵押、担保、信用体系[8]。在专业大户和家庭农场向金融机构贷款时，扩大抵押担保物范围，允许主体以其生产的相关农产品或相应资产为抵押担保物；在农民合作社向金融机构贷款时，对其进行信用等级评估，允许发展较好的合作社增加贷款额度，延长还款期限。另一方面，支持新型农业经营主体参加农业保险[9]。建议实行适度差异化的补贴方式，提高市级财政补贴率，将县级配套比例降低。同时，捆绑土地整理、农业开发、农田水利等各类涉农工程资金，向规模经营的

专业合作社及专业大户、家庭农场倾斜[10-11]。

（四）大力培育农业社会化服务组织

通过政策鼓励、示范带动、项目支持、金融扶持等措施，加快构建以公共服务机构为依托、合作经济组织为基础、农业产业化龙头企业为骨干，公益性服务和经营性服务相结合、专项服务和综合服务相协调的新型农业社会化服务体系，实现服务主体多元化、服务方式多样化、服务手段现代化、服务格局一体化。尤其要充分发挥龙头企业的作用。一是鼓励和引导农业产业化龙头企业积极为农户提供产前、产中、产后服务，鼓励有条件的龙头企业和农民合作社等创建自主品牌、申报名牌产品、注册地理标志认定，着力培育一批产业关联度大、带动能力强的大型企业；二是建立严格的工商企业租赁农户承包耕地的准入和监管制度，遏制粮地“非粮”、农地“非农化”现象[8-12]；三是紧密龙头企业与农户、合作社的利益联结机制，实现多方共赢[13-14]。

（五）大力培养新型职业农民

提升传统农民，引入新型农民，培育骨干农民，推动农业经营主体职业化。支持有文化、懂技术、会经营的农村实用人才和农村青年致富带头人。通过流转土地等多种方式，扩大生产规模。支持高等院校、中等职业学校毕业生、大学生村官以及农业科技人员从事农业创业[15]。支持外出务工农民、个体工商户、农村经纪人等返乡从事农业开发。完善新型高素质农民培育体系，一是加大对传统农民的培养和改造力度，通过农业技术的推广培训工作，使之掌握新技术；二是对有潜质的职业农民进行创业培训，通过专业培训教育，激发职业农民的自我提升能力；三是整合农业职业教育资源，探索建立政府扶助、面向市场、多元办学的培训机制，培养更多职业农民[16]。此外，要创造良好农业发展环境，吸引人才，留住人才。

参考文献

[1] 胡锦涛，2012. 坚定不移沿着中国特色社会主义道路前进　为全面建成小康社会而奋斗 [J]. 求是（11）.

[2] 黄祖辉，俞宁，2010. 新型农业经营主体：现状、约束与发展思路——以浙江省为例的分析 [J]. 中国农村经济（10）.

[3] 陈清明，马洪钧，谌思，2014. 新型农业生产经营主体生产效率比较——基于重庆调查数据的分析 [J]. 调研世界（4）.

[4] 郭熙保，2013. “三化”同步与家庭农场为主体的农业规模化经营 [J]. 社会科学研究（3）.

[5] 崔宁波，宋秀娟，于兴业，2014. 新型农业生产经营主体的发展约束与建议 [J]. 江西社会科学（3）.

[6] 曹国庆，翁贞林，郑瑞强，2014. 新型农业生产经营模式：本质特征、发展动力与培育原则 [J]. 农林经济管理学报（1）.

[7] 张社梅，陈文宽，邓玉林，2014. 土地流转背景下构建新型农业生产经营体系的调查研究 [J]. 经济纵横，（2）.

[8] 楼栋，孔祥智，2013. 新型农业经营主体的多维发展形式和现实观照 [J]. 改革（2）.

[9] 汤文华，段艳丰，梁志民，2013. 一种新型农业经营主体：家庭农场——基于新制度经济学的分析视角 [J]. 江西农业大学学报（社会科学版）（2）.

[10] 本刊首席时政观察员，2013. 构建新型农业经营体系六大着力点 [J]. 领导决策信息（1）.

[11] 崔宁波，庞博，2014. 俄罗斯农业经营主体变迁及启示 [J]. 学术交流 (12).
[12] 陈明星，2013. 快速城镇化进程中农业经营主体创新路径研究 [J]. 中州学刊 (3).
[13] 张晓山，2013. 关于农业经营主体发育的几个问题 [J]. 小康 (2).
[14] 宋洪远，赵海，2013. 构建新型农业经营体系 推进经营体制创新 [J]. 团结 (1).
[15] 中共中央国务院关于加快发展现代农业进一步增强农村发展活力的若干意见 [J]. 中国合作经济，2013 (2).
[16] 张红宇，张海阳，李娜，2013. 关于扶持新型农业经营主体发展的若干思考 [N]. 农民日报，06-25.

第十四章<<<

志愿服务案例解析

案例1 "爱在路上"社会实践团队

2013年初，哈尔滨医科大学药学院"爱在路上"团队在暑期到哈尔滨市树仁小学开展了与智障儿童联欢的"爱心献残儿，真情暖人间"主题社会实践活动，给有智力问题的孩子们带去了喜爱的玩具和医大莘莘学子的祝福。

2014年，"爱在路上"团队奋勇直发，积极响应鑫达星光的"'三下乡'暑期社会实践活动"，并得到黑龙江省青少年基金会的大力支持，于阿城区杨树镇开展了"科学用药，健康生活"的关注农民用药安全的主题社会实践活动，针对农民用药问题的现状，给他们带去了切实的帮助。

2015年，"爱在路上"团队不忘初心，继续到哈尔滨市树仁小学开展关爱智障儿童的社会实践活动，本着贴近智障儿童的生活的原则给他们带去最需要的关爱和物资。

2016年，团队来到了国家级贫困县兰西，学生们根据所学专业特点组建社会实践团队，在关爱农村留守儿童的同时，极大程度上发挥了他们作为爱心医疗服务团队的优势，一系列健康咨询服务和义务体检活动深受老百姓的欢迎。

自2016年9月28日成功申报鑫达星光的半年以来，药学院"爱在路上"社会实践团队在前期进行了大量准备，团队的运作方式也有了较大的改善。与以往不同，这次团队内部实行了小组责任制，每个小组的职责范围有了明确的划分，工作的开展情况在每次开会讨论时也有了及时的反馈：团队主动与相关老师取得联络，增设跟进项目全程的专业化培训；尽管与当地对接过程存在波折，但团队总结过去经验，在前期规划中预制了相应的预备方案；团队还增加了前期调研与后期随访的活动，旨在保证项目开展的完整性，让公益服务不仅仅存在于一时；同时本次项目的开展相较以往人数也有所增加，这些均是团队组织协作能力提升的表现。

2017年4月16日，在鑫达星光的大力支持下，哈尔滨医科大学药学院"爱在路上"社会实践团队再次出发，去往绥化市兰西县红星乡红星小学，顺利开展了"守护梦想——关爱留守儿童"爱心志愿活动。哈尔滨医科大学药学院12名师生、兰西县红星乡乡镇领导和红星小学校领导及部分师生家长共80余人参与了本次活动。此次活动是"爱在路上"团队积极响应希望工程"鑫达星光行动·精英计划"项目并成功入选后于项目实施期内为贫困县提供的爱心公益服务，意在深入农村，关爱留守儿童，了解农村用药现状和增强农民安全合理用药的意识。"爱在路上"团队在进行爱心服务的同时，还积极发挥医科学生优势，其专业的义诊体验活动和健康咨询服务深受老百姓欢迎。

案例分析

1. 志愿组织在设计志愿项目时应该做到“量力而行”，即根据自己的活动能力、优势和掌握的各种资源数量，对是否开展某项志愿服务项目作出取舍。

2. 在志愿者能力方面，大学生青年志愿者具备良好的专业素质和能力，可运用志愿者本身不同的才能、经验和专业知识，从事一些富有特色、具有实效的服务平台。同时也要考虑到大学生社会阅历简单，专业素质不扎实，服务时间要保证学业等情况。例如，某高校青年志愿组织在考虑是否为精神病医院提供志愿服务时，不但要考虑到大学生自身是否具备相关的医疗卫生、心理学和社会学方面的知识，还要考虑大学生自己的心理承受能力。

3. 在组织能力方面，大多数高校志愿组织在资源、财力和人力方面存在发展困难，在一定程度上制约了其拓展服务空间、提高服务水平的能力和可能性。

4. 设计志愿项目必须考虑到志愿组织的能力和资源，任何超出志愿组织能力的项目，哪怕它的构思再新颖、服务对象的需求再大，也只会是无法实现的空中楼阁。因此大学生应着力发挥自身优势，扬长避短，缜密慎行，确保大学生在提供志愿服务时最大限度地保护自己。

案例2 “暖冬行动”志愿服务项目

共青团中央、中国青年志愿者协会根据春节期间大量在外人员“回家过年”的迫切心愿，针对回家人员旅途遇到的困难与问题，积极筹备和推出“暖冬行动”青年志愿者服务。最先探索这种形式的是广东省21世纪初期推出的“青春暖流”。

因为广东省是外来工流入大省，每年来务工的人员达到2 300多万人。每年春节前后，千万外来工“回乡过年、回城务工”就成为全社会关注的大事。共青团积极配合党委政府的决策，以关爱和帮助外来工为宗旨，动员广大青年志愿者在火车站、汽车站等提供咨询、引导、维持秩序、照顾病残等服务。这些做法受到外来务工人员的欢迎，也受到其他乘客的赞赏。类似的志愿服务陆续在湖南、四川、广西等外出务工人员较多的省份开展服务。

2015年2月4日是春运首日，7万多名青年志愿者在全国4 700多个火车站、机场、道路客运站、港口码头、高速公路服务区等场所统一上岗，广泛开展以“青春志愿行，温暖回家路”为主题的服务春运“暖冬行动”。据团中央青年志愿者工作部负责同志介绍，2015年是团中央首次联合国家发展改革委、公安部、交通运输部、中国民用航空局、中国铁路总公司等有关部委单位，启动实施中国青年志愿者服务春运“暖冬行动”，动员广大青年志愿者开展引导咨询、秩序维护、重点帮扶、便民利民、应急救援等方面的服务。调查发现，“暖冬行动”发挥积极的作用，一是传递党和政府对人民的关心和帮助，对于“归家心切”的流动人员，提供尽可能好的关爱和服务。因为春节前夕往往是寒冬腊月，出行的人员顶着凛冽寒风，购票困难、旅途紧张，就容易产生各种情绪，生活受到影响。青年志愿者开展“务工人员售票专项”等服务，开展“务工人员进站通道”服务，一些外来务工人员集中的地方还开设“务工人员返乡专列”。通过党委政府引导，铁路部门提供支持，志愿者具体帮助，让千百万务工人员顺利回家、愉快过年。

这一服务过程体现了党的关爱，体现了社会温暖。广大青年志愿者的热情、奉献、爱心，感染和带动所在城市的居民纷纷参与“暖冬行动”，为外来人员返乡过年提供关爱和帮助。有些市民积极报名参与志愿者服务；有些市民热情为“人在旅途”的回乡人员提供力所能及的帮助，包括指路、咨询等。这些细微、多样的服务，促进城乡人员之间的融合、共享。“志愿服务突出共享理念，从满足人民群众的多样化社会需求出发，增加了群众的获得感和幸福感。”所以，外来人员不再将务工谋生的城市当作“陌生的地方”，而是留下热情、友好的印象，产生“另一个家”的感觉，获得人间的温暖。特别是当一些路途人员遇到困难，面临困境的时候，获得志愿者的服务，获得市民的帮助，就会对社会具有好感，对人生更有希望。

案例分析

1. 如何自我定位，是每个人都会遇到的，也是志愿者在参与志愿服务前考虑的最首要的问题。只有合适的工作和岗位，才能使志愿者从中得到价值感，也是最大限度发挥自身潜能的基础。这里将从以下三个“认知”来帮助志愿者在参与志愿服务之前准确恰当地自我定位。无论做什么事情，能否透彻清醒地认识自己都是最重要的。自我认知就是指自己对自己的看法，是通过对自身行为的观察，而对自己的形象和心理状态的认识，包括对自己的动机、意图的验证与评价。为了更好地适应志愿服务的需要，在参加志愿服务之前，应该对自己的体力、欲求、动机、意图、思想、感情、智力、个性特点等方面有清醒的认识，使自己的条件可以更好地符合志愿服务活动的要求。

2. 很多学生认为志愿服务活动对于志愿者的性格应该没有很严格的要求，觉得“只要有一份心就可以了，还要求这么多干嘛？”但是，他们的确忽视了性格对于志愿服务的重要影响。例如，志愿者的服务对象是一位盲童，盲童需要的是志愿者和他多说话多沟通，而开展志愿服务的志愿者如果是相当内向的，在服务时很拘谨，发言很少或者是一言不发，结果服务对象有需求，志愿者却因自身的性格而不能给予满足，这样的志愿服务一定是失败的。可见，志愿者的性格对于服务活动来说是相当重要的。所以志愿者自身对于自己的性格，应在参加服务之前有一个具体、准确的认知，方可根据自身实际情况参加与之适合的服务项目，或再通过志愿机构的辅导，加以改善，使自己更能胜任志愿服务。

3. 作为要求成为志愿者的学生，在对于自身性格有一个较为全面的认识之后，可以选择与之相适应的服务，不能强行参加一些不合适的服务，避免问题的发生，或者可以在服务时对自己的性格表现进行一些控制或适当改变，以适应服务的需要。

案例 3　“一个都不能少”——奥运会社会志愿者帮助家长找孩子

2008 年 8 月 6 日，在奥运会即将开幕的前夕，社会志愿者刘津良和他的 6 名队员自信满满地走进奥运地铁支线，开始了他们的志愿服务工作。

虽然地铁中人流庞大，问题复杂，但艰巨的考验和强化的记忆让刘津良和队友很快就熟悉了地铁中的各种信息，并对从未去过的奥林匹克公园内的场馆信息也熟记于心。在8月8日早晨，刘津良接到了通知，团队要在开幕式的时段去北土城站进行志愿服务。北土城站是奥运支线在十号线的换乘站，上下车的乘客较多，尤其是在开幕式时段，这是唯一进入奥运专线的通道。随之而来，需要准备应对的挑战也就大大增加了。临行前，团市委领导对此次工作的重要性不断地强调也让刘津良和队员明白了自己的责任和工作的困难，但能为奥运会开幕式出一份力却让刘津良满心欢喜。晚上七点，刘津良的团队准时出现在了北土城站的站长办公室等待站长的调遣。由于在前两天在奥体中心地铁站对地铁志愿工作有了一定的熟悉，刘津良对队员各自的工作进行了详细的分工，服务中，所有的志愿者都热心地解答乘客对地铁各项工作的疑问，始终面带笑容是大家不言而喻的服务准则。服务中，刘津良发现了一位老人与自己去看开幕式的老伴走失，之后又得知其在站内扭伤了腰部。刘津良和队友及时地安抚了老人，并努力帮助老人与自己老伴取得联系。与老伴相聚的老人对刘津良和队友认真负责的工作提出了表扬，并希望给予物质上的感谢，来自青岛的老两口想给刘津良和他的队友奥帆赛的票，刘津良和队友婉言谢绝，因为帮助他人的欢喜已是最好的回报。

开幕式当晚，特殊情况不断发生，就在志愿者即将下班的时候，站长突然给了刘津良新的任务：将找不到父母的小孩带到中控室，再广播寻找孩子的父母。这并不是一项简单的任务，孩子们的抗拒、家长的不理解、拥挤的人流，无不在为志愿者的任务制造麻烦。然而在这样的任务面前，刘津良和队员依然保持了认真负责的态度，保质保量地完成了任务。在川流不息的地铁站，刘津良凭借着顽强的意志和为北京科技大学争光的决心，在站台的几个出入口间来回跑，见到小孩就问父母是否在，最终帮助在站的四十余名走散的儿童全部找到自己的父母。看着他们家庭团聚，刘津良露出了欣慰的笑容，回想时，更是感慨道："我们的志愿工作是愉快而有意义的！"也正是因为刘津良的这个特殊工作，队友经常说刘津良是专门"抓小孩"的，刘津良倒是很喜欢听队友这样说，还自称是专业的。

就是这样，刘津良带领队员完成了在北土城服务的八月八日，虽然一直工作到了深夜，虽然没有第一时间看到奥运会开幕式时那无比的壮观，但所有志愿者都感到了自豪，感到了满足。因为自己为北京奥运会的成功做出了自己的一份贡献而感到了自己的价值，觉得自己能以志愿服务的形式亲身体会这样一届在北京召开的中国人做主人的奥运会而感到十分自豪和光荣。

（北京科技大学 《志愿者故事》）

案例分析

1. 随着志愿活动向日常化、专业化方向发展，成为一个合格的志愿者，需要爱心、热情、诚实、宽容、自律、乐于助人与合作等品质，而这些品质说到底都是有责任心这一核心价值引申出来的，是责任心的不同表现形式。

2. 责任心这种品质能为其他品质提供生长点，一个有自我责任心的人会去关心自己的身体健康和人格发展，注重潜能的发挥，实现自我价值。一个对他人和社会负责任，爱护周围的人，主动帮助身边的人，尊重他人，友善公平地对待他人，关心集体，学会和别人合作，关心社会的稳定和发展，并用自己的聪明才智来为社会贡献一份力量。换句话说，志愿者的任何高尚的德行都是以某种责任心为支撑的。正如列夫·托尔斯泰所说："一个人若没有热情，他将一事无成，而热情的基点正是责任心。"

3. 志愿者应把责任感作为参与志愿服务的根本出发点。志愿服务仅有热情是不够的，它不是一两次的新鲜的猎奇或探险，当所从事的志愿服务由陌生变为熟悉、由新奇变成平淡，当你由兴奋归于平静的时候，激情不在的时候，只有我们对社会的责任感、对其他需要帮助的人的责任感、对我们所生活的环境的责任感、对自己良心和良知的责任感，才能促使我们坚持下来。

4. 志愿者应把对自己的责任与对他人、对社会的责任融为一体。志愿者行动为我们提供了为他人服务的平台，使奉献、友爱、互助、进步的志愿服务精神通过我们的努力得到广泛的传播，但与此同时，这个平台实际上也为我们提供了证明自身价值的机会，使志愿者在真实的社会生活和人际关系中深深体会他人和社会对自己的需要，从而认识自身存在的意义。志愿者应该通过参与志愿服务的宝贵机会，将自身的责任与服务他人、服务社会的责任融为一体，让奉献他人、奉献社会，成为并行不停的两个目标。奉献他人、奉献社会，就是成就自我。每个人都奉献他人、奉献社会，则是成就一种风气，成就一种力量，成就一个社会。

第十五章<<< 科技创新案例解析

案例1 创业计划书撰写

"有你我心喜"校园网络商城创业计划书

● 作品简介

第七届"挑战杯"中国大学生创业计划竞赛国家银奖、山东省特等奖作品

参赛学校：×××大学

团队名称："有你我心喜"校园网络商城创业小组

团队成员：姜× 张× 石× 匡× 辛× 张× 周×

指导教师：郑× 张×

一、项目简介

（一）开发前景

随着社会消费水平的提高，大学生的生活质量、生活方式和消费文化观念都发生一定的变化。对于大学生而言，有很多物品只是临时需要，用过一两次就不再需要，效用不高弃之又可惜，丢弃临时品对于本身消费能力有限的大学生而言是一种不小的浪费。因此，大学生的二手物品交易有着广阔的市场空间。同时，积极鼓励大学生进行二手物品交易，也有助于大学生树立起健康环保的消费观念，促进整个社会的可持续发展。

同时，随着我国电子商务的快速发展，网络购物已经成为人们消费的一种选择。中国互联网络信息中心（CNNIC）发布的《第24次中国互联网络发展状况统计报告》显示，截至2009年6月底，中国网民规模达到3.38亿。从网民的文化程度来分析，大学生上网比例已经达到了39.3%。

对比传统购物形式，网络购物具有便利性、时效性、地理位置的非局限性、市场信息了解的主动性等优点；同时，大学生善于接受新事物，喜欢挑战和尝试，这使得网络成为大学生购物的重要渠道。目前全国有几千万在校生，仅山东省高等院校的在校生就有几百万人，由于家庭经济条件限制，多数大学生需要通过二手交易的方式购买或出售商品。传统的二手交易市场是面向大众的，没有特定群体，范围广泛，交易不方便，信息的传播速度缓慢。网上面对大学生群体的二手交易平台也屈指可数。针对这一市场状况，我们成立了"有你我心喜"（University）校园网络服务有限公司，建立了"有你我心喜"（University）校园网络商城。

（二）服务特色

“有你我心喜”（University）校园网络商城，是一个专注于大学生二手物品交易的C2C电子商务系统。与传统C2C网络购物系统一样，本交易系统具有产品多样性、价格低廉性、购物便捷性等主要特点。同时，结合C2C在统一管理方面的优势，在保证为卖家降低门槛的同时，为买家提供一个相对安全又省钱的购物环境。真正做到让卖家省心，让买家放心。

公司坚持“同城交易为主，异地交易为辅”的交易模式。成立一年内，本项目将不断完善网站相关服务，提高网站知名度，3～5年内致力于将本项目打造成面向全国高校具有相对市场集中度、市场垄断力和影响力的二手交易平台。

（三）投资条件与财务分析

公司注册资本80万元，其中包括50万元的风险投资和30万元的管理层出资，公司将投入60万元的资金用于公司网站建立、宣传以及二手物品收购，15万元购置固定资产。成立第一年，公司为运营投入期，主要侧重于公司形象知名度宣传与渠道铺建；第二年预计盈利12万元，以后利润率将稳定在年均递增10%左右。

二、公司简介

“有你我心喜”（University）校园网络服务有限公司以德州学院为起步点，于2010年12月在山东德州市工商行政管理局注册成立，注册资本为80万元人民币。

公司设立的“有你我心喜”（University）校园网络商城将是全国最大的大学生二手物品网上交易商城。商城面向的消费群体主要是全国在校大学生，在线交易的商品包括IT数码、图书、衣物等种类物品。

（一）公司使命

让全国在校大学生享受网上二手物品交易带来的乐趣——齐全的购物信息、丰富的种类、购物的自由、优惠的价格，架起无界限沟通的桥梁。

（二）运营模式

从纯粹的商业模式出发，与大量的风险资本和商业合作伙伴相关联构成网上贸易市场，专做信息流，汇聚大量市场供求信息。同时，依托网站启动公司二手物品收售业务，以其盈利支撑运营。

（三）公司结构(图1)

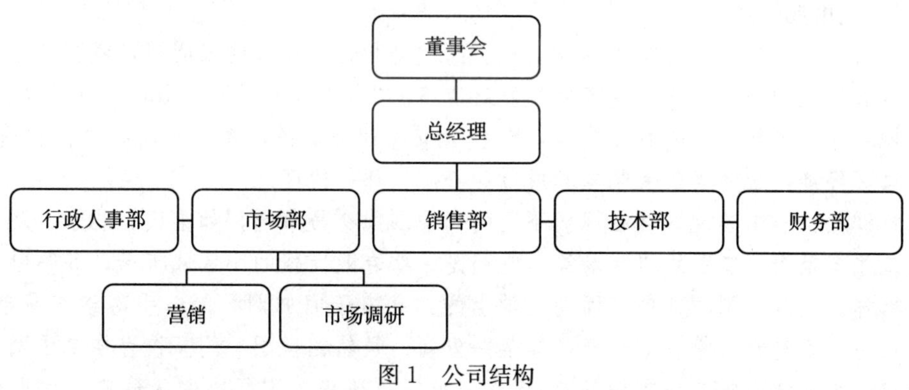

图1　公司结构

（四）经营策略

1. 市场定位

“有你我心喜”（University）校园网络服务有限公司把经营方向定位于通过“有你我心喜”（University）校园网络商城进行二手物品交易，二手物品信息发布、广告投放等。同时，公司以倡导大学生理性消费，促进节能、低碳、绿色环保、循环经济的发展为最终目标。

2. 市场宣传

“有你我心喜”（University）校园网络服务有限公司将通过各大高校校园媒体、组织工作人员、人人网、开心网等方式进行推广宣传。

3. 关注公益事业

实施阳光行动。每年定期向大学生发起爱心捐助活动，向西部山区捐赠二手衣服、书籍等物品；每年暑假组织为期两周的大学生西部志愿者活动，如助教等。

4. 最终目标

公司的最终目标是倡导大学生理性消费，促进资源的可持续利用，促进低碳、节能、环保、循环经济的发展。

5. 公司形象

“有你我心喜”（University）校园网络商城坚持“诚信为本”的经营理念，用自己的成功实践经验为国内电子商务企业树立“诚信经营，健康发展”的榜样。

6. 服务承诺

“有你我心喜”（University）校园网络服务有限公司的全部商品质量可靠，交易安全。

（五）发展战略

“有你我心喜”（University）校园网络商城在发展过程中将采用在内容和地域范围内同时三步走的战略。第一步，以德州学院为起点并逐步向滨州、济南、聊城等周边城市的高等院校发展扩张；第二步，在周边城市试点发展成熟后，将范围扩张到山东省所有高校，将其发展成山东省内最大的大学生二手物品网络交易网站；第三步，在山东省内高校推广发展成熟后，将触角伸展到全国各大城市的各大高校，形成全国范围的覆盖。

三、市场需求和所属行业的竞争与发展趋势

（一）市场描述

面对经济发展中如影随形的高消耗、高污染和资源环境约束问题，我国开始寻求经济增长模式的全面转变，走节约型发展道路。“有你我心喜”（University）校园网络商城专注于大学生二手物品交易，有利于节约社会资源，循环利用社会闲置资源，发展循环经济，帮助当代大学生养成节约资源、环保的理念。

据调查，全国各地区存在规模不同的二手网络交易市场，如重庆、北京、济南等地的二手车市场、二手手机市场等，它们是一些专业性强的小区域市场，并不针对大学生群体。纵观全国，即使有面向大学生的“孔夫子旧书网”等二手网络交易市场，但它们也只是针对书籍、电子产品等某一方面；虽然在全国有的高校存在二手网络交易市场（如天津高校二手市场等），但它们也只是覆盖范围很小的区域性二手网络交

易市场。覆盖全国的综合性的二手网络物品交易市场为数不多。

（二）市场调查

1. 大学生对二手物品交易的态度

在当前市场经济的强劲走势下，随着人民生活水平的不断提高，大学生作为一个特殊的社会群体，一种崭新的、极具个性的消费意识形态正在他们身上悄然的萌芽。随着大学生作为消费主体的地位日益凸显和当今社会环保问题的日益尖锐，二手交易也成为一种必然交易走向。

然而，大学生对这种重复利用资源进行二手物品交易的态度如何呢？对此我们做了详细的调查问卷。调查结果显示，无论是中国海洋大学、济南大学还是德州学院都存在80%以上的同学愿意购买二手商品，但约有30%的同学没有购买过二手物品。由此看来，二手市场存在巨大的潜力，但还需要不断创新。因此，我们提供一种为大学生群体提供二手交易的网络服务的方式必将蕴含巨大潜力。

在不愿购买二手商品的原因中，尽管不同学生的生活环境不同，但关注的角度却极其相似，这就提醒我们大学生的消费都有着某些相同的偏好。

2. 大学生青睐的二手商品

学生们愿意购买的二手商品主要有书籍及学习资料、数码电子产品。其中，德州学院的学生比济南大学和中国海洋大学的学生更愿意购买书籍；中国海洋大学的学生比德州学院和济南大学的学生更愿意购买电子产品。购买原因主要是价格便宜、实用、节约资源。由此可知，与学习有关的二手产品具有更广阔的前景，大学生的消费更倾向于理性化（图2）。

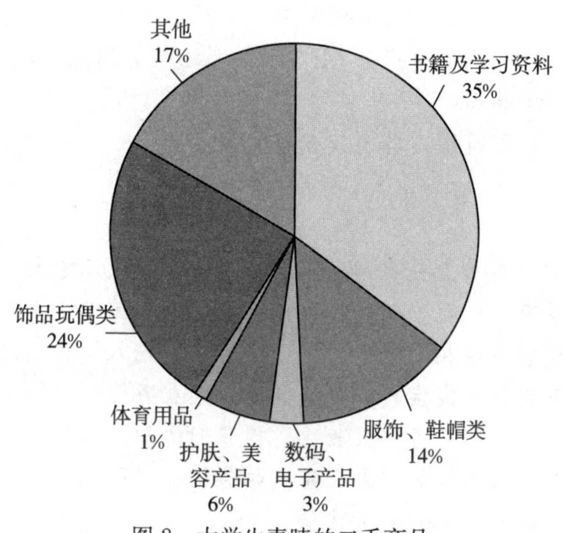

图2　大学生青睐的二手商品

当前，随着计算机和网络的发展，网络购物和网上销售逐渐被人们认可，我们设计了专门的问卷以调查大家对二手网站和市场了解多少。目前大家知道的主要有易趣、阿里巴巴、淘宝、我来我往、成电BBS等。大学生的购物途径不再受地域的限制。

3. 二手市场反映大学生的消费特点和趋势

（1）实惠。从调查数据可以看出，购买二手商品最主要的原因是价格便宜和实用，而购买最多的是与学习有关的产品。现代大学生的消费观念更趋于理性化。

(2) 消费呈现多样化。以学习消费为中心，逐步向电子产品、体育用品和生活用品过渡。同时，随着网络的发展，消费领域发生了改变，很多大学生为了节约时间和资金，更愿意接受网上购买的方式。

(3) 谨慎性原则凸显。数据显示，70%以上的人购买商品时最担心的是质量，60%以上的人愿意支付的价格要依据商品质量情况来定。购买二手商品最主要的原因是便宜和实用。由此可见，大学生在购买商品时风险意识更加强烈且消费意识也更加谨慎。

4. 结论与评价

此次大学生二手市场的问卷调查资料，不仅反映了大学生对二手商品的消费情况，而且透视了当代大学生的整体消费特征和趋势。一方面，大学生作为一个特殊的社会群体，其消费行为、特点和方式将左右和引领整个社会的消费趋向；另一方面，种种调查和数据表明，随着经济的持续快速发展、人们生活水平的大幅度提高，大学生的消费观念和消费心理发生了很大的变化，主要向实惠化、多样化和理性化发展。因此，“有你我心喜”(University) 校园网络商城具有巨大市场潜力，将引起大学生的广泛关注。

(三) 目标市场

目标范围：“有你我心喜”(University) 校园网络商城在运行的初始阶段将把山东省内的各个高校作为主要目标市场，逐步向周边省市的高校辐射，最终把全国各个高校作为目标市场。

目标业务分类：二手书籍类如考研资料、英语辅导书、计算机教程等；通信类如手机等；电脑及相关产品；电子产品 MP3 及数码相机等同类产品；衣物鞋帽类物品；自行车、电动车等各类物品。

目标消费群体：全国范围内各高校在校大学生。

(四) 市场竞争

1. 竞争对手

我公司面临的竞争对手主要有淘宝网、易趣网、高校二手网、高校联盟二手市场等，除淘宝网以外没有大的竞争对手，因此也可以说校园二手市场还是未开发的荒芜之地。但我们还是要警惕潜在的竞争对手，即有可能进入该行业的后来者。

(1) 淘宝网、易趣网。淘宝网、易趣网的最大业务为网上购物，而对于二手商品的开发程度并不高，与公司业务交叉较小。但它们的知名度很高，给我们的网站发展带来巨大压力，本公司采取同城交易、定点收售的方式降低了运营成本，与其他投入大、回收慢的购物网站相比具有较大优势。

(2) 高校二手网、高校联盟二手市场。这些公司的活动范围主要在京津地区，与我公司的初期发展并不冲突，且它们的网络管理不善、人气不高，可以说它们与我公司的竞争不会太激烈。

2. 竞争策略

(1) 同城交易为主、异地交易为辅的交易模式。

(2) 公司将寻找有资历的公司作为伙伴公司。

（3）建立竞争情报系统。负责对市场、竞争对手、客户情报的收集、分类、整理、分析以及建立统一的档案或数据库等多项工作。

（4）重视售后服务。对消费者建立用户档案，进行跟踪回访，关注消费者对服务的满意度、反馈信息及消费者的维权等各种交易后的行为，实施自己的品牌战略，发展潜在用户。

（5）实施阳光行动。

3. 保底市场和风险市场

保底即保证原有基础不低于最低额。“有你我心喜”（University）校园网络商城以山东省内作为保底市场，公司发展着重于山东市场，以此确保公司正常运营。每年公司利润的50%以上来自保底市场，以保底市场为基础开拓全国风险市场，用保底市场的盈利弥补风险市场上的亏损。

风险市场即是公司市场计划目标内存在的风险空间。“有你我心喜”（University）校园网络商城在保底市场的基础上，将山东以外的全国市场作为风险市场。风险市场是公司不稳定利润的来源。公司在风险市场的投入相对于保底市场较少，但市场前景广阔，利润发展空间较大。

4. 竞争优势

（1）安全时尚，信用度高。虽然网络交易存在一定的风险性和不确定性，但由于其具有广泛、高效和快捷的特征，被越来越多的广大大学生所采纳。校园网络交易具有突出的优势——安全信用度高。“有你我心喜”（University）校园网商城是完全针对全国各大高校开设的网络平台，交易人员仅限于全国在校大学生，每一个在“有你我心喜”（University）校园网络连锁商城上注册的大学生既是买家也是卖家。注册时我们将填写最真实的信息，在权益受到侵犯时工作人员将会通过在各大学设立的销售点进行相关调查核实工作，对于侵犯了对方权益的人进行严惩，我们将完全杜绝社会低信用商家，严格保证大学生交易信用安全。

（2）信息发布，终身免费。每一个在“有你我心喜”（University）校园网络商城上注册的大学生都是免费的，我们不以任何手段收取任何费用，并且信息的发布是免费的，而且我们将即时更新，使每一个大学生都接收到最新的信息。

（3）设立中介，数码检验。在每一所大学我们将设立专门的服务站点，负责发货、收货等工作，并且我们将推出一项全新的服务，由具有专门经验的工作人员在发货前对一些产品进行检验（比如检查数码产品的成色、是否正品、配件是否原装等），如果与卖家发布信息不符将不提供发货，并且第一时间通知买家，请卖家与买家协商之后再做决定。

（4）针对宣传，深入人心。由于“有你我心喜”（University）校园网络商城的目标消费群体为各高校在校大学生，宣传具有明确的针对目标，相对于其他二手交易网站来说可以降低宣传成本，且针对性宣传更容易提高知名度并获得广大学生群体的支持。

（5）同城交易，方便快捷。公司采取同城交易为主导的交易模式，消除了消费者对网购高邮费的忧虑，并使买卖双方在短时间内完成交易，且当面验货使商品质量得到较高保障。公司在各市设立同城交易营业网点送货上门、货到付款。

(6) 绑定物流，运费低廉。如今进行网上购物的人们都对运费颇有怨言，当消费者在网上交易时不论何种商品，每件至少需要十几元钱的运费。因此，本公司与信誉较高的物流公司合作，货物由物流公司统一发货，使成本大幅度下降。并且本网络商城是专门面向各大高校的大学生的，可以统一发货时间，统一发货地点，每件商品只收取 6 元、4 元甚至更低的运费，减少了大学生在运费上的花费，从而吸引更多的消费群体。

(7) 建立制度，追究责任。目前的网络商家遍布全国各地，往往形成维权成本过高的问题，打击了消费者的维权积极性。为解决这一问题，建立了消费者权益足额保障制度。消费者为维权所支付的合理性开支均由商家赔付，让侵权的商家为消费者买单。这样，一方面最大限度地保护了消费者的利益，另一方面也提高了商家的违法成本。

四、市场营销

(一) 网站优化和网站推广策略

鉴于现在 Internet 中的网站总数已经超过了 4 000 多万个，以网站最重要的关键词在主要搜索引擎中排名领先，这是搜索引擎推广中最重要的策略。搜索引擎的“搜索机器人”会自动搜索网页的内容，因此网站推广从优化网页开始。根据“有你我心喜”(University) 校园网络商城网站的功能及自身的技术、资金实力，我们将在以下五个方面进行“有你我心喜”(University) 校园网络商城网站的优化：①网站的架构优化：结构优化、电子商务运行环境优化等。②网站页面优化：页面布局、页面设计优化。③导航设计：导航的方便性、导航的文字优化等。④链接整理：对网站的内外链接进行处理。⑤标签优化设计：对相关标签进行优化设计。

力求在最大限度上完善网站的模块分布，实现信息的及时发布，使“有你我心喜”(University) 校园网络商城网站内容充实，符合大学生群体的搜索与欣赏口味，文字组织新颖独特而又不缺乏传统传播优势，加强网站的可看性，扩大网站的知名度。

(二) 传统营销策略

相对于网络推广这一种较为新潮的营销推广战略来说，现实中的线下的传统推广方法依然奏效且不容忽视。由于“有你我心喜”(University) 校园网络商城的目标消费群体为各高校广大的在校大学生，因此校园内的宣传与推广是尤为重要的环节。

(1) 本公司通过“有你我心喜”(University) 校园网络商城网站在各高校建立大学生网站的服务点、与各大社团合作、与学校的有关部门合作、组建校园人才库、举行多种校园联谊活动及比赛、发行《大学生二手物品交易资讯》刊物等方式进行校园内的宣传。

(2) 本公司通过组织工作人员或为高校学生会外联部提供赞助，要求他们协助发放宣传单、印有网站名称的 T 恤或圆珠笔、笔记本等物品，在高校校园内进行宣传。这种方法成本不高且效果良好。

(3)“有你我心喜”(University) 校园网络商城可以为大学生们提供免费的服务，以“免费”二字吸引广大大学生群体的眼球。如免费的信息发布、免费的网站登记和免费的邮箱等最受大学生群体喜爱的免费服务。大学生们可以通过免费的信息发布在“有你我心喜”（University）校园网络商城所提供的平台上发布自己的二手物品信息，并通过免费的邮箱进行相互交流，这对增加网站的访问量和交易量非常有效。

（三）网站的稳定期营销及管理策略

“有你我心喜”（University）校园网络商城所提供的是用户对用户的交易模式，其特点类似于现实世界中的跳蚤市场。其构成要素除买卖双方外，还包括“有你我心喜”（University）校园网络商城所提供的交易平台，即类似于现实中的跳蚤市场场地提供者和管理员。对于这种以个人和个人之间的小额交易为主的商务模式来说，只有低成本高信誉才有生存空间。在初期的网站优化和推广阶段达到广泛宣传和吸引流量的目的后，“有你我心喜”（University）校园网络商城的发展必须以良好的形象、优质的服务、高度的权益保障和严格的管理为交易保障。

五、盈利模式

本公司建立“同城交易为主，异地交易为辅”的交易模式，采取逐步扩大规模的发展战略。将公司发展分为三个阶段，在各个阶段采取不同的盈利模式。

（一）创业阶段

公司以德州周边城市高校为目标市场。一方面，公司利用“有你我心喜”（University）校园网络交易平台向在校大学生收购和销售二手商品，赚取中间差额，以此作为公司收入主要来源；另一方面，公司为大学生免费提供信息发布平台，通过增加网站点击量、浏览量，吸引商家注入广告。广告收入作为公司盈利来源的一部分。

（二）发展阶段

公司市场扩展至全省17个地级市高校。公司逐渐成熟，在省内网络交易市场占有一定份额。公司在山东省内仍采取二手物品网络交易自营模式——在省内下设分支机构，将二手物品销售作为盈利主要来源。同时，公司网站逐步优化，服务项目增多和服务质量提升，在省内有一定知名度，广告收入份额增加。另外，公司与几家专业、信誉度高的物流公司合作，异地交易绑定物流，收取一定的服务费用。

（三）成熟阶段

公司发展到全国。公司盈利多样化。公司稳抓省内市场，逐步向全国市场扩展，在山东省内仍采取二手物品网络交易自营模式，在各省市招专营大学生二手物品的加盟商，收取一定份额的代理费。此外，广告收入比重相应地增加。这两部分业务作为公司盈利的主要来源。与此同时，公司应允许商家免费在公司网城设立网店，经营各类商品，从网络交易中提取一定比例的利润作为盈利的一部分来源。

六、企业管理

“有你我心喜”（University）校园网络商城的管理理念是“以人为本”。公司将牢牢把握“以人为本”这个主要立足点，营造一个人性化、鼓励创新的工作环境，对员工从改善其精神状态入手，对创造能力强的员工采取相应激励措施，定期开展员工培训学习，加强企业文化建设，激发员工的创造性思维，使员工在工作过程中不断加强自身职业化素质的培养和修炼，从而逐渐形成高度自觉性。同时，加强对本公司网络技术、商业机密等信息的保密管理，主要通过加强监督部门职能和与网络技术员工签订保密协议等手段防止机密泄露。对已经发生机密泄露的事件，要及时查出泄露机密人员，并通过法律对其进行制裁。

七、投资收益分析

（一）资金需求及流动预测

主要假设：公司的电脑、服务器等设备及存货供应商、购货商的信誉足够好，设备安装、调试在2～4个月内完成，交易中能够保证存货质量和交易时间以及服务的效率。

二手回购的电子产品能够及时与电子产品公司、回购公司或需求人员达成交易。租赁办公室选址在基础设施良好的德州科技创新园区，付租金即可运营。

投资预测表（略）。

（二）资本结构与规模

公司的注册资本为80万元。注册资本结构（略）。

（三）融资方案（略）

八、投资收益与风险分析（略）

九、财务报表及财务分析（略）

十、风险分析

（一）市场竞争风险

“有你我心喜”（University）校园网络商城建立C2C运营模式的电子商务系统，专注于大学生二手物品网络交易，会受到来自大型网络购物交易市场的很大冲击。同时，“有你我心喜”（University）校园网络商城在网络二手物品市场上也面临着市场竞争，其中有孔夫子旧书网和专营闲置物品的舍得网等全国性的二手物品交易网，以及以京津地区为代表的区域性的二手物品交易网的部分竞争。另外，我公司还面临传统的大学生二手物品交易市场的竞争。

（二）网络安全风险

“有你我心喜”（University）校园网络商城主要面临的网络安全风险包括内部网络安全风险和外部网络安全风险两大方面。①内部网络安全风险：主要是内部技术人员因离职等原因造成核心技术及重要技术泄露。②外部网络安全风险：主要包括计算机硬件设施、网络操作系统、网络通信、数据、保密信息（主要是网站注册会员个人信息）等遭到病毒及黑客等的攻击。

（三）财务风险

造成公司产生财务风险的因素包括外部环境因素和企业自身因素。①外部环境因素：公司财务活动处于一定环境之下，并受一定环境的制约，包括国民经济整体的形势及行业景气度、国家信贷以及外汇等政策的调整、银行利率及汇率的波动、通货膨胀程度等。公司理财环境的变化是难以预见和难以改变的，这必然影响到公司的财务活动。②企业内部因素：公司初期的财务管理基础薄弱，缺乏市场观念和对外部环境变化的应变能力。另外，公司建立初期，没有成熟的财务管理和监督机制作为借鉴，可能致使内部财务关系混乱。

（四）信用风险

现今网上欺诈行为愈演愈烈。网络欺诈不仅使厂商和消费者在经济上蒙受重大损失，更重要的是它使人们对网络经济这种新的经济形式失去信心，使市场陷入混乱直至最终瘫痪。“有你我心喜”（University）校园网络商城同样也可能会出现这一类信用风险。

十一、风险投资退出机制

在风险投资的运作过程中，风险投资的退出具有重要意义。风险投资能否顺利地退出关系到风险投资企业能否收回资本，进而实现企业投资者地位的转变，使风险投资资本得以较快的循环流动，链接式的实现“投资→升值→退出→再投资→再升值”这样一个风险投资的良性循环的过程。

为此“有你我心喜”（University）校园网络商城，建立了具有自己特色的风险投资退出机制，保持了风险投资流动性、连续性和稳定性的内在要求，为风险投资退出创立了必要的制度支持。

（一）企业管理层回购

管理层回购是时下讨论最为热烈的退出方式，也是“有你我心喜”（University）校园网络商城的重要特色之一。管理层回购是指创业公司发展到一定规模之后，公司的管理人员以及核心技术人员，利用信托等融资方式购买风险投资公司所持的股份，并通过这种重组方式改变创业公司的控制权结构、资产结构、所有者结构，以激励管理层的创业激情、提高企业效益的一种并购方式。这种方式能够最大限度地保护老股东的利益，同时也是一种激励机制的创新。

（二）风险企业回购退出

回购退出是指通过购回风险资本家手中的股份，使风险资本退出。就其实质来说，回购退出式也属于并购的一种，只不过收购的行为人是风险企业的内部人员。“有你我心喜”（University）校园网络商城回购的最大优点是风险企业被完整地保存下来了，风险企业家可以掌握更多的主动权和决策权。这将是校园网络商城的跳跃转折点。

（三）清算退出

清算退出是针对投资失败项目的一种退出方式。“有你我心喜”（University）校园网络商城，是一种投资较小、风险较低的投资行为，失败率较低。对于风险资本家来说，一旦所投资的风险企业经营失败，就不得不采用此种方式退出。尽管采用清算退出损失是不可避免的（一般只能收回原投资的64%），但是毕竟还能收回一部分投资，以用于下一个投资循环。因此，清算退出虽然是迫不得已，却是避免深陷泥潭的最佳选择。

十二、结论

“有你我心喜”(University)校园网络商城以二手物品网络交易系统为依托，以全国在校大学生为目标消费群，突破了现有二手交易平台的区域性和非综合性框架。“有你我心喜”(University)校园交易系统相对于其他大型交易网站的优势就在于大学生无需开设店铺，门槛低，并以高品质的服务、专业的中介检测、完善的责任制度及低廉的运费等优势吸引广大大学生的视线。

经过调查研究，“有你我心喜”(University)校园网络商城存在广阔市场前景，将在大学生群体中引起巨大反响，绝大多数将要或正在进行二手物品交易的大学生都会通过它来进行交易。假以时日，“有你我心喜”(University)校园网络商城发展壮大后必将成为全中国具有最大影响力的大学生二手物品交易系统。

案例评析

评价一份创业计划书优劣，首先要看该计划书的完整性，其次要看项目选择上的创新性，但仅有新颖的项目还不够，更重要的是要看项目的可行性。“有你我心喜”(University)校园网络商城策划书作为2010年获得第七届“挑战杯”创业计划山东省特等奖和国家银奖的作品，以大学校园网络商城的公司化运作作为表现形式，选取了具有广阔市场空间的大学生二手物品交易进行创业计划书的策划。既有与众不同的创业机会和目标市场的选择，又有针对大学校园和在校大学生独到的经营与发展战略。下面就“有你我心喜”(University)校园网络商城策划书的优点和不足做一些点评，供大家参考。

一、“有你我心喜”(University)校园网络商城策划书的优点

(一) 选题新颖、重点突出、独具特色

“有你我心喜”(University)校园网络商城，立足于网络时代，面向全国几千万在校大学生，抓住大学生的二手物品交易的广阔市场空间。同时，积极鼓励大学生进行二手物品交易，也有助于大学生树立健康环保的消费观念，促进整个社会的可持续发展。着眼点新颖，主要解决大学生二手物品的交易问题，做到资源循环利用，促进社会的可持续发展。

“有你我心喜”(University)校园网络商城是一个专注于大学生二手物品交易的C2C(消费者与消费者)电子商务系统。与传统C2C网络购物系统一样，本交易系统具有产品多样性、价格低廉性、购物便捷性等主要特点。同时，结合B2C(商家与消费者)在统一管理方面的优势，在保证为卖家降低门槛的同时，为买家提供一个既相对安全又省钱的购物环境。真正做到让卖家省心，让买家放心。公司坚持“同城交易为主，异地交易为辅”的交易模式，从而保证了交易的品质以及交易价格的低廉。

(二) 经营战略翔实、发展战略定位准确

1. 经营战略

(1) 市场定位准确。“有你我心喜”(University)校园网络服务有限公司把经营方向定位于通过“有你我心喜”(University)校园网络商城进行二手物品交易以及

二手物品信息发布、广告投放等。同时，公司以倡导大学生理性消费，促进节能、低碳、绿色环保、循环经济的发展为最终目标。

(2) 市场宣传到位。“有你我心喜”(University) 校园网络服务有限公司将通过各大高校校园媒体、组织工作人员、人人网、开心网等方式进行推广宣传。

(3) 关注公益事业。关注公益事业是该作品的一大特色。即每年定期向大学生发起爱心捐助活动，向西部山区捐赠二手衣服、书籍等物品；每年暑假组织为期两周的大学生西部志愿活动，如助教等。

(4) 倡导的理念与众不同。公司的最终目标是倡导大学生理性消费，促进资源的可持续利用，促进低碳、节能、环保、循环经济的发展。

2. 发展战略

“有你我心喜”(University) 校园网络商城在发展过程中将采用在内容和地域范围内同时三步走的战略。第一步，以德州学院为起点并逐步向滨州、济南、聊城等周边城市的高等院校发展扩张；第二步，在周边城市试点发展成熟后，将范围扩张到山东省所有高校，将其发展成为山东省内最大的大学生二手物品网络交易网站；第三步，山东省内高校推广发展成熟后，将触角伸展到全国各大城市的各大高校，形成全国范围的覆盖。三步走战略切合新开办企业的实际，定位准确。并且能够吸引更多的资源，具有可操作性。

(三) 作品对市场需求、所属行业竞争的分析准确到位

“有你我心喜”(University) 校园网络商城专注于大学生二手物品交易，有利于节约社会资源，循环利用社会闲置资源，发展循环经济，帮助当代大学生养成节约资源、环保的理念。并且通过调查问卷的形式做了详细的调查，结果显示随着经济的持续快速发展，人们生活水平的大幅度提高，大学生的消费观念和消费心理发生了很大的变化，主要向实惠化、多样化和理性化发展。因此，“有你我心喜”(University) 校园网络商城具有巨大市场潜力，将引起大学生的广泛关注。通过问卷调查确定了目标市场，即初始阶段将把山东省内的各个高校作为主要目标市场，逐步向周边省市的高校辐射，最终把全国各个高校作为目标市场。对于竞争对手进行了详细的分析和调查，既保证了保底市场又开拓了风险市场，同时对风险市场进行了分析及预测。

(四) 独具特色的组合盈利模式为公司的高效率运转打下了良好的基础

该方案建立“同城交易为主，异地交易为辅”的交易模式，采取逐步扩大规模的发展战略。将公司发展分为三个阶段，在各个阶段采取不同的盈利模式。①创业阶段一方面赚取中间差额，另一方面以广告收入作为盈利。②发展阶段将二手物品销售作为盈利主要来源。另外，将与物流公司合作，异地交易绑定物流，收取一定的服务费用。③成熟阶段依靠吸纳加盟商，收取一定份额的代理费。这种盈利模式考虑得非常实际，既保证了价低质优，同时赚取广告利润来维持公司的正常运转，还能够吸引更多大学生的关注。

(五) 风险及其防范分析到位

该作品详细分析了市场竞争风险中的大型网购交易市场的冲击，网络安全风险中技术人员的失误以及病毒黑客的攻击，财务风险中国家金融货币政策以及公司内部的财务管理失误，信用风险中的网络欺诈，并且针对每一类风险都制定了详细的风险防

范措施，保证了公司能够顺利运转。

（六）制定了详细的风险投资退出机制（略）

二、“有你我心喜”（University）校园网络商城策划书的缺点

（一）投资收益分析过于乐观

首先，在资金需求及流动预测中对形势估计过于乐观。从投资预测表中我们看到，预期利润远远大于前期投入。其次，对于风险投资者的投资没有详细的分析，不能够让投资者相信该项目，看不到投资何时能够收回。这样一来，就无法吸引更多的风险投资者的投资。

（二）投资收益与风险分析和现实脱节

从作品中可以看出，由于是在校大学生的作品，所以，在投资收益与风险分析中，有重理论而脱离实际的成分。

三、作品整体评价

该作品突出了专注于大学生的二手物品交易，并且展现了自己独特的“同城交易为主，异地交易为辅”的营销策略。作品旨在借助于网络实现大学生二手物品的循环利用，促进节约型社会的发展，同时还传递出关注公益事业的理念。虽然在财务分析、投资回报以及风险控制方面的设计和策划有些欠缺，但从作品的整体上看，瑕不掩瑜。作品不仅具有理念的创新性、经营和发展战略的创新，而且由点到面的可行性分析也比较到位。

案例2　大学生创新训练项目立项书撰写

黑龙江省大学生创新训练项目立项书

一、项目简介（200字以内）

这一方面主要包括项目的方法、内容、目标、科学意义等。力求内容简洁明了、叙述简明扼要。多用实词，少用虚词和情感类词汇，让读者可以在短时间内了解申报书的主要内容。一般写作手法如：“用……方法（手段）进行……研究，探索/证明……问题，对阐明……机制/揭示……规律有重要意义，为……奠定基础/提供……思路。”

例：本项目以广西壮族壮锦作为研究对象，以传播学角度对壮锦的品牌传播及传播渠道进行研究，分析壮锦工艺品牌在传播推广中存在的问题，根据现存问题，有针对性地提出一些可行策略，使壮锦在民族工艺品牌中永续辉煌。

——摘自创新训练项目：《新媒体环境下壮锦工艺品牌传播渠道研究项目申报书》（部分）

二、项目实施的目的、意义

这一部分是项目的实施价值所在。可以从研究背景入手，简要介绍该项目的实

施启发于什么，或是有什么根据。例如国家相关政策、国内外关注的问题等。而后说明本项目在实施过程中的创新点，体现出项目选题与原有观点、研究等的差异性，从而体现项目的创新性。

例：随着全球化和现代文明的发展，民族文化影响力逐渐下降。壮锦作为壮民族文化的典型代表，是壮族先民用心血织成的一朵艺术奇葩，而如今，壮锦知名度逐渐下降，从传播学角度来看，壮锦传播方面面临极大困境，传播渠道单一，文化影响力较小，亟待科学合理的保护。在新媒体环境下，新媒体技术将与壮锦传播相融合，带给壮锦传承和传播方面新的发展。此次课题研究主要为达到以下研究目的：

1. 了解现阶段壮锦传播的主要渠道，拓宽其传播渠道，为日后壮民族文化传播推广打好基础。

2. 结合广西壮族自治区当地的壮锦传播实际情况，制定出最适合壮锦传播的传播渠道，提升壮锦的品牌知名度。

——摘自创新训练项目：《新媒体环境下壮锦工艺品牌传播渠道研究项目申报书》(部分)

三、项目研究现状与分析

项目研究现状可以包括国内以及国外的研究现状，从中可以体现项目已有的研究基础，与本项目有关的研究积累和在此方面已取得的成绩，已具备的条件以及尚缺少的条件及方法等。其中，已有的成果对该项目起到铺垫作用，可以证明项目的可行性；尚未完成的条件以及方法正是本项目研究的意义。

例：壮锦是利用棉线或丝线编织而成的精美工艺品……在我国，关于壮锦的研究大致分为两类……这些研究多半是通过艺术或者工艺的角度，对壮锦的花纹、几何图案、符号进行创新式的研究，往往偏重于艺术。而对于与之相关的无形文化，却很少提及。……通过整理，发现关于壮锦的传播的研究很少，而基于传播渠道的研究较少，所以我认为我们这次的研究具有一定的实际意义。

——摘自创新训练项目：《新媒体环境下壮锦工艺品牌传播渠道研究项目申报书》(部分)

四、项目研究内容和目标

这一部分内容是整篇申报书的核心部分。应将其写得具体、饱满。其中，目标要明确。目标的提出往往基于对研究现状的分析，因而要顺承现状，提出具体对其某一点进行创新，避免目标过大过空，不切实际；内容要具体。研究内容可以理解为是根据整体目标下分成的几个子目标，重点体现在做。通过做什么，怎么做来达到各研究阶段中的目标内容。

例：对于本课题的研究，首先要明确在新媒体环境下，壮锦传播现状和可能创新的传播渠道。……

主要研究内容如下：

（一）壮锦传播现状概括

……

（二）新媒体对壮锦传播的影响

……

（三）利用新媒体创新传播渠道

……

（四）利用新媒体创新传播渠道的可行性

……

——摘自创新训练项目：《新媒体环境下壮锦工艺品牌传播渠道研究项目申报书》（部分）

五、项目技术路线（方法）与进度

这一部分主要介绍项目的整体安排情况。其中技术路线多以流程图形式展现；进度通常按照项目开展的不同过程分为不同阶段并加以时间规划。

例：

技术路线：

查找相关文献→找出问题存在的方向→设计问卷→探测性调研→修改问卷→征询专家→问卷确定→收集市场信息→分类整理、加工、分析市场信息→形成调研报告→完成

进度安排：

第一阶段（2012 年 4 月—2012 年 6 月）：全面搜索相关书籍、文献资料、网络资料……进行汇总、整理与筛选。

第二阶段（2012 年 7 月—2013 年 5 月）：……对电子商务的需求进行一个更深入的了解，通过市场调研……提供更多实用的数据。

第三阶段（2013 年 6 月—2014 年 4 月）：总结分析得来的结果……完成项目论文及电子商务平台功能设计优化及其多视角下需求耦合的调研报告。

——摘自百度文库：《项目的研究方法与技术路线》（部分）

六、项目预期成果及说明

项目的预期成果是指在开题之前本项目所预期的研究成果。一般包括：实物模型、开发软件、研究工艺、学术论文、申请专利以及参赛获奖等形式。

案例 3　发明专利部分申请材料撰写

说　明　书（撰写示例）

对流式玻璃加热炉

实用新型名称应简短、准确地表明实用新型专利请求保护的主题。名称中不得含

有非技术性词语，例如人名、地名、商标、代号、型号等或者商品名称等，也不得使用商业性宣传用语。名称应与请求书中的名称完全一致，一般不得超过 25 个字，应写在说明书首页正文部分的上方居中位置。

依据《中华人民共和国专利法》第二十六条第三款及《中华人民共和国专利法实施细则》第十七条的规定，说明书应当对实用新型作出清楚、完整的说明，所属技术领域的技术人员按照说明书记载的内容，就能够实现该实用新型的技术方案，解决其技术问题，并且产生预期的技术效果。说明书应按以下五个部分顺序撰写：技术领域、背景技术、实用新型内容、附图说明和具体实施方式，并在每一部分前面写明标题。

技术领域

本实用新型涉及一种玻璃加工设备，尤其是一种玻璃加热炉。

技术领域应当是要求保护的实用新型技术方案所属或直接应用的技术领域，而不是上位的或者相邻的技术领域，也不是实用新型本身。

背景技术

现有玻璃加热炉通常以辐射方式工作，即利用电阻加热元件发出的热量对玻璃进行加热。例如，公告号为 CN2265979Y 的中国实用新型专利，公开了“一种回转式弯钢化玻璃加热炉”，其通过安装在圆形加热炉膛内部的电热丝对玻璃进行加热。此种通过电热丝辐射热量加热的方式存在着缺陷，由于一些品种的玻璃黑度小，其反射率和透射率相对较高，对辐射加热吸收比较差，因而采用常规辐射方式进行加热，存在加热时间长、加热效率低的问题。又比如，制作 LOW－E 玻璃，即低辐射玻璃时，大量的热量被反射，玻璃表面温度达不到要求。

另外，辐射加热时，因辊道向玻璃下表面直接传导热量，而这部分传导热大于玻璃上表面所接收的辐射热，致使玻璃上下表面存在一定的温度差，引起玻璃边部翘曲，同时在与辊道相接触部位产生白雾现象，并最终影响玻璃加工质量。

背景技术是指对实用新型的理解、检索、审查有用的技术，可以引证反映这些背景技术的文件。背景技术是对最接近的现有技术的说明，它是作出实用技术新型技术方案的基础。此外，还要客观地指出背景技术中存在的问题和缺点，引证文献、资料的，应写明其出处。例如，本申请引用在先专利文献说明背景技术中的辐射式加热存在加热时间长、效率低、引起玻璃翘曲和产生白雾现象等问题，这些问题均是本申请要解决的技术问题。在背景技术部分不必指出不相关的问题，也不应过于笼统的指出存在的问题。

实用新型内容

实用新型内容部分应当描述实用新型所要解决的技术问题、解决其技术问题所采用的技术方案及其有益效果。

为了克服现有技术中玻璃加热过程中加热效率低、受热不均匀、玻璃上下表面存在温差而导致玻璃翘曲、加热炉中产生白雾等缺陷，本实用新型提供一种采用喷流加热技术的对流式玻璃加热炉，将高温气体喷吹到玻璃表面，通过高温气体与玻璃的对流热交换，而完成对玻璃的加热。

要解决的技术问题是指要解决的现有技术中存在的技术问题，应当针对现有技术存在的缺陷或不足，用简明、准确的语言写明实用新型所要解决的技术问题，也可以进一步说明其技术效果，但是不得采用广告式宣传用语。

本实用新型解决其技术问题所采用的技术方案是：一种对流式玻璃加热炉，包括上炉体、下炉体，上、下炉体两侧设置有玻璃输入口和玻璃输出口，下炉体上安装有玻璃输送辊道，上、下炉体内分别设置有至少一个集气箱，该集气箱为密闭箱体，其内设置有气体加热装置，集气箱其上设置有集气箱进气口和出气口，出气口处设置有喷流板，喷流板上设置有高温气体喷出孔和废气回收孔，集气箱的喷流板上的高温气体喷出孔面向玻璃输送辊道设置，风机通过管道与集气箱进气口、喷流板上的高温气体喷出孔、废气回收孔、废气回收管道和炉体内腔共同构成一个气体循环回路。

上述的对流式玻璃加热炉，风机的排气口通过第一管道与集气箱进气口相连；所述喷流板上的废气回收孔通过废气回收管道与集气箱外部的炉体内腔相连通，炉体内腔通过第二管道与风机进气口相连；所述上、下炉体中的集气箱分别与各自的风机相连，并分别构成相互独立的气体循环回路。

上述的对流式玻璃加热炉，所述喷流板为波浪形、锯齿形或方波形，所述高温气体喷出孔分布在接近玻璃输送辊道的位置，所述废气回收孔设置在远离玻璃输送辊道的位置。

上述的对流式玻璃加热炉，所述气体加热装置为电加热元件，电加热元件采用电热管或电阻丝。

上述的对流式玻璃加热炉，所述上炉体中的集气箱通过悬吊机构可上下移动安装在上炉体上，所述下炉体中的集气箱支撑在下炉体中设置的可上下移动的升降装置上。

上述的对流式玻璃加热炉，所述悬吊机构为螺杆螺母机构，集气箱通过第一螺母悬吊在第一螺杆上，第一螺杆固定在上炉体上，其上端伸出炉体顶壁并与第一蜗轮蜗杆操纵机构相接；所述升降装置为螺杆螺母升降机构，所述集气箱与第二螺母相固定，并通过第二螺母与第二螺杆相连，第二螺杆可转动安装在下炉体上，第二螺杆与第二蜗轮蜗杆操纵机构相连，并可在第二蜗轮蜗杆操纵机构操纵下旋转。

技术方案是申请人对其要解决的技术问题所采取的技术措施的集合。技术措施通常是由技术特征来体现的。技术方案应当清楚、完整地说明实用新型的形状、构造特征，说明技术方案是如何解决技术问题的，必要时应说明技术方案所依据的科学原理。撰写技术方案时，机械产品应描述必要零部件及其整体结构关系；涉及电路的产品，应描述电路的连接关系；机电结合的产品还应写明电路与机械部分的结合关系；涉及分布参数的申请时，应写明元器件的相互位置关系；涉及集成电路时，应清楚公开集成电路的型号、功能等。必要时，技术方案还应描述原理、动作及各零部件的名称、功能或用途。存在多个名称相同的部件时，例如“管道”“螺母”等，为了避免混淆，应当分别命名为“第一管道”“第二管道”“第一螺母”“第二螺母”等。

本实用新型的有益效果是，本实用新型加热炉采用向玻璃表面喷射高温气体的方式对玻璃进行加热，有效地消除了传统加热炉在加热高反射率和高透射率玻璃时所存在的加热效率低和加热时间长的缺陷。将加热元件设置在集气箱内后，可方便地根据所需高温气体的温度、流量选取加热元件的功率，尤其是能够将喷射在玻璃上下表面的高温气体设置成不同的温度，从而使玻璃上下表面受热均匀，使其加热质量得到保证。

有益效果是实用新型和现有技术相比所具有的优点及积极效果，它是由技术特征直接带来的，或者是由技术特征产生的必然的技术效果。有益效果应与要解决的技术问题和技术方案相适应，不得出现相互矛盾或不相关的情况。例如，本申请要解决的技术问题是克服现有技术中加热效率低、受热不均导致玻璃翘曲等问题，则相应有益效果是消除加热效率低的缺陷，使得玻璃受热均匀。

附图说明

下面结合附图和实施例对本实用新型进一步说明：图 1 为本实用新型示意图；图 2 为沿着图 1 中 E－E 线的示意图；图 3 为上炉体的集气箱的喷流板结构示意图；图 4 为沿着图 3 中 F－F 线的示意图。

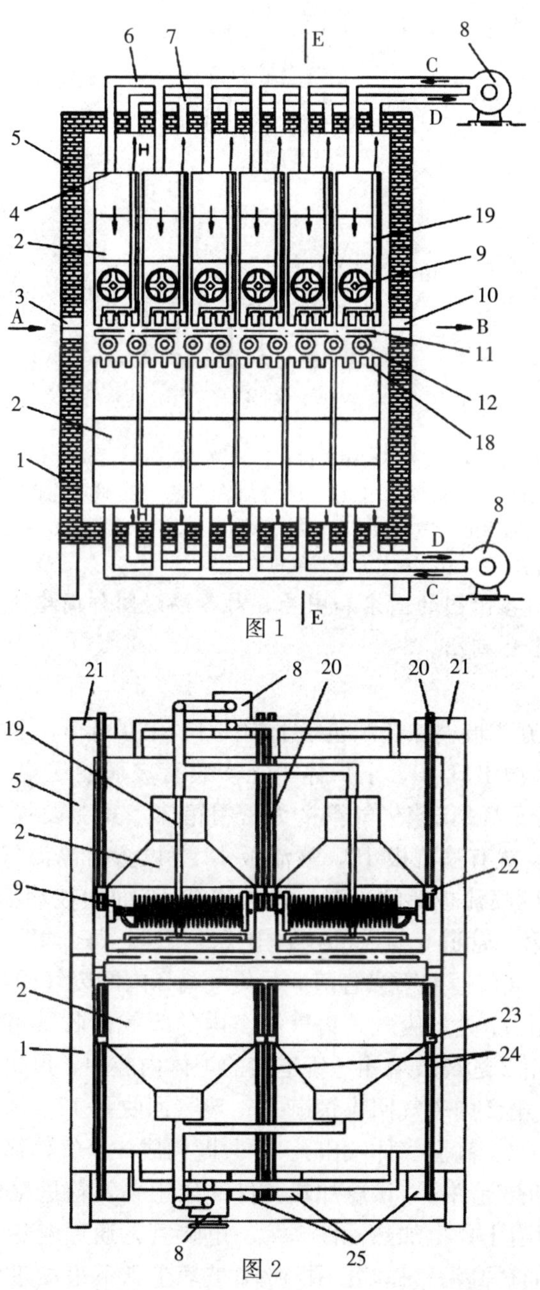

图 1

图 2

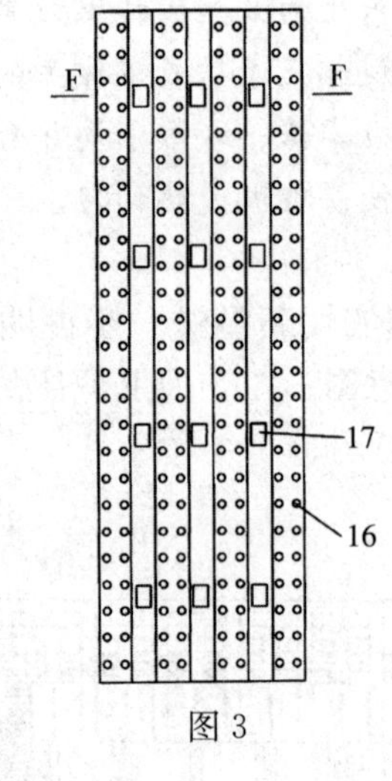

图 3

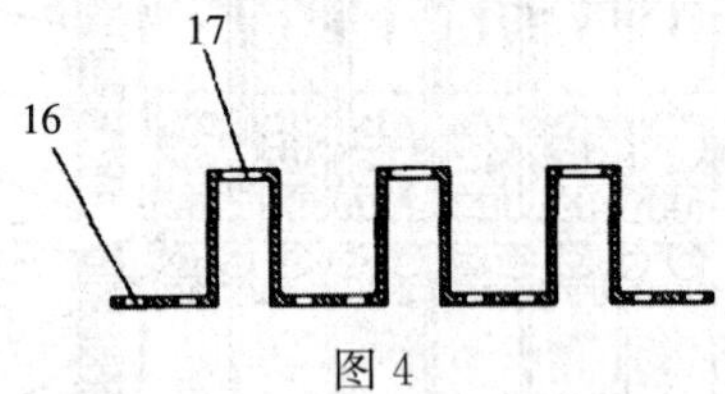

图 4

图中：1. 下炉体，2. 集气箱，3. 玻璃输入口，4. 集气箱进气口，5. 上炉体，6. 第一管道，7. 第二管道，8. 风机，9. 电加热元件，10. 玻璃输出口，11. 待加热玻璃，12. 玻璃输送辊道，16. 高温气体喷出孔，17. 废气回收孔，18. 喷流板，19. 废气回收管道，20. 第一螺杆，21. 第一蜗轮蜗杆操纵机构，22. 第一螺母，23. 第二螺母，24. 第二螺杆，25. 第二蜗轮蜗杆操纵机构。

附图说明应写明各附图的图名和图号，对各幅附图作简略说明，必要时可将附图中标号所示零部件名称列出。

具体实施方式

【实施例 1】对流式玻璃加热炉包括下炉体 1、上炉体 5，上、下炉体两侧设置有玻璃输入口 3、玻璃输出口 10，下炉体 1 上安装有玻璃输送辊道 12，上、下炉体内分别设置有 12 个集气箱 2，该集气箱 2 为密闭箱体，其上设置有集气箱进气口 4 和出气口，出气口处设置有喷流板 18，喷流板 18 上设置有高温气体喷出孔 16 和废气回收孔 17，集气箱的喷流板上的高温气体喷出孔 16 面向玻璃输送辊道 12 设置，集气箱进气口 4 通过第一管道 6 与风机 8 的排气口相连，每个集气箱 2 内均设置有电加热元件 9，风机 8 进气口通过第二管道 7 及集气箱 2 内的废气回收管道 19 吸入集气箱喷流板上废气回收孔 17 处的废气，集气箱 2 内的废气回收管道 19 将废气回收孔 17 处的废气引入集气箱 2 远离玻璃输送辊道端的炉体内腔中，风机 8 进气口、第二管道 7、炉体内腔、集气箱 2 内废气回收管道 19、废气回收孔 17、风机 8 排气口、第一管道 6、集气箱进气口 4、高温气体喷出孔 16 共同构成一个气体循环回路，每个集气箱 2 中均安装有一电加热元件 9，该电加热元件 9 位于集气箱进气口 4 至高温气体喷出孔 16 之间的气体通道上。电加热元件 9 为一电热管，通过电热管辐射的热量加热集气箱内的气体，再通过高温气体喷出孔 16 对玻璃上、下表面进行加热。上炉体 5 中的集气箱 2 为剖视状态。上炉体 5 中的各集气箱 2 分别通过第一螺母 22 悬吊在两根第一螺杆 20 上，第一螺杆 20 可转动安装在上炉体顶壁上，第一螺杆 20 上端与第一蜗轮蜗杆操纵机构 21 相连，在第一蜗轮蜗杆操纵机构 21 的操纵下，第一螺杆 20 旋转并由此带动集气箱 2 上下移动。下炉体 1 中的各集气箱 2 分别通过第一螺母 23 支承在两根或四根第二螺杆 24 上，第二螺杆 24 下端可转动安装在下炉体 1 上，第二螺杆 24 下端与第二蜗轮蜗杆操纵机构 25 相连，在第二蜗轮蜗杆操纵机构 25 的操纵下，第二螺杆 24 旋转并带动与其相连的集气箱 2 上下移动。

如图 3、图 4 所示，上炉体 5 的集气箱 2 出气口处的喷流板 18 的断面为方波形，在集气箱 2 上，高温气体喷出孔 16 分布在接近玻璃输送辊道 12 的位置，所述方形废气回收孔 17 设置在远离玻璃输送辊道 12 的位置，废气回收管道 19 将废气回收孔 17 与炉体内腔连通，而与集气箱 2 内腔相互隔离。

【实施例 2】上、下炉体中的集气箱可对称设置，例如，上、下炉体各采用 7 至 10 个集气箱，也可非对称设置。在上、下炉体中分别通过设置多个集气箱 2 的方式来覆盖被加热玻璃表面，不但便于集气箱 2 的加工、安装、维护、保养，而且使炉体内各个部位加热功率的分配更加方便，同时有利于对玻璃加热状态的控制。由于集气箱 2 分设与上炉体 5 和下炉体 1 中，并且各集气箱 2 相对独立，因此，可根据被加热玻璃上下表面的具体情况，有针对性地设置集气箱的数量和各集气箱的位置。各集气箱中电加热器的加热功率可以相同，也可不同，各集气箱的体积、结构完全相同，也可各具适当结构和大小。

【实施例 3】喷流板 18 的断面还可以是规律、均匀的波浪形、锯齿形，甚至可以是各波峰、波谷位置不一致的非均匀形。因上炉体 5 中集气箱 2 的喷流板 18 直接面对被加热玻璃，而下炉体 1 中集气箱 2 的喷流板 18 与玻璃下表面之间相隔有玻璃输送辊道，因此，为了使被加热玻璃上下表面受热均匀，上、下炉体中集气箱 2 的喷流板的形状可以制成不同的形状。为了使被加热玻璃在上炉体 5 中或下炉体 1 中各部位受热一致，上炉体 5 或下炉体 1 中各集气箱及其喷流板也可制成具有不同的形状。

【实施例 4】电加热元件 9 也可以为一电阻丝，通过电阻丝发热辐射的热量加热集气箱内的气体，进而对过高温气体喷出孔对玻璃上下表面进行加热。

本实用新型工作时，待加热玻璃 11 从炉体一侧的玻璃输入口 3 进入炉体，并支承在玻璃输送辊道 12 上，风机 8 将气体沿图 1 中箭头 C 送入各集气箱 2 中，进入集气箱 2 的气体通过电加热元件 9 变成高温气体，加热后的高温气体从喷流板 18 上的高温气体喷出孔 16 喷向玻璃上、下表面，与玻璃进行对流热交换后的废气从废气回收孔 17 和废气回收管道 19 进入远离玻璃的炉体内腔，并通过炉体上设置的通孔被吸入风机 8，风机 8 将吸入的废气再次输送到集气箱 2，使之重新进入循环，如此往复。将集气箱 2 上下移动安装在上下炉体中后，不但便于集气箱 2 的维修、保养，而且便于集气箱 2 内加热器的更换和维修。

具体实施方式是实用新型优选的具体实施例。具体实施方式应当对照附图对实用新型的形状、构造进行说明，实施方式应与技术方案相一致，并且应当对权利要求的技术特征给予详细说明，以支持权利要求。附图中的标号应写在相应的零部件名称之后，使所属技术领域的技术人员能够理解和实现，必要时说明其动作过程或者操作步骤。如果有多个实施例，对每个实施例都应当结合附图进行清楚地描述。

说明书附图：应按照《中华人民共和国专利法实施细则》第十八条和第一百二十一条的规定绘制。每一幅图应当用阿拉伯数字顺序编图号。附图中的标记应当与说明书中所述标记一致。有多幅附图时，各幅图中的同一零部件应使用相同的附图标记。附图中不应当含有中文注释，应使用制图工具按照制图规范绘制，图形线条为黑色，图上不得着色。

第十六章<<<

创业实践案例解析

【导读】

18年前，刘庆峰网罗了当时拥有最聪明的头脑的一群人开始创业，英雄汇集，资本追捧，技术聚拢，但残酷的现实历程袒露在那里：聪明头脑不足够、技术领先不足够、还要有商业模式、还要有管理之道、大趋势在其中浪打浪……

科大讯飞是中国在校大学生创业的第一家上市公司，它是中国高科技创业公司成功孵化的代表性企业，是当下中国人工智能概念股的龙头企业，也是立足解决中国市场所需而后称霸世界的代表性公司。

如果说当下人工智能项目的一般成长路径是：国内学霸—出国深造—就职跨国顶尖公司—高调加盟中国公司或自主创业，那么刘庆峰则是个异类。少了洋派头，少了国际范，他直接从国内学霸这端连接到自主创业末端，一路带球直至射门，并在世界球星俱乐部中豪气冲天，星光熠熠。

案例　科大讯飞：学霸创业团队的故事

一、学霸成长记

1973年，刘庆峰出生于安徽泾县，他的成长无疑是学霸型、天才型的成长。

刘庆峰从小便表现出了超常的数学天赋。未满6岁时，刘庆峰便帮母亲在小店里面卖包子。当时购买食品用的是粮票，常常需要比较复杂的兑换，即便是三四年级的小学生都较难正确计算的问题，刘庆峰却能算得又快又准。

初中时，刘庆峰开始自学立体几何、微积分、线性代数。1985年，12岁的他参加泾县初中数学、物理竞赛，包揽两个第一，隔年又以全县第一的成绩考入宣城中学。

中国科技大学作为国内第一个开设少年班的高校，对神童们有着极大的吸引力。1990年，17岁的刘庆峰被推荐到清华大学的汽车工程专业，但他却选择了中国科技大学电子工程系。那年，进入中科大就读的学生中有13个省的高考状元。“自己并不起眼，那时傻乎乎的，以为学了无线电子学，以后就知道怎么修彩电了。”刘庆峰回忆说。

即便高手如云，刘庆峰在中科大也是一路当学霸到底，从进校第一次摸底考试开始，他几乎拿到了所有数理学科考试的第一名。大三时，刘庆峰就带队参加了国家“863”计划科研。读研究生时，导师王仁华让刘庆峰牵头做一个语音合成系统。1998

年，刘庆峰带队参加国家“863”计划的一个比赛，他设计的语音合成系统是当时唯一一个达到可实用门槛的作品。1998年，李开复等人创建微软中国研究院还未多久，得知刘庆峰夺冠的消息后，表示愿意提供微软奖学金，但条件是刘庆峰到微软工作一个月。

刘庆峰最后选择了自主研发，放弃了微软奖学金。十多年后，在一次讯飞语音云开发者大会上，李开复感慨地说：“庆峰是这么多年来唯一拒绝过微软奖学金的人。”因为看到语音合成系统的实用前景，创业之路、产业化之路在刘庆峰面前延展开来。早在1996年，刘庆峰的小团队就为华为提供语音技术服务，赚得4万多元。

案例启示 创业的成功离不开创新能力和综合素质的积累，科学家精神与企业家精神双结合，是未来商业领袖的必备条件。科大讯飞创始人刘庆峰做了20多年的学霸，作为大学生创业第一家上市公司的缔造者，除了在商业场合中表现出的豪气和霸气，刘庆峰骨子里展现出的确是对科学精神敬畏和对创新研究的坚守与追求，他的“学霸养成记”自始至终都伴随着自身的刻苦努力和身边各种创新创业教育的影响。所以，一个创业者无论成功与否，都要像一个新生儿一样，要经历孕育、出生、成长、成熟、衰老、死亡等各个阶段，在每个阶段都需要其具备特定的创新能力与素质，而创新能力和综合素质的提升就需要创业者充分的成长来适应各个阶段的成长环境，并充分利用身边的教育资源。

二、读书、创业交融在一起

起初在一家社会企业支持下，刘庆峰带领着小伙伴们一起研制产品，不过因为产品并没有销路，很快就与这家企业分开了。“在学校时候我是班长，在实验室是大师兄”，刘庆峰走上了完全自主创业的道路。

问及恩师王仁华的意见，王仁华鼓励说：“庆峰啊，我认为这事儿能成，这么多优秀的年轻人能团结在一起，在科大还从来没有过。”

1999年，26岁的刘庆峰正式创立科大讯飞。让电脑“能听会说”、将语音技术产业化是刘庆峰创办公司的宏伟目标，他召集了同一实验室的师弟们以及科大BBS中最优秀的版主，搭建起了科大讯飞最早的班底。

多年以后，有人让刘庆峰给大学生创业提些建言时，他感慨地说：“学生创业以后就不要把自己当成学生了，要对股东负责，对社会负责。市场不相信眼泪，不要把自己定位成学生，希望各方面给你特殊待遇。”

也就是说，刘庆峰认为自己在创业初期的“学生派头”让他吃了不少苦头。对于学霸型的创业者，“学生派头”可归结出几个特点：智力超群，自以为是，大量撒钱，目无一切，夸夸其谈。当下，许多技术达人，尤其是年轻的学霸们创业，不也是这样吗？来看看刘庆峰的创业条件吧。

“当时我们拿到了第一笔3 000万元的融资，并利用这笔钱将国内语音技术比较好的中科大、中国科学院声学所和中国社科院语言所的资源整合在了一起。这是业界和学界多少年想做都没做成的事情。”刘庆峰说。

这是一个极其高调的行为，背后还有为民族尊严而战的味道。当时国际IT巨头已长时间觊觎中国语音市场，IBM、摩托罗拉、微软、英特尔相继在中国成立实验室，国内相关领域的研究团队被大批挖走，国外公司几乎抢占了整个中国语音市场。科大讯飞一成立就拿到了很多很多的钱，聚集了国内最好的技术专才，不仅中科大，连合肥市，安徽省等也出人出力出政策来表示大力支持。

案例启示　商业机会的精准识别，是进行创业实践的前提。如今的科大讯飞的语音系统已为家电、电信、银行、手机、国家安全、交通、旅游、音乐、玩具等多条细分产业链提供语音支持。其产品占据中文语音市场70%的份额，在专业领域的应用更是占到80%的市场份额。当初，正是因为看到语音合成系统未来的应用前景，刘庆峰才义无反顾地走上了自主创业之路。此外，创业者最核心的原则是创新和坚守，这也是创业者必须拥有的情怀。一切创业活动的源头都是创新，任何创业行为都是对创新精神的探索和大胆实践。就以科大讯飞为例，没有刘庆峰团队对于语音合成系统研发的痴迷和坚守，就没有科大讯飞的技术创新源头，更谈不上科大讯飞目前在业界的领军地位。从2008年上市以来，科大讯飞总监以上的30个核心成员无一人离职，科大讯飞初创时的18位创始人，只有2位离职，如今这坚守下来的16个人，个个都已成为亿万富翁。

三、商业的鸿沟

仅有技术是不够的，当下高科技创业浪潮，不少企业所谓的技术，还只处于二流三流，甚至没有技术，也叫嚷着有最好的技术，一定能创业大成的口号。

对比科大讯飞得知，这个逻辑显然是不成立的。多了解点科大讯飞的成长经历就可知，科技转换成产品，尤其是实现科技到大众产品的转化之间存在巨大的鸿沟。不仅是与资本之间，与市场之间的差距，与管理之间也存在着巨大鸿沟。何况生意本身，还有着32难念的经。即使大学生创业充满情怀，干劲十足，但商业之旅从来都是现实的，琐碎的，残酷的，需要拐弯、低头、隐忍。

回到科大讯飞创立之初。有了核心源头技术，有了一群肯吃苦的兄弟，科大讯飞“畅言2000”的电脑软件问世了。这是一款能把语音自动转换成文字的软件，“通过语音控制电脑，最大程度解放用户的双手。”对此，刘庆峰信心满满，“过不了两三年，科大讯飞的营收就能突破10亿，甚至100亿。”

产品上市没多久，刘庆峰悲哀地发现，产品根本没人要。“这款产品拿去参加展会时非常受追捧，顾客看产品时满意度一度可达100%。”“用户自己操作时满意度瞬间降至30%，投入的资金血本无归。”当时公司账上只剩下十几万，而所有员工一个月的工资要20万。“当时正赶上过年，我们最后是借钱发工资，可以说已经断血了。”

既然大众消费市场不行，刘庆峰便把方向对准企业客户。产品在电信大客户那第一次就惨遭淘汰。对方的理由很简单，“你们成立时间都不到一年，十几个人的团队，一点经验都没有，拿我们练手啊？我们要合作，也是跟华为那样的大企业合作。”“记得是2000年吧，投资经理到科大讯飞参加了第一次月度会。听说他参加完回去就哭了，说没想到科大讯飞的业绩这么差。”

炼狱般的痛苦，不会因为过去你是学霸，不会因为你过去的成绩受到导师、校长、省长，乃至更高职位的领导的接见和肯定而会丝毫减弱或消除。走上了创业之路，市场和消费者是最终的裁判，市场有市场的规则。

还好，刘庆峰并没有被打趴下，脸面丢尽从头再来才是真英雄。从大众消费市场，到企业客户市场，再到技术授权市场，在一次次的商业模式调整中，刘庆峰彻底清醒了过来：科大讯飞不可能在短短两三年内就做到上亿元的规模，曾经吹过的牛，十多年后再兑现吧。

“我们18个人的学生创业团队，在当时根本没法做消费级产品。一方面，没有人会愿意买正版；另一方面，我们在市场上没有名气，产品也无法向企业端销售，更不敢把有限的资金花到广告上。”回忆此段历程，刘庆峰粗线条地总结说。

案例启示 大学生创业以后就不能把自己当成学生了，要对团队负责，对社会负责。市场不相信眼泪，不要把自己定位成学生，希望各方面给你特殊待遇。科大讯飞是高科技创业最好的样本，就是从重技术到重市场、重管理的过渡。一个初创企业要建班子、定战略、带队伍，这是一个创业团队从草台班子变成职业化公司必须要迈过的一道坎，也是具备技术创新能力的创业者转变为企业管理者面临的最大挑战。对于每一位创业者来说，一方面要让自己保持对商业机会的敏锐感觉，另外一方面要吸纳更多优秀的人才作为左膀右臂，成为团队成员，还要不断地学习市场规律，提升构建商业模式、企业经营管理水平。如果是做源头技术创新的项目，就要跟有应用与市场推广能力的人合作，才能建立一个足够好的创业企业。

根据以下参考资料整理：

《我有嘉宾》吴婷对话科大讯飞刘庆峰实录；

新浪财经 科大讯飞董事长刘庆峰：如何从百亿市值到千亿；

雷锋网 科大讯飞创始人刘庆峰：17年AI从业经验，从这10 000字长文中一窥；

京华时报 科大讯飞董事长刘庆峰：从大学生创业家到年度经济人物；

初心不改 共创未来——科大讯飞董事长刘庆峰在18周年司庆上的讲话；

正和岛 科大讯飞刘庆峰：AI引爆万亿级大市场，做到这些才有你的机会；

凤凰科技 科大讯飞刘庆峰：人工智能要改变世界，需要三大要素；

第一财经日报 科大讯飞刘庆峰：抢占人工智能赛道；

金融界网站 科大讯飞刘庆峰谈探寻技术之旅：终于等到最好的时代；

新兴产业投资联盟 人物：刘庆峰 同学年薪百万，他却月薪3 000，且看他是如何逆转人生的；

人物：科大讯飞刘庆峰/周源-知乎；

干大事者，挥金如土、爱才如命、“杀人如麻”｜湖畔大学刘庆峰；

电子发烧友 科大讯飞刘庆峰：以语音交互为突破口 建立AI生态战略.